Volume 5

História da Literatura no Rio Grande do Sul

Publicado com o apoio de:

UFRGS
PPGLET
PROGRAMA DE PÓS-GRADUAÇÃO EM LETRAS

CAPES

PPGL
PROGRAMA DE PÓS-GRADUAÇÃO EM LETRAS

Brazil LAB
Princeton University

Luís Augusto Fischer
Coordenador geral

História da Literatura no Rio Grande do Sul

Volume 5

Atualidade

Depois de 1990

coragem

Editora da furg

Porto Alegre e Rio Grande
2024

Organização e coordenação geral
Luís Augusto Fischer

Capa e projeto gráfico
Flávio Wild

Diagramação e produção editorial
Thomás Daniel Vieira

Preparação de texto
Cláudia Laitano, Laura Rossini dos Santos e Rodrigo Ennes

Revisão final
Mauro Nicola Póvoas, Nathália Boni Cadore e Olívia Barros de Freitas

EDITORA CORAGEM
www.editoracoragem.com.br
contato@editoracoragem.com.br
(51) 98014.2709

Dados Internacionais de Catalogação na Publicação (CIP)

A886 Atualidade depois de 1990 / Luís Augusto Fischer, coordenador; Fábio Augusto Steyer ... [et al.]. – Porto Alegre: Coragem; Rio Grande: Editora da FURG, 2024.
384 p. : il. – (História da Literatura no Rio Grande do Sul; v.5)

ISBN: ISBN 978-65-85243-39-1

1.Literatura – Rio Grande do Sul – História. 2. Romance – Literatura gaúcha. 3. Poesia contemporânea – Rio Grande do Sul. 4. Rock gaúcho. 5. Canção urbana. 6. Crônicas – Literatura sul-rio-grandense. 7. Literatura – Rio Grande do Sul – Anos 90 a 2000. 8. Sarau Elétrico – Porto Alegre, RS. I. Fischer, Luís Augusto. II. Steyer, Fábio Augusto. III. Série.

CDU: 869.0(816.5)(091)

Bibliotecária responsável: Jacira Gil Bernardes – CRB 10/463

Editora da FURG
Câmpus Carreiros
CEP 96203 900
Rio Grande – RS – Brasil
editora@furg.br

Sumário

Atualidade: depois de 1990

Fábio Augusto Steyer

5.1

A área cultural e o contexto da redemocratização

Com o final da ditadura militar no Brasil e a redemocratização já em curso, o Rio Grande do Sul elegeu governos da antiga oposição a partir de 1986, com Pedro Simon, do então PMDB, que já havia disputado a primeira eleição pós-militares em 1982, perdendo para Jair Soares (PDS).

Com a chegada de Simon ao governo, pela primeira vez tivemos gestores da área cultural ligados à antiga resistência democrática. Entre eles devemos citar Carlos Jorge Appel, como secretário da Cultura, que levou adiante iniciativas importantes, como a realização de obras na Casa de Cultura Mario Quintana, de grande significação para toda a gestão cultural do Rio Grande do Sul, além de realizar alguns encontros e publicações ligados ao Cone Sul.

Focando de início nas questões políticas, destaque-se que tivemos a partir da década de 1980 diversos partidos assumindo o poder no governo do estado: PMDB, PDT, PT e PSDB. O PMDB tomou a dianteira neste processo, como mais forte agremiação oposicionista do momento. Na sequência tivemos Alceu Collares, do PDT, eleito para o mandato de 1991 a 1994. Com apoio de Leonel Brizola, que nas eleições presidenciais de 1989 recebeu 60% dos votos gaúchos, fez um governo polêmico em algumas frentes, como é o caso da educação, com a polêmica gerada pela ideia do “calendário rotativo”. O próximo governador foi

Antônio Britto, do PMDB, (1995–1998), cujo governo teve claro teor privatista, sucedido por Olívio Dutra, do PT, que tentou reverter algumas políticas de seu antecessor, valorizando mais o funcionalismo e o setor público. Em seu governo foi criada a Universidade Estadual do Rio Grande do Sul (UERGS). Seguiram-se Germano Rigotto, do PMDB (2003–2006), Yeda Crusius, do PSDB (2007–2010), Tarso Genro, do PT (2011–2014), José Ivo Sartori, do PMDB (2015–2018), e Eduardo Leite, do PSDB, atual governador, o primeiro a ser reeleito.

Nos primeiros anos da redemocratização, um dos grandes destaques da área cultural foi a reconfiguração do Hotel Majestic, que se tornou Casa de Cultura Mario Quintana, um dos principais espaços culturais do estado até hoje. O Secretário de Cultura na gestão Pedro Simon, Carlos Jorge Appel, teve papel importante no remodelamento daquele que se tornaria um dos símbolos da cultura no estado. Com obras iniciadas em 1916 e concluídas em 1933, o Majestic no final dos anos 1970 quase foi demolido. O governo estadual, em 1983, já com o prédio adquirido e tombado pelo estado, baixou um decreto denominando o local Casa de Cultura Mario Quintana, proporcionando grandes reformas, que viriam a seguir na gestão Appel, a partir de 1987. Durante a gestão Appel, o poeta e engenheiro Sérgio Napp foi convidado para se tornar diretor da CCMQ. Os arquitetos responsáveis pela transformação interna foram Flávio Kiefer e Joel Gorski. A obra foi entregue ao público em 1990. Nesses anos iniciais da CCMQ, houve publicações de grande importância no campo literário, como a revista *Continente*.

Entre outros espaços, a CCMQ abriga as bibliotecas Lucília Minssen e Erico Verissimo, a Discoteca Pública Natho Henn, com o Auditório Luís Cosme, Biblioteca Armando Albuquerque, Espaço Lupicínio Rodrigues, Sala Radamés Gnattalli, e Sala Irmãos Moritz. Os espaços para exposições são Espaço Maurício Rosenblatt, Espaço Vasco Prado, Fotogaleria Virgílio Calegari,

Galeria Sotero Cosme, Galeria Xico Stockinger e Sala de Arte Augusto Meyer. Há os teatros Bruno Kiefer e Carlos Carvalho e as salas de cinema Eduardo Hirtz, Norberto Lubisco e Paulo Amorim. Este centro cultural talvez já não tenha hoje a mesma pujança das duas primeiras décadas de atividade, mas continua sendo uma das principais referências culturais e mesmo turísticas da capital gaúcha.

O contexto histórico da redemocratização é também marcado pela concretização do sonhado Mercosul — e o Rio Grande do Sul se viu na oportunidade de adquirir nova importância, não mais apenas como ponta extrema do Brasil, mas como ponte entre o Brasil, a Argentina e o Uruguai, além do Paraguai, secundariamente. O Rio Grande do Sul, nesse sentido, sonhou ser e de fato foi, por uns anos, uma espécie de "centro" do Mercosul, até pela sua localização geográfica; essa experiência foi bastante forte, tanto em atividades empresariais quanto culturais. Na área da cultura, por exemplo, ocorreram diversas iniciativas, a partir do Mercosul, de intercâmbio, com artistas gaúchos se apresentando em Buenos Aires e Montevidéu, por exemplo, e os de lá vindo para Porto Alegre e outras cidades gaúchas e de outros estados do país, por iniciativas da prefeitura de Porto Alegre e do governo estadual.

Na música, particularmente, em que os intercâmbios antes se restringiam muito mais às regiões fronteiriças ou a eventos específicos e isolados, como o Musicanto Sul-Americano de Nativismo, festival da cidade de Santa Rosa, isso passou a acontecer de forma mais intensa, inclusive com gravações de discos com participação de músicos dos países vizinhos, lá e cá. Intercâmbios entre músicos como Luiz Carlos Borges, Chango Spasiuk, Renato Borghetti, Raul Ellwanger, Sérgio Rojas, Mercedes Sosa, Leon Gieco, entre outros, são apenas alguns exemplos.

O Mercado Comum do Sul, nome completo do Mercosul, é uma organização intergovernamental fundada a partir do Tratado de Assunção, de 1991. Estabelece uma integração, inicialmente econômica, configurada atualmente em uma união aduaneira, na qual há livre-comércio e política comercial comum entre os países-membros. Situados todos na América do Sul, em sua formação original o bloco era composto por Argentina, Brasil, Paraguai e Uruguai; mais tarde, a ele aderiram a Venezuela, que no momento se encontra suspensa, e a Bolívia.

Na esteira do Mercosul, acabou surgindo um evento de fundamental importância para a área cultural em Porto Alegre. Trata-se da Bienal do Mercosul, uma mostra internacional de arte contemporânea que ocorre na capital desde 1997. O evento, promovido pela Fundação Bienal de Artes Visuais do Mercosul, contribuiu para transformar o Brasil em referência internacional nas artes visuais. Além de promover a integração dos países que fazem parte do Mercosul, através da arte, e promover a arte latino-americana como um todo, a Bienal oportuniza o acesso à cultura e à arte a milhares de pessoas de forma gratuita. Ano de Bienal em Porto Alegre costuma se espalhar na programação de diversos museus e espaços expositivos. Vale observar que, nos anos mais recentes, o sonho de um Mercosul forte e relevante foi sendo esvaziado, restando ao estado gaúcho, especialmente em Porto Alegre, a sensação de diminuição de uma importância que parecia próxima de se concretizar.

Na prefeitura de Porto Alegre, no final de 1985 foi eleito Alceu Collares — primeiro prefeito eleito da capital depois de 1964 —, um ano antes de Simon para o governo estadual. Era também gente da antiga oposição, e na Cultura foi criada a Secretaria Municipal, a partir da antiga Divisão da Cultura da Secretaria Municipal de Educação, com Joaquim Felizardo à frente de uma equipe cheia de gente interessante, também da antiga oposição. Começam a funcionar as Coordenações de áreas. No Livro e Literatura, entrou o escritor Arnaldo Campos, que ativou os sábados pela manhã com seminários que juntavam centenas de interessados em discutir literatura, artes e humanidades.

Em 1993, foi criado o Fundo Municipal de Apoio à Produção Artística e Cultural de Porto Alegre (Fumproarte), importante fonte de financiamento para os projetos culturais da cidade. Com administração da Secretaria Municipal de Cultura (SMC), teve importante papel para a produção de diversos produtos culturais realizados na capital.

Depois do mandato de Alceu Collares, iniciou o período de governos do PT na administração da capital, que durou quatro mandatos e 16 anos. Alguns nomes merecem destaque na gestão cultural do período, como é o caso de Luiz Pilla Vares (que foi secretário de Cultura) e dos Coordenadores do Livro e da Literatura Fernando Schüler (que chegou a trazer o historiador Eric Hobsbawm para uma aula pública perto do Mercado Público, no que foi a origem do atual Fronteiras do Pensamento), Charles Kiefer e Luís Augusto Fischer (que criou o Prêmio Açorianos de Literatura, durante o governo Tarso Genro). Nesse período, foi publicada a revista *Porto & Vírgula*, que nos anos 1990 teve bastante relevância no cenário cultural.

Também foi neste período que foi criado o Porto Alegre em Cena, em 1994, realizado pela Secretaria Municipal de Cultura e até hoje um dos mais importantes do Brasil em seu gênero. A cada ano são dezenas de espetáculos em diversos espaços culturais da cidade, a preços populares. Grandes nomes nacionais e internacionais já estiveram na capital durante o evento, como é o caso de Fernanda Montenegro, Philip Glass, Hanna Schygulla, Peter Brook, Paulo Autran e Tônia Carrero, só para citar alguns poucos exemplos.

Sobre o Prêmio Açorianos, cabe destacar que foi originalmente criado em 1977, voltado à área de teatro. O nome é uma referência aos primeiros colonizadores, em certo sentido os fundadores da capital. Atualmente, pode ser considerado como o mais importante prêmio cultural do estado. Mais tarde foi estendido também a outras áreas (Literatura, Música e Dança e Artes Plásticas). Além das premiações de cada área em diferentes categorias, a cada edição também são escolhidos um ou mais homenageados.

A intensa movimentação cultural do período dos governos petistas também foi impulsionada pela política. Nesse sentido, cabe destacar o Fórum Social Mundial, evento de proporções mundiais que teve Porto Alegre como cidade-sede, reservando à capital destaque internacional. O evento foi organizado por movimentos sociais de diversos países de todo o mundo, com objetivo de elaborar alternativas para uma transformação social global. Seu slogan era "Um outro mundo é possível". A primeira edição foi realizada no ano de 2001 e, como origem, a ideia era fazer um contraponto ao Fórum Econômico Mundial de Davos, na Suíça, que se realiza anualmente, em janeiro. O Fórum foi realizado diversas vezes no Brasil (em 2001, 2002, 2003 e 2005). Os três primeiros foram em Porto Alegre — em 2004, na Índia; de forma descentralizada em 2006, e em Nairóbi, Quênia, em 2007. A nona edição do Fórum novamente teve lugar no Brasil, em Belém, capital do estado do Pará.

Na primeira edição, em 2001, foram realizados na capital gaúcha cerca de 400 oficinas organizadas pelas entidades participantes, além de dezenas de seminários, conferências, testemunhos e outras atividades culturais. Já em 2002, também em Porto Alegre, foram mais de cinquenta mil participantes; 12.274 delegados de 123 países e 3.356 jornalistas credenciados. Foram 622 atividades organizadas pelas entidades participantes, originárias de todos os continentes, além de vinte e sete conferências e noventa e seis seminários e diversas outras atividades culturais.

Se a identificação do Fórum Social Mundial sempre esteve mais ligada com os movimentos sociais e com a esquerda mundial, pelo lado liberal dois importantes eventos surgiram com a redemocratização. Um deles é a já citada Bienal do Mercosul, e o outro é o Fórum da Liberdade, organizado pelo Instituto de Estudos Empresariais (IEE), que ocorre desde 1988, anualmente, e que em alguns momentos também trouxe escritores, como é o caso do Nobel de Literatura Mario Vargas Llosa.

Ainda sobre eventos ligados à área cultural, é impossível deixar de mencionar o incremento e o processo de cosmopolitização da Feira do Livro de Porto Alegre e da Jornada Literária de Passo Fundo, analisadas mais especificamente em outros capítulos deste livro. Aqui cabe ressaltar a pluralidade e ampla representatividade dos nomes que participaram das diferentes edições destes eventos, vindos de diversas regiões do Brasil e de outros países, representando as mais variadas tendências literárias, artísticas e culturais, de diversas áreas do conhecimento.

Citamos anteriormente o Fumproarte, mas cabe também mencionar alguns outros mecanismos de financiamento, que alteraram a face da produção cultural em geral, inclusive na literatura. É o caso do Funcultura em Porto Alegre, lei estadual e, no plano nacional, a lei Rouanet. O Funcultura, criado em 1988, presta apoio financeiro a projetos, obras e serviços necessários à criação, à recuperação e à conservação de equipamentos e coordenações da Secretaria Municipal da Cultura. Com o intuito de estimular a produção cultural no Rio Grande do Sul, foi criada a Lei de Incentivo à Cultura (LIC), em 1996. Essa legislação tem sofrido mudanças ao longo dos anos, nem sempre beneficiando o setor.

No campo editorial, no período da redemocratização algumas editoras gaúchas se consolidaram como nacionais, como é o caso da L&PM, especialmente no campo literário, cujo maior exemplo de amplitude é a coleção de *pockets*, que atingiu todo o país. Outras viveram seu auge e declínio, entrando em decadência, como a Mercado Aberto, de grande papel nos anos 1980 e 1990. Destaque para a WS Editor, comandada pelo escritor Walmor Santos (já falecido), que teve o mérito de lançar diversos novos escritores.

A WS foi responsável por uma experiência relativamente pioneira no estado, baseado na experiência levada a efeito pelo Instituto Estadual do Livro (IEL) desde os anos 1970, o "Projeto Autor", através do qual as escolas de diversas regiões do Rio Grande do Sul compravam exemplares dos livros da editora e recebiam seus autores para dar palestras a alunos e professores. O projeto foi particularmente importante no interior, em especial municípios pequenos e médios, que puderam ter contato próximo com diversos escritores. Mesmo após o final do projeto (e da editora), Santos ainda percorria, até seu falecimento, em 2021, as escolas do interior do estado para divulgar suas obras literárias através do contato direto com estudantes e professores. Walmor Santos também editou a Revista Blau, de curta duração, mas que foi espaço relevante para a divulgação da cultura literária do estado.

Os anos de redemocratização também marcaram uma grande guinada no processo da digitalização/informatização, iniciada na prática nos anos 1990 e agora hegemônica. O computador pessoal, a internet, a autopublicação, entre outros, fazem parte desse processo. Pena que no caso dos acervos culturais do estado muito ainda precisa ser feito. Basta pensar na deterioração, por exemplo, do maravilhoso arquivo de jornais do Museu de Comunicação Hipólito José da Costa, que tem enfrentado múltiplos problemas de preservação do acervo.

Essa questão da digitalização/informatização, tão bem estudada em nível mundial por nomes como Roger Chartier (grande especialista em história do livro e da leitura, que, aliás, já esteve algumas vezes no Rio Grande do Sul proferindo palestras), ou em nível nacional, por nomes como Regina Zilberman, ainda carece de estudos mais amplos no estado, na esteira de textos sobre os processos editoriais feitos por aqui, como os de Elizabeth Torresini sobre a Editora Globo.

Também a se destacar nesse período o crescimento e a consolidação da área de literatura nas universidades, com pesquisa regular, estudos de pós-graduação etc., além do começo da era dos professores-escritores e a invenção das oficinas (o crescimento e a revelação de diversos escritores pela mais antiga e importante de todas, a de Luiz Antonio de Assis Brasil, na PUCRS); a criação dos acervos literários, cujo pioneirismo coube também à PUCRS; o apogeu e talvez o fim da literatura de afirmação identitária de teutos e ítalos aqui no Rio Grande do Sul; a literatura feminina veio se consolidando, assim como a literatura produzida por afrodescendentes; mais recentemente, já no século XXI, a produção e pesquisa sobre a literatura indígena. Cabe registrar que tais assuntos serão abordados em outros capítulos desta obra.

Finalizando, não se pode deixar de mencionar sobre o período a publicação da coleção "Nós, os gaúchos", com seus cinco volumes, publicados a partir de 1992. Algumas respostas sobre a identidade do gaúcho foram apontadas no emblemático livro *Nós, os gaúchos* (1992), organizado por Luís Augusto Fischer e Sergius Gonzaga, e que deu origem a uma coleção da Editora da Universidade. Na sequência, foram publicados *Nós, os teuto-gaúchos*, *Nós, os afro-gaúchos*, *Nós, os ítalo-gaúchos* e *Nós, os gaúchos II*, com outros organizadores. O tema, que volta e meia aparece em publicações e documentários, ganhou recentemente um ciclo de debates, "NósOutros Gaúchos", de 2015, promovido pelo Instituto Associação Psicanalítica de Porto Alegre (APPOA) e pela UFRGS. Além do nome inspirado no projeto dos anos 1990, a iniciativa também retomou a ideia de chamar destaques de diferentes áreas do conhecimento para debater a identidade regional do estado.

Referências

ASSUMPÇÃO, Euzébio; MAESTRI, Mário (Org.). *Nós, os afro-gaúchos*. Porto Alegre: Ed. da Universidade/UFRGS, 1996.

BETTS, Jaime; ROBIN, Sinara. *NósOutros gaúchos*: as identidades dos gaúchos em debate interdisciplinar. Porto Alegre: Ed. da Universidade/UFRGS, 2017.

BISSÓN, Carlos Augusto; FISCHER, Luís Augusto; GONZAGA, Sergius (Org.). *Nós, os gaúchos II*. Porto Alegre: Ed. da Universidade/UFRGS, 1994.

FISCHER, Luís Augusto; GERTZ. René (Org.). *Nós, os teuto-gaúchos*. Porto Alegre: Ed. da Universidade/UFRGS, 1996.

FISCHER, Luís Augusto; GONZAGA, Sergius (Org.). *Nós, os gaúchos*. Porto Alegre: Ed. da Universidade/UFRGS, 1992.

MAESTRI, Mário (Org.). *Nós, os ítalo-gaúchos*. Porto Alegre: Ed. da Universidade/UFRGS, 1996.

Guto Leite

5.2

De 90 para cá: a poesia contemporânea sul-rio-grandense

Roberto Schwarz, em texto célebre, comenta que optou por não atualizar, quase duas décadas mais tarde, "Cultura e política: 1964–69", escrito no calor da hora dos acontecimentos, porque "o equívoco dos contemporâneos é sempre mais vivo".[1] É um bom começo para prever as dores e as delícias da escrita deste capítulo. Tão inevitáveis quanto os equívocos de análise que nele estejam — e estão, porque o tempo apagará autores presentes nestas páginas —, creio que uma boa leitura não possa desconsiderar que estas linhas são mais sobre uma relação entre um leitor contemporâneo, talvez um "leitor profissional", e um conjunto de poéticas, do que um estudo sobre um conjunto de poéticas. Outro interesse é que um texto sobre literatura contemporânea, na maioria das vezes, depõe sobre a vitalidade dessa literatura, mesmo que contenha diagnóstico não otimista. Se eu dissesse "não me parece que fulano, beltrana, sicrano, esta, aquele e aquela outra sejam poetas relevantes", já está aí um quadro, um pequeno "sistema"[2], que merece comentário e análise. Soma-se ainda o fato de que o autor deste texto é também poeta — sendo esta a única vez em que isso será mencionado — e versa sobre colegas de geração, muitos deles, em algum

1. Roberto Schwarz, "Cultura e política: 1964–1969", p. 61.

2. Antonio Candido, *Formação da literatura brasileira*: momentos decisivos – 1750–1880, p. 25-27.

momento, no restrito ambiente literário da atual Porto Alegre, dividiram comigo saraus, mesas de debate, cursos de literatura, salas de aula ou uma porção de fritas. Quer pelos motivos críticos mencionados, quer pelo potencial de polêmica e desafeto que este ensaio carrega, o leitor saberá saciar aqui seus interesses.

Embora esta *História* apresente seção própria destinada à recuperação histórica do período, peço licença para, antes de recompor o panorama da poesia sul-rio-grandense contemporânea, recuperar, de determinada perspectiva, um pouco do atual ambiente econômico, político, social e cultural do estado com vistas a conseguir encontrar sínteses que nos auxiliem na leitura dos poetas.[3]

Preferências partidárias à parte, o recorte temporal proposto coincide com certa predominância do Partido dos Trabalhadores (PT) nos principais cargos do Poder Executivo. Na prefeitura da capital, pela ordem: Olívio Dutra (1989–1992), Tarso Genro (1993–1996), Raul Pont (1997–2000), Tarso Genro novamente (2001–2002) e João Verle (2002–2004) — seguido pelo professor de literatura e compositor popular José Fogaça (2005–2010), este do PPS no primeiro mandato e do MDB no segundo. No governo estadual: Olívio Dutra (1999–2003) e Tarso Genro (2011–2015). Na presidência da república, desde 2003, com Lula (2003–2010) e Dilma (2011 em diante).

Por mais mudança de orientação dos governos do PT depois, pelos acordos à direita para a manutenção do poder e pela ênfase em programas sociais que primam pelo assistencialismo em detrimento de investimentos estruturais em educação e cultura, faz muita diferença em termos de políticas públicas o prestígio da importância da cultura na constituição de uma sociedade e o investimento em atividades não imediatas nem necessariamente

3. Cabe agradecer imensamente ao professor Luís Augusto Fischer por organizar dados fundamentais para a construção desta conjuntura. (Nota do organizador: ver o *post-scriptum* ao final do capítulo para esclarecimento sobre a data da produção deste estudo.)

produtivas ou lucrativas, como as muitas manifestações artísticas, entre elas a literatura.[4]

Se compararmos com a geração anterior, premida pela ditadura[5], o florescimento da cultura no estado é notável. Por meio da organização de cursos e palestras pelas prefeituras, o aumento e o fortalecimento das feiras de livro, o estabelecimento de programas que facilitam a edição de autores iniciantes e o trabalho a partir do Instituto Estadual do Livro (IEL), que se torna órgão importante na vida literária, amplia-se sensivelmente o sistema literário local. Mais recentemente, também influenciam positivamente a ação das universidades (UFRGS e PUCRS, principalmente), na modernização de seu quadro docente desde os anos 1980, na ampliação do número de estudantes e na organização de trabalhos em escrita criativa, as oficinas literárias, onde se aprimoram dezenas de escritores, bem como as livrarias de rua (Palavraria, Bamboletras, por exemplo) e institutos que organizam atividades para leitores e autores.

Se o quadro local parece promissor do ponto de vista da cultura, sua economia toma o sentido oposto — a ponto de, atualmente, não ser incomum ouvir de pensadores e professores o termo "arruinadas" para se referir às finanças do estado. Sem a cobrança do ICMS, imposto estadual, que se extinguiu no governo Collor, o Rio Grande do Sul, grande exportador de diversos produtos, não é mais capaz de sustentar o *welfare state* vigente até ali. A centralização do poder em Brasília, retirando boa parte da margem de manobra estadual, e o controle da inflação — que, paradoxalmente, restringe as possibilidades de

---

4. Porto Alegre ganha destaque neste ensaio por ser, de certa forma, centralizadora das ações culturais no estado. Salvo as Feiras do Livro, organizadas em diferentes cidades, e os programas do SESC pelo interior do Rio Grande do Sul, é na capital que se encontra mais substantivamente a vida literária gaúcha, em sua tradicional Feira do Livro, nos órgãos, associações, institutos e locais de cultura recém-citados, nas livrarias, nas oficinas literárias, nos lançamentos de livro, nos editais de fomento e nos festivais de literatura, mormente a Festipoa Literária.

5. Luís Augusto Fischer, *Um passado pela frente*: poesia gaúcha ontem e hoje, p. 116.

camuflar a precariedade orçamentária em operações a longo prazo — endividaram rapidamente o estado, que passa a negociar mais a amortização dos juros do que a quitação da dívida.[6]

Num arco longo, estamos falando de um estado que conseguia manter os menores índices de desigualdade no começo do século XX[7], mas que sofre dois processos de centralização do poderio econômico-simbólico a partir de outros centros — Rio de Janeiro, até os anos 1950, e São Paulo, dali em diante — e despede-se do século XX em posição claramente periférica no quadro nacional, não sendo difícil elencar duas ou três dúzias de talentos ou intelectuais gaúchos que deixaram o estado nos últimos vinte anos, o que certamente traz impactos para a vida literária local.

Que poesia nasce nesse estado que talvez possa se gabar legitimamente de ser o "estado mais letrado do Brasil" nestes anos? É possível delinear algumas tendências ou mesmo um quadro geral da poesia sul-rio-grandense contemporânea? Esta é a ambição deste capítulo.

Numa tentativa de dar conta dos numerosos poetas do período, busquei reuni-los por meio de características que considerei centrais a seus trabalhos, características a partir das quais fosse possível ter uma visão geral de suas obras, numa primeira aproximação para o leitor interessado. Desnecessário dizer que a poética de nenhum deles é redutível a esta síntese que proponho, nem se trata "da" síntese correta a partir da qual se devem ler esses escritores. De todos os poetas alinhados, selecionei três, extraindo-os dos grupos, em virtude do que identifiquei como força, consistência, regularidade, trabalho poético, singularidade e especial acerto estético. Tampouco quer dizer estas sejam melhores do que aquelas em cada parte, mas me parece que em meio à produção irregular da poesia gaúcha contemporânea são aquelas

---

6. No segundo semestre de 2015, por não pagamento de parcela da dívida, a União bloqueou as contas do estado diversas vezes até atingir o valor devido.

7. Décio Freitas, "O desfalecido orgulho gaúcho", p. 36.

que valem a pena seguir mais de perto, ou, assumindo que esta é uma perspectiva particular, aquelas que mais me soam profícuas para reiteradas leituras e análises — são as minhas apostas, digamos; uma hora ou outra as fichas vão para a mesa, não tem jeito. Doravante o leitor acompanha seis grupos, ou melhor, três pares de grupos opostos complementares, e, em seguida, as três poéticas que selecionei para uma leitura mais detida.

***

Um primeiro grupo que pode ser divisado em meio à produção contemporânea gaúcha consiste em poetas que poderiam ser caracterizados como Cultores da Forma. Sob a égide modernista em que vivemos, dizer que um escritor investe parte de seus cuidados na confecção de uma forma que não tem por *telos* misturar-se à língua mais prosaica pode parecer um julgamento derrisório, mas não é o caso. Tampouco afirmo que haja em todos eles necessariamente traço regressivo ou reacionário. Trata-se, com efeito, de poetas que zelam pela especificidade de uma linguagem poética, distinta do que seriam as formas e a linguagem cotidianas, podendo ser bastante distintas as maneiras desse investimento formal.

Por exemplo, veja-se o exercício muito habilidoso e plural de uma forma fixa, o soneto, que preenche parte destacada da obra de Paulo Seben (1960). Seja nos poemas de notável desenvoltura formal, como "Soneto de Pirro" (*Caderno Globo* 33, 2002), seja nos poemas em que evoca o erótico ou o escatológico, como "Mística" ou "Piquenique no mato com galeto" (*Poemas podres*, 2004), o desempenho é sempre do autor que toma a poesia por ofício diário e o pratica:

> Eu firo e sou ferido, tomo do meu lenço
> e tinjo-o com sangue das ignomínias

e faço-o de bandeira, de caudal que mine as
reservas de grossura de outra gente. [...][8]

Se abrires tua blusa, e se eu lamber teu seio,
eu me ajoelharei diante de um altar
e finalmente vou poder dizer: eu creio.[9]

[...] Os tomates do lanche em tuas costas,
em teu peito manchas de manteiga.
Mordo-te a nuca, como gostas,
e me cegas num jorro de vinho. [...][10]

Também é possível um formalismo de tipo cabralino, que compreenda a forma como algo "que se move no espaço mental de uma racionalidade desincorporada, em que se podem traçar linhas que conjugam pontos, projeções, formas abstratas, vetores de forças"[11], o que sói ocorrer na obra de Eduardo Dall'Alba (1963–2013). Não se trata especificamente de um domínio dos metros e acentos da forma poética, mas do entendimento do poema como "máquina para comover"[12], que, quando em bom funcionamento, resultou em prêmios ao poeta, além de inteligentes e intrincadas construções para nós, leitores:

A folha branca colhe a pedra da poesia esfaimada.
Não a pedra por medida, antes a pedra lascada.
A folha colhe o indizível em palavra-pedra,
em sombrio reclame entre o sublime e a fome
numa cidade deserta, sem poetas e sem nome.[13]

8. Paulo Seben, "Soneto de Pirro".

9. *Ibid.*, "Mística".

10. *Ibid.*, "Piquenique no mato com galeto".

11. Italo Calvino, *Seis propostas para o próximo milênio*, p. 88.

12. Expressão do controverso arquiteto Le Corbusier transposta por João Cabral de Melo Neto à poesia.

13. Eduardo Dall'Alba, "A folha de papel".

O engenheiro noturno por caminho no risco
por luz intensa por grades nas janelas
não desenha o possível por previsível o traço
antes desenha na noite o traço imaginado
no impossível do cálculo, no desvio da reta. [...][14]

Menos propriamente, talvez, aproximo outros dois escritores a Seben e Dall'Alba. O primeiro, Ricardo Portugal (1962), principia sua obra poética num campo totalmente diverso, com uma poesia de inteligência despojada, mais próximo do grupo que comentarei a seguir, em *Antena tensa* (1985):

ele um tipo corrente
ela muito correta
apareceram noite passada
no snack bar da esquina
dois xis burguer
é pra levar. [...][15]

mas acaba por convergir, mais recentemente, à forma concisa e rigorosa do haicai[16]:

soa o sino no templo
tempo é silêncio
tempo não é dinheiro[17]

O segundo, Pedro Gonzaga (1975), bem mais novo do que os demais deste grupo, parece manter nas palavras — em seu sentido próprio ou etimológico, sua sonoridade, sua raridade, sua especificidade etc. — parte de sua atenção como poeta, o que tende a conferir aos poemas elevação e pompa um tanto

14. *Ibid.*, "O traço".

15. Ricardo Portugal, "Noivos".

16. Talvez o haicai esteja mesmo na fronteira entre o primado da forma e o primado do achado, característica do próximo grupo. Em sua versão ocidentalizada, além das exigências habituais à arte de Bashô, há sempre uma agudeza, um encontro, a chave-de-ouro, distanciando-se do intuito original de uma forma integrada a si, ao outro, à natureza.

17. Ricardo Portugal, *Zero a sem*.

anacrônicas, por isso interessantes. Com alguns versos seus, encerro o grupo dos Cultores da Forma:

> nossos mortos vestem
> por invisível regimento
> a macabra fantasia
> de permanecerem iguais
> em nossa memória
> aqui está o meu primo
> a cada novo outono
> o mesmo sorriso
> zombeteiro nos lábios
> deixa de ser palerma, pedro
> não é assim que se chega
> numa mulher[18]

Se, de um jeito ou de outro, há no primeiro grupo certa desconfiança sobre a parte do programa modernista que aponta para a retirada de fronteiras entre língua poética e língua cotidiana, os Cultores do Achado partem exatamente da linguagem oral para a construção de sua poesia, muitas vezes frisando a agudeza de espírito, o teor de performance, a relação com a canção popular, o aspecto interventivo, o poema para microfone.

O principal poeta deste segundo grupo é sem dúvidas Ricardo Silvestrin (1963). Formado em Letras, trabalhou inicialmente como professor, depois seguindo para o campo da publicidade. Foi diversas vezes premiado e está presente em um sem-número de coletâneas de poesia gaúcha contemporânea. Desde *Viagem dos olhos* (1985), da importante série Coolírica, dialoga proximamente com a poesia de Leminski, sem, contudo, passar pelo "barrocodélico" *Catatau* e tensionar os limites do *pop*:

> dentro da armadura
> de roupa
> um corpo branco

18. Pedro Gonzaga, "nossos mortos".

dissolve o pão
na sopa[19]

Com o passar dos anos, sua poética perde parte do estranhamento inicial, aproximando-se mais da fluidez performática que pode mesmo servir de epítome deste grupo:

o goleiro vê o jogo ao contrário
o número um que ele carrega
não é de primeiro, mas de solitário
o gol que não houve, a bola na trave
ou presa entre as asas de seu voo de ave
são pontos a mais no seu placar tonto [...][20]

De embocadura similar, Diego Petrarca (1980) também tem graduação e pós-graduação na área de Letras, trabalhando com eventos e oficinas de literatura em diversas regiões da cidade de Porto Alegre e do estado. De poesia ainda mais sucinta e mais próxima da canção popular, sobremodo a de Caetano Veloso, publicou uma dezena de livros desde o final dos anos 1990:

O ocidente que se oriente
Vem de baixo e paira firme
o pé que paira em pose
rasura exposta desinventa o chão
os outros batem palma
como se soubessem dançar[21]

Um terceiro destaque dessa gravitação poética, Telma Scherer (1979), graduada em filosofia e pós-graduada em literatura, desenvolve mais extensamente os jogos verbais e elabora com derramamento uma sensível percepção de mundo. Entrelaçada à matéria verbal, não raro há a proposição de performances,

19. Ricardo Silvestrin, "inverno".

20. *Ibid.*, *Quase eu*.

21. Diego Petrarca, "Descrição da dançarina".

realizadas nos locais mais diversos, como em um hospital psiquiátrico, teatros ou feiras de livro[22]:

> Do som da palavra
> ao som do sentido: ler ouvindo
> o cantar que não existe
> — ainda não existe [...][23]
> [...] No assoalho liso
> a pele arde
> passada em gomas
> cores de laranjeiras
> limoeiros, tanoeiros sapos
> e mais e mais e mais e mais
> leite. [...][24]

Bastante apartado deste grupo, mas de impossível associação com os demais poetas citados no decorrer do capítulo, Marcello Sahea (1971), carioca, mas radicado há muitos anos no estado, é certamente o que se vale de meios mais diversos para realizar sua poesia. Poemas concretos, poemas em prosa, fotos, vídeos[25] e performances — em que projeções, declamação, sons em loop, ruídos e imagens contribuem para a obtenção do efeito poético — estão entre os recursos do escritor, que frequentemente participa de eventos, congressos e exposições pelo Brasil e em outros países:

22. Em 2010, a escritora chegou a ser expulsa da Feira do Livro pela Brigada Militar ao realizar a performance "Não alimente o escritor", em que se prendia a uma casinha de cachorro, num dos episódios mais lamentáveis da incompreensão da arte pelo poder público e seus agentes.

23. Telma Scherer, *Desconjunto*.

24. *Ibid.*, *Rumor da casa*.

25. Alguns vídeos do autor podem ser conferidos em https://vimeo.com/marcelosahea. Acesso em: 4 set. 2024.

Marcello Saher, Nada a dizer.

***

Findo o primeiro par, Cultores da Forma/Cultores do Achado, também é possível delinear um conjunto de escritores que segue investindo, de variadas formas, na investigação subjetiva e na perspectiva individual de entendimento de mundo. Numa conversa de bar, talvez até com os próprios, eu os chamaria de Derramados, mas, para manter uma classificação elegante, optei pela designação de Líricos.

Originalmente, talvez o lírico mais emblemático seja Fabrício Carpinejar (1972). Jornalista de formação e mestre em literatura comparada, sua trajetória na poesia se inicia no final do século passado com *As solas do sol* (1998) e parece viver seu apogeu nos livros publicados nos primeiros anos da década seguinte. De maneira intrigante, quando o poeta logra de reconhecimento nacional e grande popularidade, ao ter sua antologia *Caixa de sapatos* (2003) publicada pela Companhia das Letras, é também o momento em que sua produção toma o rumo de crônicas, textos de opinião, intensa atividade nos jornais, rádio e TV, assumindo uma produção poética para as massas. Em que pese ainda encontrarmos em seus textos mais recentes, diluídos numa estética palavrosa, o poeta promissor, inteligente e sofisticado dos livros iniciais, creio que para os amantes da poesia — talvez a fração da literatura que menos possa desperdiçar seus talentos — haja certa melancolia quanto à sua bem-sucedida carreira de homem de mídia:

> A palavra é falível
> posta em outra boca:
> o horizonte deitou
> o fuzil dos pássaros.
> Volta, pai, que a fundura
> não está nos passos,
> a tapera dispersa
> a caça e o paradeiro
> das pegadas.
> A queda atalha a subida,
> o homem permanece
> uma pronúncia inacabada.[26]

De trajetória análoga — é o destino atual dos Líricos o *show business* da linguagem? —, Martha Medeiros (1961) é publicitária e descerrou em 1985, com *Strip-tease*, uma sequência de bons livros de poesia, até a segunda metade dos anos 90, quando principiou com crônicas de jornal, gênero a que se dedicaria e que lhe conferiria notoriedade no panorama literário nacional. Mais recentemente, também se dedicou à escrita de contos e romances, um deles ganhando versão cinematográfica de grande popularidade, *Divã*, publicado em 2002:

> Caprichei na meia-calça
> preparei a meia-luz
> irrompi à meia-noite.
> Ficou tudo meia-boca.[27]

> sou uma mulher madura
> que às vezes anda de balanço

26. Fabrício Carpinejar, *Um terno de pássaros ao Sul*.
27. Martha Medeiros, *Strip-tease*.

sou uma criança insegura
que às vezes usa salto alto
sou uma mulher que balança
sou uma criança que atura.[28]

Há ainda dentre os Líricos um jovem poeta muito interessante, Everton Behenck (1979). Com total desembaraço em relação à tradicional gravidade da literatura — é publicitário de formação e de ofício —, o poeta apresenta muita força em seus poemas de amor, de saudade, de desencontro. Com o receio dos prudentes, vaticino que sua obra se configurará com bastante destaque no quadro do lirismo gaúcho dos próximos anos, caso ele siga com seus escritos:

[...] Você já sabe
Que o amor nasce
E morre
Pelos mais diversos
Motivos
E que geralmente
As pessoas oferecem
O que não possuem
Enquanto exigem
O que você não tem
E que até perceberem isso
Serão felizes [...].[29]

Antípoda aos Líricos, o grupo dos Cerebrais é talvez o fruto mais direto do reconhecido letramento do estado. De formações diversas, os escritores deste grupo — que também pensei em chamar de *Scholars*, desistindo pelo estrangeirismo, ou Metódicos, de que abdiquei por poder levar a outras zonas de sentido — parecem conceber sua literatura em diálogo com a tradição e, também por isso, seus trabalhos investem em lapidações

28. *Ibid.*, *Poesia reunida.*
29. Everton Behenck, inédito.

sempre muito medidas, labores, referências, leituras. É sempre uma poesia cuja leitura recompensa, mas que raro recai no ritual mais desenvolto da linguagem. Nos casos de acerto, apaga-se o que há de eventualmente truncado em seus versos.

Celso Gutfreind (1963) é escritor de uma poesia densa, resultado de aguda observação e pendor de investigação psicológica. Interessantemente, tende mais para a síntese do que para meneios discursivos. É também destacado autor de literatura infantil. É sensível — e não há aqui juízo de valor a respeito — que seja uma poesia pouco dionisíaca ou inspirada. Há sempre um quê de construção do esforço, marca, na minha leitura, de todo o grupo. Vejamos:

> Nós íamos ao parque na inocência
> para muito prazer, divertimentos
> e um pouco de sorte nas argolas.
> Jamais nós retivemos uma imagem
> de forma superior à sua essência
> a fim de que depois fosse expressada. [...][30]
>
> A mãe martela a noção
> do tempo e, desbravando
> espaço, faz o bebê.
> O bebê tem uma caixa
> para guardar as noções.
> É noite, e está vazia
> de ideias, mas muito cheia
> de horror, amor, esperança. [...][31]

Marlon de Almeida (1966) é doutor em Letras e professor de literatura, com uma produção consistente de sete livros de poesia, entre 1994 e 2014, sendo o mais recente, *Arrastão e outros poemas*, fruto do Prêmio Off Flip em 2014 e vencedor do prêmio AGES na categoria poesia, em 2015. Do grupo que proponho,

30. Celso Gutfreind, *Trechos*.
31. *Ibid.*, "Ciclo vital".

é talvez o caso mais intrigante, ao lançar mão de uma poesia muito trabalhada para tentar dar conta de fenômenos, gentes, sentimentos etc., mais avessos às tentativas de ordenação:

> Joguei as cinzas do pai sobre o mar,
> o vento as levou para a terra.
> E assim, como a ave que leva
> a palha ao ninho sem nada,
> ando a buscar o que já não há,
> o corpo do pai na memória do pó.[32]

Marco de Menezes (1968) é nascido em Uruguaiana, mas radicado há mais vinte anos em Caxias do Sul. Médico de formação e ofício, realiza oficinas literárias e, atualmente, edita outros escritores do estado — a Modelo de Nuvem, editora criada há alguns anos, é resultado desse movimento —, além de manter relação estreita com o mundo da canção popular. Sua poesia, bastante heterodoxa, dialoga com referências as mais eruditas, bem como contempla a coluna da poesia mais tradicional feita no estado, nos temas ou formas. A habilidade com o verso e a presença de um humor de traço intelectualizado chamam a atenção. Também chama a atenção como o autor parece se conceber como intuitivo em entrevistas, o que se mescla ao que entendo como uma dominância apolínea em sua poética:

> por exemplo, os cantos sujos de pó de uma mureta
> amarela
> ou o derruir de uma curva em um prédio de apartamentos
> não digo a luz que esbatendo leva tudo ao caos
> não digo o entremeio de ilusão que junta o chão das
> ruas
> mas as praças nuas
> esperando que o tempo ou a morte

32. Marlon Almeida, "Cinzas sobre o mar".

infatigáveis em suas semelhanças
as apaguem aos solavancos [...][33]

***

Por fim, os últimos dois grupos, ou o último par de opostos, antes das três análises de caso, definem-se basicamente a partir de para onde se voltam os poetas ao escreverem, se para dentro do estado ou se para fora do estado. Peço ao leitor a gentileza de não se fiar no uso comum dos termos Cosmopolitas e Provincianos, que escolhi para nomear esses grupos. Em nenhum dos dois casos há louvação ou censura — creio em alcances e limites tanto cosmopolitas quanto provincianos —, mas simplesmente a ideia de que os estros do primeiro grupo se afinam mais com o que vem acontecendo na poesia brasileira e/ou estrangeira, enquanto as poéticas do segundo grupo primam por plasmar as cores, paisagens, costumes etc., da matéria poética local.

Embora, a rigor, haja cosmopolitas desde o final do século XIX — para caracterizar uma burguesia cujos padrões se internacionalizavam —, nossos Cosmopolitas parecem florescer no final do século XX, coincidindo talvez com a terceira ou quarta geração de estudos universitários modernos no Rio Grande do Sul. O nome de maior destaque nesse grupo é Diego Grando (1981), de formação letrada, fez parte de seu mestrado na França e doutorou-se pela UFRGS, além de dar aulas de literatura e, mais recentemente, compor o Sarau Elétrico, tradicional e contemporâneo ponto de encontro sobre literatura em Porto Alegre. Embora seus poemas inéditos sugiram um movimento um pouco diferente do que aqui sintetizo, seus livros já publicados transitam por uma poesia ágil, de múltiplas referências e tom menor — bastante afinada à poesia que se destaca em âmbito nacional:

33. Marco de Menezes, "fim das coisas velhas".

Não tenho culpa se nasci dez anos antes
se conheço a estrada
(e sei que só leva
a nada):
dez anos, uma decadência
em cento e vinte parcelas mensais. [...][34]

Há na palavra Paris uma rua e um prédio
e uma porta vermelha e um código a-doze-sete-nove
anotado em uma folha de caderno
folha jamais consultada e que quando redescoberta
lembrará que o esquecimento é a maior das misérias
[...][35]

Ouso inserir na conta um poeta inédito, cujo primeiro livro sairá por uma editora portuguesa em 2016, mas que tive a sorte de conhecer em manuscrito. Trata-se de Juergen Cannes (1988), escritor que mescla versos, ilustrações e feituras de bonecos de pano numa poética bastante singular. Também se destaca o tratamento que dá, a partir de todos esses meios, à homossexualidade e a um mundo intensamente sensível.

Os Provincianos têm larga tradição no estado e parecem derivar da bela e consistente tradição da poesia gauchesca. Paulo Becker (1961) é uma das mais marcantes poéticas desse grupo. Com formação sólida, é professor na Universidade de Passo Fundo, e sua poesia, bastante sofisticada, contempla o universo da pequena metrópole, do campo, dos pontos de contato entre um e outro mundo:

Manhã de domingo.
O centro é vitrina.
Os mendigos nas calçadas
dormem até mais tarde.

34. Diego Grando, "Década (obsolescência programada)".
35. *Ibid.*, "Palavra Paris".

Os sinais no amarelo.
Cães passeiam seus velhos.
Pombos. Pivetes. Pipocas.
Bancos de praça. Jornais.[36]

Álvaro Santi (1964) também é um dos destacados intérpretes deste espaço. Com dupla formação, Letras e Música, sua trajetória é bastante próxima à produção e reflexão a respeito da música produzida no estado. De acento paradoxalmente mais formal e mais explosivo do que Becker, sua poética parece se colocar mais carregada de voz, de encenação:

Mosaicos de verde e telhados imóveis.
O vento anima a dança dos eucaliptos.
A chuva faz tudo parecer de vidro.
O sol espanta o povo, e empresta vida
às pedras do calçamento.
Vem a noite, e o som dos bichos acende
medos, desejos e lâmpadas fluorescentes.
O tempo faz crescerem, e leva embora
as crianças. E os homens todos procuram
lugar certo de plantarem uma outra
cidadezinha.[37]

Mais recentemente, Escobar Nogueira (1971) compõe o grupo com uma poesia de imagens acentuadas e olho muito atento para o detalhe. Também com formação letrada sólida — trabalha como professor de literatura —, é notável a aliança entre trabalho formal e o uso de uma paleta generosa de cores:

Como é difícil te amar, Pejuçara.
Não és central, litoral, capital,
não és manequim como Brasília,
não és bocetuda como Buenos Aires,
não tens o perfil paulistano de código de barras.
Como é difícil te amar, camponesa,

36. Paulo Becker, "Praça".
37. Álvaro Santi, "Cidadezinha".

como quem ama Havana,
como quem ama Luanda
e vive do amor e da esperança
de não ter que ir embora.
Como é difícil te amar, coloninha,
e não te trair com Paris.
Como é um exílio te amar
vivendo em ti,
como quem ama Tijuana
e não pula a cerca americana.[38]

***

Até aqui espero ter conseguido dar conta de sugerir algumas relações dentro do vasto painel contemporâneo da poesia do estado, formado, a partir do que construí, por Cultores da Forma & Cultores do Achado, Líricos & Cerebrais, Cosmopolitas & Provincianos. Reconheço — sem que me possa proteger das críticas — a amostragem breve de cada poeta mencionado, a seleção restrita da quantidade de poetas por grupos e certa arbitrariedade em sua reunião nesta ou naquela coluna. Friso que se trata mesmo de um painel, e como também tem interesse crítico para além do prazer visual, busquei aproximar poetas que minha leitura considera próximos a fim de que futuros leitores contradigam essa organização ao se aprofundarem na leitura desses escritores. Valho-me também de certa liberdade de visada que nos dão os muros da universidade. De algum modo, esses mosteiros contemporâneos me deixam desligado o bastante de todo esse campo literário para tentar fazer uma leitura honesta sobre essas poéticas e ser fiel somente à minha leitura.

Encerro o capítulo com uma análise mais detida de três poetas que até poderiam constar nos grupos propostos, mas, por motivos diversos que discriminarei nas análises, destaco

38. Escobar Nogueira, *Pejuçara*.

suas produções e o lugar particular que ocupam no atual mapa poético do estado.

O primeiro deles é Paulo Neves (1947), que passou pelos cursos de Filosofia (USP) e Ciências Biológicas (UFRGS), trabalhou como jornalista em São Paulo, onde morou de 1967 a 1981, e há trinta anos constrói uma carreira sólida de tradutor — tendo também destaque como letrista de canção popular. É extraordinário que sua estreia na poesia, e até então seu único livro nesta seara, seja *Viagem, espera: 40 poemas e outros escritos* (2006). Este processo radical de decantação é uma interessante porta de entrada para lermos sua produção:

> O que peço à poesia:
> não que ela me baste
> mas que me dê
> a medida do possível,
> a certeza do que basta.
> (E a poesia me pede:
> não o que ainda falta
> mas o que excede
> à palavra mais exata,
> a plenitude sensível.)[39]

Uma primeira aproximação indica rigor no procedimento poético, mas é preciso distanciá-lo do imperativo do investimento formal parnasiano, concreto ou cabralino. O rigor aqui é o da "plenitude sensível", da matéria que se enforma de um tal jeito pela ação do tempo, como se não houvesse outro, porque assim a matéria se formou, justa a si mesma. "a medida do possível", por exemplo, recuperada da vulgaridade da expressão que indica modo para seu uso substantivo, ou a inversão do que a poesia pede ao eu do poema, não o que falta para ser posto em palavra, mas o que está além da exatidão da palavra – são exemplos desse princípio presentes no poema.

39. Paulo Neves, "Invocação".

O efeito de sentido parece ser o de um nirvana ou de uma sabedoria ancestral obtida pela observação, pela racionalidade e pelo trabalho poético. Com o risco da crítica biografista, a decantação dos ofícios de filósofo, cientista, jornalista e tradutor, ou, em melhores termos, as predisposições à linguagem cotidiana, o olhar para o outro, o olhar para si e o encontro dos termos mais precisos para a expressão resultam numa poética bastante peculiar — embora não haja engano quanto a haver esse termo unívoco na poesia, na consciência de que a palavra é um cobertor que sempre deixa parte do corpo (a maior parte, talvez?) à mostra:

> Mais do que guardar
> o mistério da vida,
> és a estranha sempre dada,
> nossa casa definitiva.
> E quase nem sentimos
> tua presença antiquíssima:
> confiantes, seguimos
> tomando-te as dádivas.
> Quem concebe o teu vazio,
> tu que estás sempre grávida?
> E quem adivinha a trama
> de teus invisíveis fios?[40]

Se chamei de peculiar a poética de Paulo Neves, vale aventar suas causas, e "Terra" me auxilia na leitura que vou propor. O lugar que o poeta constrói para essa voz conta com um nível tão alto de abstração e é de uma serenidade tão desafinada ao acelerado mundo da produção, da reposição, dos quereres, do consumo etc., que, para além da solitude de sua poética, resta ao leitor a sensação de um outro mundo existente, erguido pela poesia, de uma outra possibilidade de interação com as coisas no mundo. Não sei se o poeta publicará outro livro, tampouco se esse contaria com a

40. *Ibid.*, "Terra".

densidade de *Viagem, espera*. Creio, contudo, que o poeta não precise de mais para ter um lugar na tradição da poesia gaúcha.

O segundo escritor que gostaria de destacar ocupa um lugar e nutre atitudes estéticas quase opostas ao primeiro poeta analisado. Trata-se de Ronald Augusto (1961), poeta, compositor, músico — atua junto aos poetas Ricardo Silvestrin e Alexandre Brito nos PoETs desde 2001 — oficineiro, crítico de literatura — tem atuação constante na revista virtual *Sibila* — e debatedor contumaz de diversos temas pertinentes à literatura, sobremodo a representação do negro e a produção literária e cancional afro-brasileira.

Sua poética também se constrói pelo debate e pelo tensionamento, seja temático, seja formal. Com interesse, parece não ter no horizonte a síntese elegante ou a consolação do leitor pelo acabamento que indicaria que "o mundo pode ser reduzido a formas". Em vez disso, sub-repticiamente, seus versos parecem dizer: "o mundo é cheio de quinas", "o mundo não cabe no poema", ou ainda, "há interesses em jogo na formatação do mundo"; como, por exemplo, em:

> Da série "ANALÓGIKOANALÍTICO"
> 5.
> fílmico fantasmático caos
> de vidro piscando peixes solertes
> na cisterna sombreada
> ventas que parpadean farejando
> vendetta
> ciúmes signans funes o
> fanopeuta com razão agora me lembra
> ganho duro (: lamba)
> este signo não é mais aquele
> qualquer pessoa não é mais aquele
> ninguém é signo de nada
> entrudo[41]

41. *Ibid.*, *Vá de valha*.

A aproximação reticente do leitor identifica o ritual do entrudo como termo regente e logo nota tratar de uma elaboração da memória coletiva sobre essa prática, e esse signo. Se tomo um bom caminho, esse é o eixo em torno do qual gira o poema. A partir dele um conjunto de debates está associado, como numa estrutura complexa de arestas, como num caleidoscópio (para usar uma imagem não tão moderna): o carnaval material passado e sua sobreposição de espetáculo, sua potência de vingança quanto à dominação cotidiana, a lubricidade do negro — que também é signo de redução preconceituosa ao mundo da natureza —, os castigos físicos dos escravizados e sua permanência na lembrança do eu do poema e também Borges, que surge como o aristocrático escritor branco argentino, mas também por suas lembranças ("cisterna sombreada") e seu célebre conto "Funes, o memorioso", chamado de "fanopeuta" no poema, um terapeuta de imagens, um terapeuta de memórias.

Não obstante a leitura bastante sintética do que pode ser ainda mais desdobrado, argumento que a poética de Ronald trabalha muitas vezes nestas duas frentes: tocando em temáticas indigestas para uma suposta cultura pacificada em que vivemos, enquanto, concomitantemente, não facilita o percurso de leitura, exigindo do leitor um trabalho cuidadoso. O resultado, que me leva a destacá-lo no conjunto da poesia contemporânea, inquire os acordos estabelecidos, como se propusesse discutirmos novamente aquilo que já foi acordado — nem todos foram convidados a fechar acordo! Tudo isso dentro de um quadro de vanguarda formal, que também busca a todo tempo o limite da linguagem e da expressão, como conferimos ainda no poema que segue:

> por que dizer escuras
> em lugar de escólios
> escoras
> ? clarear cora? dizer

erva
verde
enerva
?[42]

Angélica Freitas (1973), a terceira poeta que destaco, é talvez a que hoje logre maior reconhecimento fora do estado, no trânsito de seu livro mais recente, *Um útero é do tamanho de um punho* (2012), e pela participação da escritora em eventos nacionais e internacionais. Desde antes do grande acerto de *Um útero...*, ao qual retorno adiante, Angélica já despertava grande interesse com a poesia dessacralizadora, bem humorada, inteligente e sutil de *Rilke Shake* (2007). Dessacralizadora, ao convocar diversos escritores e livros, mas sem qualquer postura de reverência; bem humorada de um tom um tanto melancólico, de desacerto, de estar dançando, só ela, outra música; inteligente na observação aguda do real, do pensamento insubordinado e heterodoxo; e sutil pelo "traço fino", pela capacidade de sintetizar com poucos termos conjunturas complexas, embora tampouco evite uma chave de desbunde e de piparote:

gertrude stein tem um bundão chega pra lá gertrude
stein e quando ela chega pra lá faz um barulhão como
se alguém passasse um pano molhado na vidraça
enorme de um edifício público
gertrude stein daqui pra cá é você o paninho de lavar
atrás da orelha é todo seu daqui pra cá sou eu o
patinho
de borracha é meu e assim ficamos satisfeitas
mas gertrude stein é cabotina acha graça em soltar
pum
debaixo d'água eu hein gertrude stein? não é possível
que alguém goste tanto de fazer bolha

42. Ronald Augusto, *Disco*.

e aí como a banheira é dela ela puxa a rolha e me
rouba
a toalha
e saí correndo pelada a bunda enorme descendo a
escada e ganhando as ruas de st.-germain-des-prés[43]

Sucintamente, vale indicar que a cena evidente é a das duas mulheres na banheira, num jogo de traços lúdicos, mesmo infantis, com as brincadeiras, o patinho de borracha, mas também lúbrico, na fixação com o "bundão" da escritora, no suposto ato falho de as duas estarem "cá" na segunda estrofe, no "me rouba" (que segue no verso seguinte: "a toalha") e de palavras-fantasmas ou ambíguas de outras mais sexualmente marcadas, como "molhado" e "público". Espero não forçar ao colocar o poema sob a prática do "brincar", nos sentidos sexual e não sexual do termo.

Não tão evidente está a sombra dessa cena em relação à entrada de uma nova escritora na tradição. Lançar um livro é pedir um espaço na banheira, bem humoradamente, poderia ser a síntese desse poema. Assim, desde a subversão ao que seja discurso direto ou indireto, os nomes em minúsculo, comuns, sem "propriedade", até o limite da brincadeira do pum debaixo d'água, que rebaixaria a grande escritora como imagem pública, mas a ascenderia no campo da intimidade, agem para a construção dessa ambivalência. Angélica é uma escritora desse tempo aparentemente sem tradições, só aparentemente.

No livro seguinte, o salto foi enorme. Embora possa ser lido com proveito dentro do debate de gênero, creio que o livro também inova ao assumir uma posição que exige do leitor a desnaturalização da linguagem poética, ou, noutros termos, o entendimento de que o poema não está em continuidade com a vida, que também pode ser lido desconfiando-se do eu-lírico (operação mais comum na prosa, desde Roberto Schwarz, ao

43. Angélica Freitas, "na banheira com gertrude stein".

menos, mas muito incomum na poesia) — à feição de Brecht, que é epígrafe do livro, juntamente com "i piri qui", em que a pergunta radical encontra o discurso de infantilização que se volta contra as mulheres. Acredito que uma leitura atenta do poema a seguir é capaz por si de demonstrar o mecanismo a que me refiro, e com ele encerro o comentário à obra da poeta:

uma mulher sóbria
é uma mulher limpa
uma mulher ébria
é uma mulher suja
dos animais deste mundo
com unhas ou sem unhas
é da mulher ébria e suja
que tudo se aproveita
as orelhas o focinho
a barriga os joelhos
até o rabo em parafuso
os mindinhos os artelhos[44]

***

Finda a jornada que me tomou alguns meses em retorno à obra desses escritores, reflexão, encontro de chave crítica e escrita, espero ter conseguido elaborar um resultado que não esteja incorreto em relação às obras selecionadas, como também não traia minha leitura desses mesmos trabalhos. Já que me equivoco nas leituras feitas — eu não devia te dizer, mas nossa cultura é mais construída por equívocos do que por acertos —, que seja um equívoco vivo, e profícuo. Que possa despertar o interesse de outros leitores por essas obras e por outras, que injustamente não estejam arroladas nesse panorama. Ao cabo, se consegui transformar intuição de leitura em elaboração compartilhável — o que considero uma das sínteses do trabalho crítico —, me sentirei recompensado.

44. *Ibid.*, *Um útero é do tamanho de um punho.*

Post-scriptum: quase dez anos se passaram entre a escrita deste capítulo e sua publicação. Como havia anunciado, muito se transformou, embora outras dinâmicas tenham permanecido relativamente as mesmas. Fico contente, por exemplo, por seguir apostando nas três poéticas a que dei mais destaque na redação original. Paulo Neves segue sem publicar outro trabalho de poesia (mas publicou um livro de prosa poética), mas seu adensamento realmente é digno de nota. Ronald Augusto seguiu com diversas produções poéticas e críticas, ganhando ainda mais destaque na cena local — embora eu considere que lhe falta um reconhecimento devido nacionalmente. E Angélica Freitas publicou mais um livro de poemas e, há alguns anos residindo fora do país, tem figurado na programação de expressivos festivais literários europeus. Dos poetas mencionados como exemplares de alguma linha de força, alguns seguiram produzindo, outros se afastaram das publicações, mas, neste caso, acho que o modelo proposto, de oposições entre formais e intuitivos, líricos e cerebrais, provincianos e cosmopolitas, ajuda a tatear o sistema literário da poesia gaúcha contemporânea. Evidente que, se escrito hoje, outras poéticas figurariam neste capítulo, e eu gostaria aqui de citar quatro delas. Eliane Marques (1970), de poética próxima à de Ronald Augusto, no debate das questões raciais mas sem arrefecimento do investimento formal do poema, como em *E se alguém o pano* (2015); Marília Floôr Kosby (1984), de poética próxima à de Angélica Freitas, no enfrentamento, também formalmente exigente, de aspectos do patriarcado pertinente ao mundo do Pampa gaúcho, como em *Mugido* (Editora Garupa, 2017; Editora Figura de Linguagem, 2020; Editora Coragem, 2024); Leonardo Antunes (1983), tradutor e poeta, nascido em São Paulo, muito próximo da poética de Paulo Neves, mas sem influência reconhecida, no sentido da precisão acurada da expressão poética, talvez com um pouco mais de trabalho formal, como em *João e Maria: dúplice coroa de sonetos fúnebres* (2017);

e Alexandre Brito (1959), que aqui representa a pungente produção contemporânea de poesia infantojuvenil, sempre muito inventiva, lúdica, imagética e melodiosa no trato de questões fundamentais para a formação do leitor, como em *Museu desmiolado* (2011) — este capítulo, aliás, ressente-se de não poder mapear também a produção poética infantojuvenil gaúcha recente. Caberia aqui um sem-número de poéticas interessantes, como as de José Francisco Botelho, Fernanda Bastos, Juliana Meira, Lilian Rocha, Mariam Pessah, Gustavo Ruckert, Altair Martins, Mar Becker, entre outras e outros, mas seria um trabalho colossal dar a atenção crítica devida a todas elas e o caráter do capítulo é de panorama e síntese. Sem contar produções como as de Paulo Hecker Filho (1926–2005) e de Oliveira Silveira (1941–2009), que aqui não constam como contemporâneos por serem anteriores aos poetas mencionados, mas que seguiram produzindo no tempo dos autores aqui citados, influenciando-os.

Referências

CALVINO, Italo. *Seis propostas para o próximo milênio*. Trad. Ivo Barroso. Companhia das Letras: São Paulo, 1990.

CANDIDO, Antonio. *Formação da literatura brasileira*: momentos decisivos – 1750–1880. Rio de Janeiro: Ouro sobre Azul, 2007.

FISCHER, Luís Augusto. *Um passado pela frente*: poesia gaúcha ontem e hoje. Porto Alegre: Ed. da Universidade/UFRGS, 1998.

FREITAS, Décio. O desfalecido orgulho gaúcho. *In*: GONZAGA, Sergius; FISCHER, Luís Augusto (Org.). *Nós, os gaúchos*. Porto Alegre: Ed. da Universidade/UFRGS, 1998.

SCHWARZ, Roberto. Cultura e política: 1964–1969. *In*: SCHWARZ, Roberto. *O pai de família e outros estudos*. Rio de Janeiro: Paz e Terra, 1992. p. 61-92.

Eunice Terezinha Piazza Gai
Rafael Eisinger Guimarães

5.3

Narradores novos

O período entre o final do século XX e o início do XXI foi marcado, na literatura sul-rio-grandense, por uma produção narrativa diversificada, tanto em termos temáticos quanto estilísticos. Dentre os autores que se destacam nesse intervalo, os quais chamaremos de "narradores novos", comentaremos, de forma mais aprofundada, os seguintes nomes: Carlos Gerbase, Cíntia Moscovich, Claudia Tajes, Ernani Ssó, Jerônimo Teixeira, Juremir Machado da Silva, Lélia Almeida, Lourenço Cazarré, Luiz Sérgio Metz, Paulo Ribeiro, Renato Modernell, Vitor Ramil e Sérgio Schaefer.

Embora os narradores abordados neste capítulo possuam características peculiares, observa-se algumas tendências comuns em termos de composição literária. Como elementos de aproximação, poderiam ser citadas as presenças da metaficcionalidade, do elemento biográfico e do ambiente local/regional. Ao lado desses traços que os unificam, há outros, que caracterizam, especificamente, um ou dois autores, tais como o viés polêmico e crítico, a ênfase na questão identitária e de gênero, a fonte histórica como elemento de ficcionalização. Alguns autores mesclam essas diferentes características e outros apresentam uma delas de forma predominante. Tais aspectos são explicitados na apresentação de cada um dos nomes contemplados neste estudo.

O músico, cineasta, escritor e professor Carlos Gerbase nasceu em Porto Alegre, em 1959. Além de títulos voltados para a área acadêmica, publicou os livros de contos *Comigo, não!* (1987) e *Contos cinematográficos* (2000), e os romances *Professores* (2006) e *Todos morrem no fim* (2010). Tendo uma biografia intimamente relacionada ao cenário musical e cultural da capital do estado, Gerbase situa suas tramas e personagens nesse ambiente que lhe é tão familiar. Nesse sentido, os contos do seu livro de estreia giram em torno do cotidiano, dos amores e dos dilemas de jovens porto-alegrenses de classe média. São histórias nas quais as referências ao futebol, às bandas de *rock*, à agitação noturna e à prática do surfe tornam-se quase personagens das narrativas. Não muito diferente é o que se passa com *Contos cinematográficos*, obra em que o roteirista e diretor de cinema transpõe para a literatura alguns roteiros seus não filmados, os quais dividem espaço com outras narrativas inspiradas em ilustrações feitas pelo diretor de fotografia Alex Sernambi.

Se a carreira de músico e cineasta ecoa nos dois livros de contos de Gerbase, em seu primeiro romance é a sua experiência como professor universitário que marca presença. *Professores* apresenta os bastidores de uma pequena faculdade de Comunicação na região metropolitana de Porto Alegre, em que as relações entre professores e alunos ganham relevo, em meio a paixões, disputas profissionais, manifestações estudantis e conversas de bar. Tudo isso em um estilo dinâmico, que deixa transparecer a influência da linguagem cinematográfica no trabalho do escritor.

Publicado quatro anos depois, a narrativa policial *Todos morrem no fim* volta a trazer o ambiente acadêmico como cenário da trama. No romance, o gordo, alcoólatra e pouco convencional inspetor Otávio é encarregado de investigar um caso de estupro e tentativa de assassinato de uma jovem professora universitária. Paralelamente a essa, outra história se desenrola no livro, na qual um jovem advogado recebe de seu pai, um tenente-coronel do Exército, a missão de acompanhar a extradição de uma subversiva uruguaia. Repleto de reviravoltas, *Todos morrem no fim* retoma os elementos clássicos do gênero, em um texto bem elaborado e cativante.

Cíntia Moscovich Faccioli nasceu em 1958, em Porto Alegre. É escritora, jornalista, mestre em Teoria Literária e ministrante de oficinas literárias. Participou também, em 1995 e 1996, da Oficina de criação literária coordenada por Luiz Antonio de Assis Brasil, na Pontifícia Universidade Católica do Rio Grande do Sul (PUCRS). É vencedora de vários concursos e prêmios literários, entre eles o Concurso de Contos Guimarães Rosa, do Departamento de Línguas Ibéricas da Radio France Internationale, de Paris, em 1995, e o Prêmio Açorianos de Literatura, na modalidade de Narrativa Longa, em 1998, por *Duas iguais: manual de amores e equívocos assemelhados*. Em 2013, recebeu o Prêmio Clarice Lispector, concedido pela Fundação Biblioteca Nacional, e a indicação para o Prêmio Portugal Telecom de Literatura Brasileira, pelo livro de contos *Essa coisa brilhante que é a chuva*.

Em 2006, lançou o romance *Por que sou gorda, mamãe?*. Em 2007, publicou sua primeira obra infantojuvenil, *Mais ou menos normal*, que faz parte da série Cidades Visíveis, da Publifolha. Tem textos publicados em antologias, em países como Itália, Portugal, Estados Unidos, Argentina e Espanha. Integra a antologia *Os melhores contos brasileiros do século*, organizado por Italo Moriconi, publicado em 2000, pela Editora Objetiva. Ao lado de tantas premiações, a obra literária de Cíntia Moscovich também é objeto de diversos estudos acadêmicos, como teses e dissertações, bem como artigos em revistas e anais de eventos. Uma dissertação de mestrado, *Memória e palavras em Cíntia Moscovich*, de Wanessa Oliveira dos Santos, analisa diversos textos de Cíntia, contos e romances, buscando avaliar o discurso supostamente memorialístico transformado em ficção[1]. Além dos textos críticos sobre o romance *Por que sou gorda, mamãe?*, o mais estudado, há também trabalhos, artigos, dissertações e textos em anais, que enfocam a temática da homossexualidade feminina e a presença dos diversos autoritarismos, principalmente a partir da obra *Duas iguais*.

A narrativa de Cíntia Moscovich representa um universo que encarna a contemporaneidade, com seus problemas e necessidades de recompor ideias, superar preconceitos, indagar sobre outras formas de relacionamento e de constituição de valores, seja na vida, seja na literatura. São os espaços do feminino, dos homossexuais, dos judeus, do cotidiano que merecem destaque e são reconfigurados e ressignificados a partir de um ponto de vista da narração que não deixa dúvidas quanto à nova mentalidade que urge instalar. Mas é certo que temas relacionados à maternidade, à família, às funções domésticas, à infância, à memória e ao corpo constituem o cerne da obra de Cíntia Moscovich.

Claudia Tajes nasceu em Porto Alegre, em 1963. Atuou por muitos anos na área da Publicidade e Propaganda e tem-se dedicado à atividade de escritora e à criação de roteiros para séries de televisão. Sua carreira literária iniciou em 2000, quando publicou, pela L&PM, o livro *Dez (quase) amores*. Depois, sempre pela mesma editora, seguem-se *As pernas de Úrsula e outras possibilidades* (2001), *Dores, amores & assemelhados* (2002), *A vida sexual da mulher feia* (2005), *Vida dura* (2008), *Só as mulheres e as baratas sobreviverão* (2009), *Por isso eu sou vingativa* (2011), *Louca por homem* (2011), *Sangue quente* (2013). O livro *Louca por homem* teve, ainda em 2011, uma adaptação para uma série do canal HBO, denominada *Mulher de fases*.

As obras da autora pertencem aos diversos gêneros literários, romance, conto, crônicas, às vezes romance com estilo de crônica. Seus temas pertencem ao cotidiano e referem-se

1. Wanessa Oliveira dos Santos, *Memória e palavras em Cíntia Moscovich*.

especialmente ao universo feminino, coisas como "os fiascos causados pela variação dos hormônios", ou o "sentimento de culpa que só um belo ataque de raiva pode proporcionar" ou, ainda, "O ridículo humano escancarado", conforme observa Cíntia Moscovich em resenha que integra o livro *Sangue quente*. Retrata os percalços pelos quais passam as mulheres na busca incansável e obstinada da realização amorosa e sexual. Nesse sentido, merece destaque A *vida sexual da mulher feia*, em que se contam as aventuras amorosas de uma mulher que é feia, ou sente-se feia, tem um nome esdrúxulo, pertence à classe média baixa e, em conformidade com esses sentimentos, que a vão constituindo, bem como à sua visão sobre si mesma, realiza escolhas sempre malfadadas. Feia, no texto, significa fora dos padrões habituais de beleza. Trata-se de algo que funciona como um freio, um limite em relação aos outros, seja a pessoa do amante ou de todos os demais, pais, irmãos, parentes, colegas, vizinhos, a sociedade em geral. Mas não é apenas nessa obra que a perspectiva da frustração ou da irrealização amorosa está presente. Essa é uma marca da escrita da autora. São mulheres comuns, vivendo aventuras comuns, mas em busca do príncipe encantado que não aparece. Esses aspectos não são tratados de forma grave, ou lírica, mas sim de forma cômica. A característica mais relevante dos textos da autora é o humor, a sua capacidade de provocar o riso, algo sempre referido pelos leitores.

Como é uma literatura caracterizada pela leveza, pelo riso, pela abordagem de temas do cotidiano e com uma imagem de escritora associada à mídia, sua obra é muito lida, mas pouco estudada no âmbito acadêmico. Rildo Cosson, em artigo publicado na revista *Portuguese Cultural Studies*, constitui uma exceção. Em sua leitura da obra de Claudia Tajes, procura situá-la no contexto da literatura brasileira, mostrando que ela trata de questões aparentemente banais, como as intimidades, as frustrações, os desejos, as relações sexuais, mas o faz de forma humorística, diferentemente de tantas obras canônicas que tratam das mesmas questões, porém o fazem de um ponto de vista sério. Ressalta assim o aspecto naturalista e irônico dos textos da autora.[2]

Nascido em Bom Jesus, no ano de 1953, Ernani Ferreira da Fonseca Rosa, conhecido como Ernani Ssó, atua como tradutor, além de escrever obras para os públicos adulto, jovem e infantil. Dentre estas últimas, destacam-se os títulos das coleções "No escuro" — *A visita da bruxa* (2005), *A aula da bruxa* (2005), *O espelho da bruxa* (2006), *A fome da bruxa* (2006) e *O voo da bruxa* (2007) — e "No tempo em que os bichos falavam: narrativas do folclore" — *Macacos me mordam!* (2006), *Amigos da onça* (2006), *Contos de morte morrida* (2007), *Contos de gigantes* (2008) e *Castelos e fantasmas* (2008). Afora os textos direcionados para o público juvenil, como *O edifício: viagem ao último andar* (1997) *e Metrópolis* (1998), constam ainda na bibliografia de Ernani a biografia do *Barão de Itararé* (1984), os romances *O diabo a quatro* (1985), *O emblema da sombra* (1998) *e Como o diabo gosta* (2015), e a novela *O sempre lembrado* (1989).

Publicado nos anos 1980, o romance *O diabo a quatro* retrata, a partir do cotidiano dos personagens Camilo Severo, Sara, Bruna, Mercenário de Óculos, professor J. Nosferatu, dentre outros, a vida juventude da porto-alegrense no fim da ditadura militar, repleta de festas, drogas e *rock'n'roll*, alternando o cenário urbano da capital do Rio Grande do Sul com o triângulo formado pelas cidades de Ermo, Turvo e Sombrio, no litoral sul de Santa Catarina. Quase trinta anos depois, muitos desses personagens retornam em *Como o diabo gosta*, uma narrativa fragmentada que segue o fluxo de consciência de Camilo e acompanha a sua angustiada tentativa de escrever um romance, alternando lembranças, invenções e delírios do protagonista.

2. Rildo Cosson, *Quase (um) romance*.

Fugindo bastante do estilo dessas duas narrativas mais longas, a novela *O sempre lembrado* relata o funeral do burocrata Paranhos a partir da perspectiva exagerada do bajulador Libório, que relembra as peripécias vividas ao lado de seu chefe. Carregada de ironia e com um forte teor parodístico, a obra publicada no final dos anos 1980 se vale de uma série de lugares-comuns e clichês narrativos — algo que fica claro já em seu título — para elaborar um texto cujo traço mais marcante é o bom-humor.

Vencedor do Prêmio Cyro Martins em 1996, o romance *O emblema da sombra* traz uma outra faceta da obra de Ssó, qual seja, o romance policial. Ambientado no cenário urbano porto-alegrense pós-ditadura, a narrativa tem como protagonista e narrador um detetive que é contratado para descobrir o paradeiro da filha do governador do estado. Em uma trama repleta de intrigas políticas e corrupção, o detetive e a jovem acabam se envolvendo em um relacionamento amoroso.

Jerônimo Teixeira da Silva Neto nasceu em 1968, em Montenegro. É jornalista, tendo sido editor de artes e espetáculos da revista *Veja*, entre outros postos. Concluiu o Mestrado em Letras na Pontifícia Universidade Católica do Rio Grande do Sul. Sua dissertação, intitulada *Drummond cordial*, ganhou o prêmio Nestlé/MINC de ensaio em 2002. Em 2003, publicou, pela Editora Abril, o livro *Drummond*, no qual analisa poemas do poeta itabirano, a partir do estabelecimento de relações entre poesia e biografia. Também participou da coletânea de ensaios *Drummond revisitado* (2002). Além de ensaios, publicou a novela *As horas podres*, pela Editora Artes e Ofícios, de Porto Alegre, em 1997, reeditada em 2007, pela Bertrand Brasil. Em 2008, publicou, pela Editora Record, o livro de contos *Antes do circo*.

A novela *As horas podres* está ambientada na cidade de Estância Velha, pouco distante de Porto Alegre, com seus curtumes e mau cheiro. Narra duas histórias paralelas, de dois crimes. Numa delas, sobrinho e tio, em diálogo, discutem sobre culpas e razões do assassinato do pai de um e irmão do outro. A história se desenvolve numa atmosfera nebulosa e angustiante, frequentemente escura, com pouca visão, e nela são revelados os segredos que envolviam a família. A outra narrativa é inspirada em um crime misterioso e não elucidado, acontecido na cidade de Estância Velha, sobre um homem de quem foram roubados os olhos. Um escritor frustrado retorna a sua cidade natal, para o enterro da mãe, e relembra a sua vida na pequena cidade, antes de mudar-se para Porto Alegre. Entre as lembranças, está a do crime de roubo dos olhos de um homem.

Os contos que compõem o livro *Antes do circo* possuem diversas ambientações. Alguns elementos do gênero fantástico impregnam a maioria das narrativas, como a invasão de tubarões a uma cidade, ou a perseguição durante uma noite inteira de um dono de bar a um homem que, sempre no mesmo horário, bebia café em seu estabelecimento.

O autor é mais conhecido pelas suas críticas ásperas ao mundo cultural, seja aos escritores ou aos eventos. Trata-se de um autor crítico e polêmico, antagonista das ideias de esquerda e defensor do conservadorismo em termos gerais, tal como pode ser constatado em seus vídeos na internet e em seus textos na revista *Veja*.

Juremir Machado da Silva nasceu em 1962, em Sant'Ana do Livramento. É jornalista, escritor e historiador. Graduou-se em História e Jornalismo, pela PUCRS, e é doutor em Sociologia da Cultura pela Université Paris V René Descartes (1995). Atualmente é professor titular da PUCRS. Como jornalista, trabalhou no jornal *Zero Hora*, atuou na revista *Isto é*, colaborou com a *Folha de S. Paulo*. Assinou uma coluna no jornal *Correio do Povo* e foi comentarista diário na Rádio Guaíba. Polemista, é um desmistificador de opiniões que se perpetuam nos diferentes contextos culturais, seja nos meios de comunicação, na história oficial, na literatura canonizada.

É um escritor prolífico, com muitas publicações, entre livros, artigos, capítulos de livros e traduções. Volta-se para muitos assuntos da esfera cultural e política. Alguns livros publicados: *A prisioneira do castelinho do Alto da Bronze* (1993), a trilogia composta pelos livros *Cai a noite sobre Palomas* (1995), *Viagem ao extremo sul da solidão* (1997) e *Fronteiras* (1999), *Anjos da perdição* (1996), *A miséria do jornalismo brasileiro: as (in)certezas da mídia* (2000), *As tecnologias do imaginário* (2002), *Getúlio* (2004), *A genealogia do virtual* (2004), *O que pesquisar quer dizer: como fazer textos acadêmicos sem medo da ABNT e da CAPES* (2010), *História regional da infâmia: o destino dos negros farrapos e outras iniquidades brasileiras (ou como se produzem os imaginários)* (2010), *A orquídea e o serial killer* (2012), *Sociedade midíocre: passagem ao hiperestelar* (2012), *Jango: a vida e a morte no exílio* (2013), dentre muitas outras.

Os principais temas abordados pelo autor são o cotidiano, o imaginário, o papel das mídias, cibercultura, jornalismo, sociedade do espetáculo, hiperespetáculo e literatura. Sua formação, os autores sempre citados em seus ensaios e as traduções realizadas estabelecem a sua filiação intelectual de forma predominante ao pensamento de autores como Michel Maffesoli, Jean Baudrillard, Edgar Morin, teóricos franceses da pós-modernidade e da complexidade. No livro *A miséria do jornalismo brasileiro*, suas ácidas e irônicas críticas dirigem-se às maiores instituições midiáticas do país, a vários escritores ícones da literatura brasileira, à miséria da televisão brasileira alicerçada numa produção baseada no *fait divers*, uma espécie de programação aleatória e voyeurista.

Já o livro *Jango*, resultado de uma pesquisa em mais de 10 mil páginas de documentos, entrevistas, serviços de espionagens, cartas, entrevistas, apresenta uma vasta reflexão sobre um importante período histórico brasileiro, tendo a figura de João Goulart como centro. Ainda aqui o autor traz à tona aspectos relacionados à mídia, propulsores e construtores de um imaginário que foi favorável ao golpe militar de 1964. O livro é arquitetado como uma obra de ficção, mas constitui uma narrativa biográfica e histórica, com o ponto de vista do narrador inclinado a salvaguardar os ideais de Jango e a revelar o seu lado humano e humanista.

A obra *História regional da infâmia* vem novamente escrutinar os elementos configuradores do imaginário, neste caso relacionados à visão, ao entendimento e aos mitos/personagens que envolvem a Revolução Farroupilha. Apresenta dados e reflexões sobre o episódio/batalha de Porongos, buscando desvendar o que de fato ocorreu. Pergunta: "O que houve em Porongos? Traição? Ou surpresa?" A partir de documentos históricos, discute se a derrota das tropas farroupilhas e a morte dos Lanceiros negros foi uma "entrega" de Canabarro ou apenas uma batalha perdida. Sobre Bento Gonçalves, lança a dúvida: "herói ou ladrão?", visto que documentos atestam que contrabandeava gado do Uruguai.

O livro *Getúlio* foi publicado como romance, mas é também uma biografia do grande político brasileiro. A história conta os últimos dias do segundo mandato de Vargas e seu suicídio no dia 24 de agosto de 1954. Para o autor, trata-se de romance, porém baseado em dados histórico-reais. O livro, narrado em terceira pessoa, vale-se de diferentes técnicas narrativas, como o monólogo interior e o fluxo de consciência, para conferir um caráter ficcional à obra.

As obras de Juremir possuem, a maioria, mais de uma edição, mostrando, portanto, alcançar um público leitor significativo. Além disso, são utilizados como apoio bibliográfico para estudos sobre literatura e história do Rio Grande do Sul. É um autor provocador, polêmico, mas sobretudo pesquisador incansável que procura ir às raízes dos fatos para propor a desconstrução de mitos da história gaúcha e brasileira, ou das organizações midiáticas. Desmistificador dos mais sutis e dos mais grosseiros processos de construção do imaginário, que aprisiona e "midiocrisa" a sociedade contemporânea. Dono de um estilo jornalístico de narrar, a sua obra ficcional está no entrelugar dos gêneros, misturando biografia, ensaio, pesquisa histórica, sociologia, psicologia e ficção.

Natural de Santa Maria, Lélia Almeida passou sua infância e adolescência na cidade fronteiriça de Sant'Ana do Livramento, transferindo-se, posteriormente, para a capital gaúcha para estudar Letras. Ainda na década de 1980, Lélia viveu alguns anos em Barcelona e Londres, desenvolvendo pesquisas sobre literatura de autoria feminina. Após um período em que atuou como professora universitária na cidade de Santa Cruz do Sul, passou a dedicar-se exclusivamente às atividades de escritora, tradutora e consultora nas áreas de gênero, segurança pública e direitos humanos. Paralelamente às novelas e aos romances, publicou também coletâneas de crônicas, como *50 ml de Cabochard* (1996) e *Mujer de palabras* (2011), ensaios como *A sombra e a chama: as mulheres d'O tempo e o vento* (1996), resultado de sua dissertação de mestrado, e *As meninas más da literatura de autoria feminina* (1996), além de *As gregas do Mangue* (esquetes), de 2011, e *Posts da Lélia*, reunindo as postagens da autora no Facebook, de 2011.

Ao nos determos na produção literária de Lélia Almeida, saltam aos olhos dois aspectos temáticos bastante significativos. Por um lado, o fato de sua narrativa tratar, via de regra, da experiência e das relações afetuosas de mulheres; por outro, a constatação de que os locais onde viveu tornaram-se determinantes na ambientação das narrativas da autora. Esses traços podem ser observados já em sua primeira novela, *Antonia* (1987), na qual a personagem Joana vai viver em Barcelona após o trauma de surpreender o pai traindo sua mãe, Matilde, com a empregada da família. Nessa narrativa, o forte vínculo entre figuras femininas, com relações por vezes conflituosas e problemáticas, constitui um aspecto central. Tem-se, por um lado, o processo de reconstrução da imagem de sua avó Antonia a partir da leitura que Joana faz das cartas, e, por outro, o silêncio de Matilde em relação à vida de sua mãe.

A ideia de uma espécie de comunidade de mulheres, constituída a partir de relações de afeto, nem sempre consanguíneas, bem como o recurso de alternância de voz narrativa são retomados em *Senhora Sant'Ana*, de 1995. Nessa novela, ambientada em Sant'Ana do Livramento, na fronteira com o Uruguai, um triângulo é construído a partir das personagens Tereza, sua tia Dita e Sarah, filha da vizinha de Dita, mulheres que, a partir das narrativas que elaboram, constroem as imagens não só umas das outras, como também de mulheres que acabam por fazer parte de suas vidas, tais como a benzedeira Dona Luna e a misteriosa Eva. Tais relações, como observa Suzana Albornoz, acabam por erigir uma imagem coletiva das mulheres que vivem na fronteira do estado, na qual "a identidade de gênero se tece com a identidade fronteiriça, ao mesmo tempo mestiça, internacional e cosmopolita".[3] Já em *Querido Arthur*, novela publicada em 1999, o diálogo entre personagens femininas materializa-se na relação entre Celina e Emy, duas primas de segundo grau que viveram a infância juntas na casa dos avós. Com a chegada da notícia de que Emy tivera um filho na Europa, seguida do anúncio da morte daquela, Celina reconstrói as memórias da sua história com a prima, reescrevendo, em uma longa carta ao menino, a sua própria identidade.

Se, nos primeiros livros, Lélia ambientava explicitamente as tramas em alguns dos espaços em que viveu, no seu romance *O amante alemão*, vencedor do Prêmio Açorianos de Literatura 2013, a cidade de Santa Cruz do Sul serve de inspiração para a fictícia Santaluz, pequena cidade de colonização alemã no interior do estado, onde Duzília Flores conhece e torna-se amante

3. Suzana Guerra Albornoz, "Sobre *Senhora Sant'Ana* ou os caminhos perdidos das identidades", p. 113.

do alemão Johan Hermann. A exemplo das obras anteriores, diversas figuras femininas preenchem a narrativa com suas personalidades fortes. É o caso de dona Moissi e Mema, mulheres que se tornam amigas muito próximas de Duzília e que, de certa forma, constituem uma espécie de família da protagonista. Afora essa relação entre mulheres, verifica-se um interessante diálogo estabelecido entre a amante de Johan e a sua esposa, Brigitta, uma troca de confissões, angústias e ensinamentos que culmina em um surpreendente encontro ao final da obra.

Distintos em termos de trama e ambientação, os textos de Lélia apresentam uma unidade no que se refere à estrutura narrativa. Neles, ganham destaque figuras femininas que relembram suas memórias e identidades a partir de narrativas íntimas (diários, cadernos de anotações e cartas). Soma-se a isso o fato de, em todas elas, as figuras masculinas, embora desempenhem papéis importantes nas vidas dessas mulheres, assumirem, na estrutura narrativa, um papel secundário, sendo muitas vezes uma ausência, uma perda, ou, como é o caso do pequeno Arthur, alguém que está por vir.

Residindo em Brasília desde 1977, o escritor, dramaturgo e jornalista Lourenço Cazarré nasceu em Pelotas, no ano de 1953. Possui uma obra vasta, em sua maioria voltada para o público jovem, na qual se destacam *Obscuros através da noite solitária* (1987), *Um velho velhaco e seu neto bundão* (1992), *Nadando contra a morte* (1998) e *Devezenquandário de Leila Rosa Canguçu* (2003), dentre outros. No que diz respeito à sua produção voltada para os leitores adultos, Cazarré publicou as narrativas longas *O caleidoscópio e a ampulheta* (1982), *Os bons e os justos* (1983), *Sinfonia dos animais noturnos* (1994), *A longa migração do temível tubarão branco* (2007) e *A misteriosa morte de Miguela de Alcazar* (2009), além dos livros de contos *Enfeitiçados todos nós* (1984), *Histórias suburbanas* (1986), *Ilhados* (2001), *Noturnos do amor e da morte* (1989), *A arte excêntrica dos goleiros* (2004) e *Exercícios espirituais para insônia e incerteza* (2012).

Sua extensa produção literária foi premiada diversas vezes, tendo conquistado, dentre outros, o Prêmio Jabuti 1998, com a obra juvenil *Nadando contra a morte*, o Prêmio Açorianos 2002, na categoria contos, com a obra *Ilhados*, e a Bienal Nestlé por duas vezes: com o romance *O caleidoscópio e a ampulheta*, em 1982, e com o livro de contos *Enfeitiçados todos nós*, em 1984.

Com uma marcada presença de crítica social, os romances de Cazarré, em sua maioria, retratam a conturbada realidade brasileira entre 1970 e 1980. É o caso do premiado romance *O caleidoscópio e a ampulheta*, no qual anotações, trechos de contos e entrevistas datadas da década de 70 entrecruzam com diários e textos jornalísticos dos anos 1940, em uma narrativa fragmentada que constrói um mosaico do cenário político brasileiro no período da ditadura militar. Já em *Sinfonia dos animais noturnos*, os intensos encontros entre um rapaz alienado e uma garota engajada, ocorridos em 1970, 1979 e 1987, servem para elaborar um panorama do Brasil à época. Destoando um pouco das narrativas anteriores, *A misteriosa morte de Miguela de Alcazar* é uma sátira aos romances policiais, na qual o repórter gaúcho Campestre Campelo investiga o assassinato de uma famosa escritora no Congresso Internacional de Escritores de Histórias Policiais, ocorrido em Brasília.

Se o social e o político parecem ser os eixos norteadores das narrativas longas de Cazarré, seus contos caracterizam-se por um olhar denso para a condição humana. Neles, os mais distintos tipos de sujeitos — engenheiros, jornalistas, artistas, intelectuais, atletas — são surpreendidos nas experiências mais íntimas de solidão, abandono e estranhamento em relação ao cotidiano. A partir de uma linguagem sóbria, coloquial e ao mesmo tempo densa e contundente, os contos de Cazarré revelam ao leitor, sempre a partir da perspectiva múltipla, as situações particulares que expõem a essência que unifica a todos nós.

Natural de Santo Ângelo, Luiz Sérgio Metz (1952–1996) é autor de uma obra pequena mas significativa, composta pela coletânea de contos *O primeiro e o segundo homem*, publicada em 1981, e pelo romance *Assim na terra*, de 1995, além da biografia do escritor Aureliano Figueiredo Pinto, de 1986, e o relato de viagem *Terra adentro*, escrito juntamente com Pedro Osório e Tau Golin e publicado em livro no ano de 2006. Em seu livro de estreia, o escritor, à época com menos de trinta anos, estabelece um interessante diálogo com a tradição da narrativa regionalista sul-rio-grandense, fazendo ecoar o contador de causos simoniano no personagem Belizário de "A cordilheira e o vento", ou relembrando os contornos do gaúcho a pé de Cyro Martins nos personagens de "Ulpiano, seus irmãos e sua velha mãe". Porém, diferentemente dos demais autores gauchescos, Metz desloca a matriz identitária do gaúcho do espaço simbólico da Campanha para as Missões. A terra natal do autor de *O primeiro e o segundo homem* se faz presente tanto em detalhes sutis e talvez pouco importantes, como a constante referência ao barro vermelho, característico da região, como em aspectos mais significativos, como a presença de indígenas guaranis como protagonistas de alguns contos, como é o caso de Tatuim, em "A noite da boiguaçu", ou Andejo Caiãn em "Almas arrabaleiras". Para além da esfera temática, o elemento missioneiro materializa-se também em termos estéticos, como na narrativa mítica "O neto do Senhor", uma alegoria para a gênese do povo gaúcho que mescla elementos da crença católica e indígena, aspecto esse fortemente arraigado à cultura missioneira desde o seu uso como artifício adotado pelos jesuítas no século XVII para a catequização dos indígenas.

Se a relação intertextual que a escrita de Metz estabelece com a obra de nomes fundamentais da literatura sul-rio-grandense pode ser vista como um dos aspectos centrais dos contos de *O primeiro e o segundo homem*, tal característica reveste-se de maior complexidade em seu romance *Assim na terra*. De leitura altamente hermética, o romance é estruturado em três longos capítulos, emoldurados, como observa Claudia Fonseca[4], por dois ciclos de estações climáticas, um no início e outro no encerramento da obra. Nessa narrativa, a partir de uma linguagem cujo poder de arrebatamento talvez só possa ser comparado a Guimarães Rosa, o autor coloca em diálogo não apenas figuras-chave das gauchescas brasileira e platina, como Apparício Silva Rillo, Aureliano de Figueiredo Pinto, Jorge Luis Borges, e Ricardo Güiraldes, mas também autores da literatura universal, dentre os quais Mallarmé, Flaubert, Kafka e Goethe. Partindo em uma viagem solitária pelo pago, o narrador, como uma espécie de *flâneur* gaudério, passa a observar e registar em suas anotações os personagens e situações com as quais se depara pelo caminho. Em suas andanças acaba por encontrar Gomercindo, um homem mais velho, que o leva para um imenso galpão, o Pensário, dentro do qual o narrador fica recluso por algum tempo, período em que, em meio a sonhos, alucinações, diálogos filosóficos, rememorações e reflexões sobre a escrita, o narrador é posto à prova e preparado para seguir a sua jornada, agora em companhia de Gomercindo.

O jornalista e escritor Paulo Ribeiro, nascido em Bom Jesus, em 1960, possui uma obra bastante diversificada e instigante, composta de narrativas longas e curtas, ensaios, crônicas e livros de prosa poética. Além dos romances *Glaucha: SIC! Atrizes*, de 1989, e *O cabelo de Dalila*, de 2014 (publicado em *e-book*), o autor lançou as novelas *Vitrola dos ausentes*, de 1993 (vencedora do Prêmio Henrique Bertaso de Narrativa Longa e indicada ao Prêmio Açorianos de Literatura), *Missa para Kardec*, de 2002, *Cozinha gorda*, de 2006, e *O tal Eros só: osso relato*, de 2010.

---

4. Claudia Lorena Vouto da Fonseca, "A narrativa estilhaçada em *Assim na terra*, de Luiz Sérgio Metz".

Somado a estas narrativas, Paulo Ribeiro também publicou o livro de contos *Valsa dos Aparados* (2000), o romance-reportagem *Chegaram os americanos* (2011) e o romance biográfico *Iberê* (1996), este último sobre o pintor que foi tema do seu livro de ensaios *Tríptico para Iberê* (2010). Completam sua bibliografia as coletâneas de crônicas *Quando cai a neve no Brasil*, de 2004, e *Bonja*, de 2013, ambas sobre sua cidade natal, além das obras de prosa poética *O passo do socorro* (2014) e *As luas que fisgam o peixe* (2007), esta última reunindo textos postados pelo autor em seu *blog*, acompanhados de ilustrações feitas também por ele.

Mesclando o discurso literário com trechos de roteiros cinematográficos, *storyboards*, poesia concretista, esquemas gráficos, fotos e desenhos, *Glaucha* é um romance experimental, que se anuncia, em seu subtítulo, como a primeira obra do zecalencarismo, movimento proposto por Glauber Rocha para discutir a condição subalterna da cultura brasileira. Vozes subalternas, como a da personagem que dá título à obra, uma prostituta homossexual que encarna o espírito do cineasta Glauber Rocha. Segundo Raquel Weber, trata-se de uma obra que mescla uma estética pós-moderna com traços de regionalidade,

> posto que as personagens possuem uma postura peculiar em relação ao mundo. Apesar de parecer um universo fechado, reacionário, Bom Jesus assume metonimicamente o papel do mundo em relação às manifestações ex-cêntricas, mediante o preconceito e a tentativa de silenciá-las.[5]

Embora com um estilo bem mais contido, *Vitrola dos ausentes* retoma as questões da regionalidade e da experiência dos sujeitos ex-cêntricos, configurando, na visão de Rodrigo Ennes da Cunha (2004), um exemplo, ao lado de *Cidade de Deus*, de Paulo Lins, *Capão pecado*, de Ferréz, e *Eles eram muitos cavalos*, de Luiz Ruffato, uma das obras emblemáticas da representação

5. Raquel Weber, *Pós-modernismo e regionalidade no romance* Glaucha, p. 114.

da pobreza na literatura brasileira contemporânea. Nele, nos espaços restritos do cabaré, do baile de Carnaval, da venda e dos jogos de futebol, vão se entrelaçando as vidas simples de Zoinho, Marisa Rola, Belé Fonseca, dentre outros personagens que vivem na fictícia Ausentes, cenário inspirado na cidade real, localizada no noroeste do estado.

Renato Modernell nasceu em 1953, na cidade de Rio Grande. Mudou-se para São Paulo em 1972, e lá formou-se em Jornalismo. Reside em São Paulo, tendo morado também em Roma e Barcelona. Mestre em Jornalismo (2004) pela Universidade de São Paulo (USP) e doutor em Letras (2009) pela Mackenzie, onde deu aulas em áreas como Criação de Texto e Literatura. É autor de duas importantes obras ensaísticas na área de jornalismo: *A notícia como fábula*, em que analisa os processos constitucionais da narrativa ficcional e das reportagens jornalísticas, e *Em trânsito* (2011), publicação de seu trabalho de doutorado, em que investiga como a narrativa de viagem se articula com a ficção literária. Publicou também várias obras de ficção, dentre as quais *Che bandoneón* (1984), *O homem do carro-motor* (1984), *Meninos de Netuno* (1988), *Sonata da última cidade* (1988), *O grande ladrão* (1990), *Os jornalistas* (1995), *Edifício Mênfis* (1990), *Viagem ao pavio da vela* (2001), *Gird* (2012) e *Mare Magnum* (2013). Recebeu vários prêmios literários. Trabalhou nas revistas *Quatro Rodas*, *Globo Ciência*, Época e *Caminhos da Terra*. Atualmente dedica-se também à aquarela e à caligrafia.

Com *O homem do carro-motor*, livro de contos, recebeu o Prêmio Bienal Nestlé de Literatura Brasileira em 1984. *Meninos de Netuno*, concluído no outono de 1979, foi o primeiro romance escrito por Renato Modernell, e, apesar de ter sido aprovado para publicação pelo Instituto Estadual do Livro do Rio Grande do Sul e de ser vencedor do Prêmio Guimarães Rosa de Romance, em 1981, ficou engavetado por nove anos. Junto com *Che bandoneón*, composto por três novelas, "Clotilde",

"Che bandoneón" e "Sul", e *O homem do carro-motor*, constitui uma espécie de trilogia em que são abordados os mesmos temas e climas, relacionados ao Sul. Um dos contos deste último livro tem como pano de fundo a chegada de engenheiros da Petrobrás à cidade de Rio Grande para escavar poços de petróleo. As obras dessa fase refletem magistralmente certa mentalidade, espaços e costumes. Apesar das transformações ocorridas ao longo dos anos, tais aspectos ainda podem ser reconhecidos, embora devam ser observados sob novas perspectivas. Cabe, portanto, ler e comparar o presente com o passado que os contos retratam.

O romance *Sonata da última cidade*, subintitulado "O romance de São Paulo", retrata a saga de uma família, desde a partida do patriarca, de Nápoles, no final do século XIX, até a terceira geração, que se fixa em São Paulo. A formação da família inicia com o casamento do italiano Umberto com uma moça, filha de um português e uma angolana, indicando desde logo que as personagens desse romance, da cidade de São Paulo, pertencem ao universo da miscigenação, mesmo se a heroína dos primeiros anos, Isabel, apresentasse a pele clara. Aqui também o romancista revela a sua mestria em recriar ambientes e climas configuradores de uma época, responsáveis por transportar o leitor do seu próprio mundo para o mundo ficcional. A presença da metaficção como importante elemento da configuração estética do romance é digna de nota, uma vez que vem a ser um dos primeiros autores nacionais a valer-se desse processo que se tornaria muito frequente na literatura brasileira, alguns anos depois. A par disso, uma ironia sutil perpassa a obra, principalmente no que diz respeito aos traços que compõem o caráter desses personagens emigrados e às circunstâncias que em torno deles se criaram. O narrador do romance faz muitas referências à Astrologia, valendo-se dela, inclusive como meio para fazer a narrativa avançar. Os acontecimentos têm como causa a conjuntura dos astros, que conduzem a narrativa e promovem certos desfechos.

Nascido na cidade de Pelotas, em 7 de abril de 1962, o cantor, compositor e escritor Vitor Ramil iniciou sua carreira musical aos 18 anos de idade, com o lançamento do disco *Estrela, estrela*. Entre o final dos anos 1980 e início dos 1990, período em que trocou o frio do sul do estado pelo calor tropical do Rio de Janeiro, Ramil instaurou uma ruptura na sua produção artística, revendo criticamente não apenas os aspectos temáticos e estilísticos que orientam a sua obra como também a sua própria identidade. A partir dessas reflexões, publicou, após seu retorno ao estado, o breve ensaio "A estética do frio" (1992), posteriormente ampliado e apresentado em uma conferência em Genebra, em junho de 2003, editado em uma obra bilíngue no ano seguinte. Nesse texto, o autor pelotense apontou a proximidade geográfica e cultural do Rio Grande do Sul com a Argentina e o Uruguai como um dos traços definidores da identidade sul-rio-grandense, uma identidade partilhada com os vizinhos do Prata, que tem na sonoridade da milonga o seu elemento unificador.

A ideia da estética do frio como uma determinante cultural e da milonga como o ritmo que melhor simboliza esse *modus vivendi* são cruciais para uma análise tanto das canções, quanto das narrativas de Ramil, em especial se pensarmos nas suas duas primeiras obras literárias. Publicada em 1995, a novela *Pequod* apresenta um narrador que rememora a vida de seu pai, Ahab, a infância deste em Montevideo e a vida adulta, ao lado da mulher, filhas e filho, na fictícia Satolep. Envolta em mistérios, silêncios e distâncias afetivas, a enigmática figura paterna, sempre enclausurada em seu gabinete, torna-se ainda mais obscura aos olhos do filho a partir da estranha relação que aquele estabelece com o Dr. Fiss e dos misteriosos envelopes que sugerem uma indecifrável ligação entre Ahab, seu amigo e sua mãe. Na tentativa de desvendar essa intrincada trama, o narrador da novela de Ramil acaba por reconstruir a imagem do pai distante e, nesse esforço, remontar a sua própria identidade.

Após um intervalo de treze anos, Ramil lançou *Satolep*, romance que relata o retorno do fotógrafo Selbor à cidade natal. Exausto do calor do Norte, o personagem-narrador decide voltar a sua fria, úmida e melancólica Satolep, justamente no dia do seu 30º aniversário. Embora tenha regressado em busca de algo que julgou perder, Selbor resiste em restabelecer o seu pertencimento com o lugar. Gradativamente, a partir das fotos que começa a tirar de alguns lugares da cidade e do contraponto que faz entre essas imagens e os textos reunidos em uma pasta que acaba caindo em suas mãos — elemento que, na obra, constitui uma narrativa paralela —, o narrador reconstrói sua identidade e seu elo com a cidade, sendo, nesse processo, fundamental a relação que estabelece com personagens como Simões Lopes Neto, Lobo da Costa, o Cubano, o Compositor (figura que remete explicitamente ao próprio autor), o cinegrafista Francisco Santos e a atriz Madrinha, dentre outros.

Para além da questão temática, fortemente marcada pelas ideias do ritmo melancólico da milonga e do frio como elemento estético, os dois primeiros textos literários de Vitor Ramil apresentam outro traço bastante peculiar, qual seja, a forte presença da intertextualidade e da metaficcionalidade, como bem apontado por Luciana Wrege Rassier em seus estudos sobre Ramil[6]. Se a novela de 1995, como sublinha o próprio autor, "contém palavras de outros livros"[7], como a *Bíblia*, *Alice no país das maravilhas* e *Moby Dick*, dentre outros, o romance de 2008 não apenas se constrói a partir de relações intertextuais declaradas com as obras de Simões Lopes Neto, Jorge Luis Borges, Alejo

6. Luciana Wrege Rassier, "De *Pequod* a *Satolep*: identidades em jogo na obra de Vitor Ramil".

7. Vitor Ramil, *Pequod*, p. 115.

Carpentier, Fernando Pessoa e outros autores, como também retoma alguns elementos da primeira narrativa de Ramil.

Como fica claro na leitura da produção do autor pelotense, uma de suas características mais significativas é a presença da linguagem e da literatura como temas. Nessa perspectiva, *A primavera da pontuação* representa, em grande medida, o ápice desse recurso estilístico. Trata-se de uma fábula protagonizada por sinais de pontuação e elementos gramaticais como o Ponto, a Vírgula, o Vocativo, o Indicativo, o Agente da passiva, os radicais Grego e Latino, o Ditongo, a culta Norma, o Anacoluto, dentre outros. Na narrativa, o atropelamento de um ponto final por uma palavra-caminhão dá origem a uma série de protestos contra o Regente que assumiu o governo de Ponto Alegre após o afastamento do Rei. Iniciada em 2002 e retomada em 2008, essa narrativa bem-humorada e carregada de duplo sentido acabou vindo a público apenas em 2014, após a ocorrência da Primavera Árabe, iniciada em 2010, e dos protestos brasileiros de 2013, sendo tais eventos um importante pano de fundo para uma leitura crítica dessa obra.

Sérgio Schaefer nasceu na cidade de Santo Cristo, em 1946. Mestre em Filosofia e doutor em Letras, atualmente é professor no Departamento de Ciências Humanas e no Programa de Pós-Graduação em Letras da Universidade de Santa Cruz do Sul (UNISC). Além de obras voltadas para a área de Filosofia, publicou também os romances *Zé Divino, o messias* (1976), *Rosas do Brasil* (1989), *O gaudério Macunaíma e a pititinga macia de Brunilde* (2001) e *O rio de Heráclito* (2008), e os livros de contos *Sombras* (2006) e *O artista quando velho* (2014).

Após seu romance de estreia, Schaefer lançou duas obras que, em grande medida, são emblemáticas para delimitar aquele que será seu traço estilístico mais marcante: a paródia literária. Em *Rosas do Brasil*, o professor de literatura Rodovaldo, após ler *Grande sertão: veredas*, torna-se um obstinado pela obra de

Guimarães Rosa e sai em viagem, ao lado de Amélia, em busca do Rosamundo. No transcorrer da aventura outros personagens vão se juntando ao grupo, como Petrônio e John, até que a peregrinação se encerra em um dia 19 de novembro, data de aniversário de morte de Rosa. Para além da explícita referência ao autor mineiro e do rico jogo metaficcional com contos e personagens rosianos, o segundo romance de Schaefer joga, de uma forma extremamente criativa, com a própria estrutura romanesca, apresentando capítulos que mesclam prosa com texto dramático e poesia, capítulos que são reescritos, além de fazer um uso, intencionalmente excessivo, de notas de rodapé, seja para explicitar uma relação intertextual, seja para estabelecer um diálogo com o leitor.

A divertida apropriação de um texto fundamental da literatura brasileira se repete em *O gaudério Macunaíma e a pititinga macia de Brunilde*, romance no qual o protagonista da obra de Mário de Andrade, cansado de ser parte da Ursa Maior, decide voltar. Mas, diferentemente do desejo de Macunaíma, a teia da aranha tatamanha faz com ele desça não na Bahia, mas em uma cidade de colonização alemã, produtora de fumo, localizada no interior do Rio Grande do Sul. Lá, por obra de um interesseiro empresário, Mac Kunaima, como o herói sem nenhum caráter passa a ser chamado, torna-se candidato a prefeito da cidade. Deprimido com a acachapante derrota no pleito eleitoral, parte rumo à Bahia, porém acaba chegando em Cuba, onde apaixona-se por Caridad. De lá, volta ao Brasil e organiza um grupo guerrilheiro de luta "desarmada" juntamente com Marighella, Lamarca, João Carlos Haas Sobrinho. Após um novo fracasso, Macunaíma vai, junto com seus companheiros, para as verdes florestas do Uraricoera, onde acaba, por fim, sendo engolido pelo boitatá.

Se a intertextualidade explícita é uma das características mais significativas das narrativas longas de Sérgio Schaefer, não é muito diferente do que se verifica em seus contos, muito embora, no caso destes, a comicidade não configure um elemento marcante. É o caso das narrativas de *Sombras*, que dialogam com alguns dos *Contos gauchescos*, de Simões Lopes Neto, e *O artista quando velho*, obra em que, para além da referência a James Joyce, feita no título do conto que abre o livro, verifica-se uma releitura bastante interessante de alguns dos contos mais conhecidos de Guimarães Rosa.

Referências

ALBORNOZ, Suzana Guerra. Sobre *Senhora Sant'Ana* ou os caminhos perdidos das identidades. *In*: TIBURI, Marcia; VALLE, Bárbara. (Org.). *Mulheres, filosofia ou coisas do gênero*. Santa Cruz do Sul: EDUNISC, 2008. p. 101-135.

ALMEIDA, Adriana Antunes de. *Shulchan aruch, a mesa posta*: a reatualização da diáspora judaica e a formação de territórios a partir da comida na obra *Por que sou gorda, mamãe?*, de Cíntia Moscovich. 2009. Dissertação (Mestrado em Letras, Cultura e Regionalidade) – Universidade de Caxias do Sul, Caxias do Sul, 2009.

COSSON, Rildo. Quase (um) romance. *Portuguese Cultural Studies*, Massachusetts, v. 1, p. 92-97, 2007.

FONSECA, Claudia Lorena Vouto da. A narrativa estilhaçada em *Assim na terra*, de Luiz Sérgio Metz. *Scripta*, Belo Horizonte, v. 16, n. 31, p. 161-172, 2012.

GÓIS, Edma Cristina de. A procura de si: a representação do corpo gordo em Cíntia Moscovich. *Estudos de Literatura Brasileira Contemporânea*, Brasília, n. 33, p. 59-70, jan./jun. 2009.

RASSIER, Luciana Wrege. De *Pequod* a *Satolep*: identidades em jogo na obra de Vitor Ramil. *Estudos de Literatura Brasileira Contemporânea*, Brasília, n. 32, p. 187-207, jul./dez. 2008.

SANTOS, Wanessa Oliveira dos. *Memória e palavras em Cíntia Moscovich*. 2010. Dissertação (Mestrado em Letras) – Universidade Federal do Rio de Janeiro, Rio de Janeiro, 2010.

WEBER, Raquel. *Pós-modernismo e regionalidade no romance* Glaucha. 2009. Dissertação (Mestrado em Letras, Cultura e Regionalidade) – Universidade de Caxias do Sul, Caxias do Sul, 2009.

Daniel Fraga de Castro

5.4

Perspectivas da dramaturgia gaúcha

A história do teatro gaúcho dificilmente poderia ser considerada como uma narrativa épica em que os seus participantes alcançaram um grau progressivo e completo de desenvolvimento. Sofre dos mesmos males do teatro brasileiro, constituído com dificuldade e sempre enfrentando arrivistas, cínicos, derrotistas, conformistas e diletantes. Não conseguiu instaurar-se culturalmente como um elemento de necessidade estética no coração deste povo. Algo que atesta essa situação é o fato de que o número de teatros em atividade em todo estado caiu vertiginosamente e da mesma forma as companhias e grupos de teatro têm dificuldade em sobreviver.

No entanto, essa difícil arte resistiu e resiste às intempéries culturais que se abateram sobre o Brasil e o Rio Grande do Sul. Autores e artistas variados surgiram nos últimos cinquenta anos trazendo originalidade e criatividade para os palcos e conferindo experiências únicas para os espectadores. Para vislumbrar um pouco dessa árdua conquista, é bom compreender a formação das noções de dramaturgia que se pode experimentar nesse período.

Nesse sentido, cabe pensar as atividades dramatúrgicas realizadas nos últimos cinquenta anos em pelo menos duas vertentes: as composições dos artistas teatrais que no seu trabalho constroem um texto a partir de seus recursos cênicos e os textos literários escritos pelos dramaturgos tradicionais. Isso implica em compreender os diretores e atores como fabricantes das tessituras literárias que através de improvisações, colagens e intertextualidades diversas criam textos, mas sem esquecer-se dos chamados dramaturgos de gabinete, que não precisam sequer conhecer um palco para produzir sua obra dramática.

Uma multiplicidade de trabalhos surgiu dentro do contexto teatral gaúcho, principalmente o porto-alegrense. Dificilmente se pode estabelecer um estudo exaustivo em poucas páginas, mas com certeza alguns nomes podem ser apresentados e reconhecidos para posterior aprofundamento de uma pesquisa.

No mundo teatral, categorias sempre se mostram falhas pela sua incapacidade de englobar os artistas em uma única espécie ou classe. Atores dirigem espetáculos, dramaturgos atuam e diretores escrevem textos. Não obstante essa situação, se opta neste momento por tentar configurar duas categorias possíveis, baseada nas noções de dramaturgia acima descritas. Inicialmente, serão apresentados os artistas teatrais que pelas suas opções materiais criam o texto dramático e posteriormente os dramaturgos propriamente ditos.

Dramaturgias da cena

Após as conquistas obtidas com as incursões do Teatro de Equipe e o Teatro de Arena, muitos grupos apareceram para compor a historiografia cênica da cidade de Porto Alegre. Um fator será crucial para que a atividade teatral possa realizar-se: a criação do curso de artes cênicas ligada à Universidade Federal do Rio Grande do Sul (UFRGS). O Curso de Arte Dramática (CAD) foi criado em 1957 com professores de renomado saber, como Ruggero Jacobbi, Ângelo Ricci, Lothar Hessel e Gerd Bornheim.

A universidade foi reestruturada em 1972 e o CAD passou a integrar o Instituto de Artes, como Departamento de Arte Dramática (DAD). A instituição seria o local para formar atores, diretores, produtores e arte-educadores durante toda a sua existência. Muitos de seus professores foram pessoas ligadas às letras, artes visuais e a dança, além de ao fazer teatral. Os principais nomes das artes cênicas passaram de alguma forma por esse curso constituindo-se como artistas do palco, dramaturgos ou líderes de grupos renomados.

O primeiro exemplo provindo da universidade com certeza foi o Grupo Província. Criado em 1970, teve entre os seus membros o já citado professor Gerd Bornheim, contando ainda com Luís Paulo Vasconcelos, Luiz Arthur Nunes, Graça Nunes, Carlos

Carvalho, Maria Helena Lopes e Lygia Vianna Barbosa, entre outros. Tentaram realizar um teatro experimental que de certa forma os colocou em oposição ao Teatro de Arena de Porto Alegre, ainda em atividade, que se preocupava mais com o aspecto político. No entanto, essa posição deve ser bem compreendida; segundo Luiz Arthur Nunes, "havia um tipo de engajamento também, não explicitamente na questão política 'da hora', mas na tentativa de traduzir uma visão crítica em relação à sociedade, aos costumes, comportamentos...".[1]

Talvez um dos nomes mais importantes que começava a se estabelecer na arte teatral tenha sido o de Maria Helena Lopes, posteriormente fundadora do TEAR, em 1980. Advinda da dança, tornou-se uma das mais reconhecidas diretoras do Rio Grande do Sul. Sua técnica de direção de atores para a cena tornou-se lendária em todo o país principalmente pelo uso da improvisação como meio de construção do espetáculo. Sempre teve a preocupação de construir uma dramaturgia própria através da direção de atores. Como ela mesma comenta em entrevista:

> Finalmente, em 1978, fui para Paris fazer a escola de Jacques Lecoq. Descobri, lá, o que eu precisava, ou seja, as ferramentas para trabalhar o processo criativo do jeito que eu queria. Antes eu tinha entraves para lidar com a questão dramatúrgica, ou seja, por onde, na improvisação, eu deveria caminhar até a dramaturgia, até a criação de uma dramaturgia. Como complemento dessa abordagem, fiz o curso "Da improvisação ao texto" com Serge Martin. Eu queria criar a minha própria dramaturgia.[2]

Sua encenação dos *Reis vagabundos* demonstrou-se como um dos maiores eventos do teatro. No espetáculo, narrou a vida dos catadores de lixo utilizando o estilo do clown para a encenação.

1. Rafael Guimaraens, *Teatro de Arena*: palco de resistência, p. 88.
2. Claudia Sachs, *Entrevista*: Maria Helena Lopes – Relações com a Metodologia de Jacques Lecoq.

Não havia o uso de linguagem verbal durante toda a obra, mas a construção das ações foi realizada por via de improvisações coletivas. O aspecto poético sobressaiu sobre qualquer ideia de documentação do real, mas isso não diminuiu a qualidade e força da encenação, ao contrário, permitiu que muitas das suas lembranças permanecessem até hoje. A técnica já havia sido utilizada no espetáculo anterior *Quem manda na banda*, que tinha por tema o comportamento infantil. Outros espetáculos se seguiram após esses, como *Crônica da cidade pequena*, *Império da cobiça*, *Partituras: os atos, as palavras e as metáforas* e *Shakexperience*.

Deve se mencionar outra diretora do período que foi responsável por encenações de caráter brechtiano memoráveis, Irene Brietzke. Fundadora do Teatro Vivo, de 1978, notabilizou-se com uma forte carreira não apenas na direção, mas também enquanto atriz. Do ponto de vista dramatúrgico, trouxe aos palcos gaúchos o espetáculo *Frankie, Frankie, Frankenstein*, baseado em Mary Shelley, em 1979. O espetáculo não pode ser entendido exatamente como uma adaptação do romance do século XIX. Sua força residiu no jogo intertextual de um mal fictício e literário com as ações humanas do país, através da violência. Como a autora definiu:

> Nosso Frankenstein é a tentativa de colocar em cena muitas semelhanças que encontramos numa antiga história 'dita' de terror com a nossa realidade ou com o sistema que a gente vive. O que queremos dizer é que a violência e o terror não estão apenas num castelo longínquo na Transilvânia.[3]

A diretora optou por construir uma dramaturgia muda, na qual as ações do elenco, unidas com os elementos da cena, constituíam as atmosferas e o enredo. As figuras eram praticamente

3. Irene Brietzke, "Entrevista em Frankenstein chega na próxima sexta-feira, no palco do Câmara", p. 29.

máscaras de corpo inteiro fazendo um estranhamento semelhante ao preconizado por Brecht, mas apenas na sua estética e não no sentido ético que o teatro épico exigiria. Também foi responsável por *Margarete e sua mãe*, uma reunião de esquetes na década de noventa, mas a política econômica do governo Collor foi prejudicial ao espetáculo.

Um dos coletivos teatrais mais antigos do Brasil e cuja relevância se faz fundamental para o estado gaúcho é a Tribo de Atuadores Ói Nóis Aqui Traveiz, da Terreira da Tribo. Surgido em 1978, teve sua liderança encabeçada por Paulo Flores, com uma proposta radical de mudança da linguagem cênica, principalmente nas áreas de atuação e dramaturgia.

Os atuadores da Terreira da Tribo realizaram uma diversidade de espetáculos baseados em grandes escritores como Arrabal, Genet, Beckett, Brecht, Goethe e Heiner Müller, mas sua busca por processos criativos de ordem coletiva os levou a criar dramaturgias próprias, principalmente no teatro de rua. Alguns de seus textos, portanto, levam a assinatura de todo o grupo atuante. Sua primeira iniciativa nesse sentido foi o espetáculo *O sentido do corpo*, de 1978, no qual a ação se mesclava ao uso de poemas pelos artistas. Nessa esteira seguiu-se *Ananke, a luta pela vida*, em que as relações de rebeldia contra as instituições sociais é o grande tema. Em 1985, apresentou um teatro fortemente calcado no rito e na luta política na América latina, *Teon: morte em tupi-guarani*. Suas experimentações estéticas trouxeram posteriormente a obra *Manchas no lençol*, toda realizada através de sombra chinesa, em cinco esquetes de pantomima com temas variados.

A Tribo de Atuadores tem a preocupação política de atingir a comunidade através da criação de uma linguagem de cunho mais popular, concomitantemente seguindo seu teatro de vivência, realizado em sua sede. No teatro de rua destacam-se obras como *Se não tem pão que coma bolo*, *Independência ou morte* e o *Amargo santo da purificação*. Todos os textos são criações coletivas e autorais do grupo — embora em alguns casos tenham outras fontes literárias —, e são recriadas para atingir o objetivo de suas encenações.

Uma experiência coletiva muito importante ocorreu no final da década de 1980 promovida pelo grupo Pés na Terra, originário do círculo operário de Porto Alegre. Após uma montagem de *Vereda da salvação*, de Jorge Andrade, o grupo buscava algum tipo de dramaturgia que fizesse referência ao universo regional do Rio Grande do Sul. A ausência de material os levou à criação própria do espetáculo *Dona Possança*.

O diretor Maurício Guzinski realizou uma pesquisa conjunta com o elenco a partir da vinda e da vida dos imigrantes italianos e a constituição dos minifúndios no estado. Improvisando sobre as situações estudadas, criaram um texto de linguagem mista, vinculando um aspecto realista na família Scarpazi, a protagonista da peça, com elementos alegóricos, os poderosos representados por Dona Possança. O resultado foi um espetáculo musical que esteve em cartaz por um ano e circulou pelo interior gaúcho.

Outro diretor que foi relevante na construção de novas dramaturgias no palco gaúcho foi Dilmar Messias e seu grupo Girassol. Na década de 1970, foi responsável por roteiros para o teatro infantil, como A *viagem de André*, que contou com a orientação em psicologia da atriz Sandra Dani. Seguiram-se outros trabalhos como *Jota Vilão na terra dos girassóis*, responsável pelo nome do coletivo teatral, que teve grande sucesso de público, contando com uma temática de paz e amor proferida pela geração *hippie*. Seguiram-se outros textos do diretor, sendo eles O *duque, a cantora e a linguiça*, As *Aventuras de Mime Apestovich, do início ao meio*, de 1986, *Serragem, farinha, farofa*, em 1987, e o Último tango em Porto Alegre, em 1994. Com a criação do Circo Girassol, sua dramaturgia se deixa levar por esse ambiente estético circense, como pode ser conferido nos textos *Circo eletrônico*, *Pão e circo*, *O hipnotizador de jacarés* e *O mundo da lua*.

Enquanto diretor, foi convidado para preparar cenicamente um trabalho criado e concebido pelos músicos Hique Gomez e Nico Nicolaiewsky, o famoso *Tangos & tragédias*, em 1984. As personagens dos músicos eram naturais de um país fictício chamado Sbørnia, do qual os dois teriam fugido, segundo a dupla, após a chegada do *rock'n'roll* no país, refugiando-se no Rio Grande do Sul. O espetáculo que combinava música e comédia foi um avassalador sucesso, sendo exibido em todo o Brasil por quase trinta anos.

Alguns diretores dessa geração se aventuraram na construção dramatúrgica em períodos posteriores de suas carreiras. Luís Paulo Vasconcelos, por exemplo, realizou na década de 1990 dois trabalhos com sua esposa Sandra Dani, em que foi responsável pela escritura dramatúrgica: *A galinha idiota*, no qual poucas palavras eram utilizadas, mas o espetáculo era repleto de sons desconexos, e também *Como um sol no fundo do poço*, monólogo em que uma professora aposentada, abandonada pelo marido, convida os ouvintes de uma emissora de rádio para irem a sua casa.

Nesse mesmo contexto é fundamental comentar a entrada do professor Irion Nolasco, que juntamente com sua esposa Maria Lúcia Raymundo foram responsáveis por um grupo de pesquisa sobre o trabalho do ator na universidade. Dentro da pesquisa dramatúrgica contemporânea levou seus estudos a cabo com os espetáculos *A mulher de Putifar*, em 2010, e *Noite de Walpurgis*, em 2011. Ambos os trabalhos surgiram de suas orientações acadêmicas no Departamento de Arte Dramática junto com seus alunos. Ambos utilizam uma compilação e colagem de outros autores, mas a costura e composição final, alterada pelo trabalho de improvisação com o elenco, atingiram originalidade literária.

Na década de 1980, surgiu um grupo que trouxe novos rumos para a pesquisa teatral na cidade de Porto Alegre, a Companhia

Stravaganza, formada por Luis Henrique Palese e Adriane Mottola. O primeiro foi artista plástico e cenógrafo, a segunda, atriz; tornaram-se ambos diretores com estéticas singulares. Seus espetáculos procuravam mesclar liberdade e rigor, e para isso tornavam-se autores dos textos que montavam.

O teatro infantil foi uma das áreas mais beneficiadas por ambos. *Shankar e o mundo de Mungo*, inspirado no cinema de fantasia e ficção científica, tratava de um mundo composto por humanos e duendes chamados de glips. Depois, *Por um punhado de jujubas*, espetáculo moderno que subvertia os estereótipos do mundo infantil com uma ironia mordaz. Em 1991, apresentaram *A lenda do Rei Arthur*, baseado em várias fontes, mas constituindo-se como obra original. Posteriormente, fazem uma incursão cômica sobre a vida de Cristóvão Colombo com a peça *O ovo de Colombo*. No teatro adulto, serão extremamente elogiados pela sua apropriação do texto homônimo de Boccaccio, *Decameron*. Visualmente inspirado no jogo da *commedia dell'arte*, embora ainda não dominassem sua técnica, e com o uso do dialeto italiano, o espetáculo foi um grande sucesso de público.

O diretor Camilo de Lélis também foi responsável pela criação de uma série de espetáculos infantis nos quais foi o dramaturgo. Seu primeiro trabalho como escritor foi *O menino do joelho sujo*, que posteriormente chamou-se *Sabão, o menino do joelho sujo*. Também realizou um espetáculo de sua autoria chamado *Sob o signo do unicórnio*, em que recorreu a imagens dos mundos míticos, tanto pagão quanto cristão. Foi também responsável pelo drama histórico *Bento Gonçalves, o general dos farrapos*, criado em homenagem à Semana Farroupilha.

Também na década de 80, o diretor Roberto Oliveira experimentou sua veia dramatúrgica em textos tanto infantis quanto adultos. Contam-se entre seus textos: *O que seria do vermelho se não fosse o azul*; *Remendão & Cia*; *Risco, Arisco & Corisco*; *O jogo da velha*; *Isso é tudo*; *A dama e os vagabundos*; *O pastelão*; e

A grande família. Embora tenha sido eclético em suas direções cênicas, seus textos geralmente primam pelo humor e a sátira.

A Companhia Espaço em Branco recentemente tem realizado obras peculiares que não se vinculam diretamente com o teatro convencional. Encabeçado pelo diretor João de Ricardo, mas com a colaboração da atriz Sissi Venturin e do ator Lisandro Bellotto, mostram-se como uma vertente da arte performática no estado. O diretor utiliza muitos de seus próprios escritos em suas performances, como os espetáculos *Em trânsito* e *Homem que não vive da glória do passado*.

O grupo Falos & Stercus também pode ser reconhecido como o construtor de um tipo de dramaturgia voltada para a experiência sensorial, abandonando os recursos da literatura dramática convencional. Entre suas obras devem ser mencionadas *PM2*, *Farsa trágica*, *Clã destino*, *La Loba*, *In surto*, *Voo das fêmeas*, *Mithologias do clã* e *www.Prometeu*. Sua proposta procura ser diferente do usual, sempre buscando seu repertório performático, através dos acessos que o corpo pode permitir. O modo contundente e, às vezes, anormal do comportamento de suas performances chama a atenção do público para as visceralidades das relações humanas.

Entre os últimos exemplos de criações dramáticas originais no palco vale lembrar as realizações do Teatro Sarcáustico, grupo encabeçado pelo ator e diretor Daniel Colin. Juntamente com o dramaturgo e diretor Felipe de Galisteo Vieira, promoveram obras cênicas com textos agressivos, vinculando-se com a cartilha estética da pós-modernidade. Sua parceria promoveu a realização de vários trabalhos, como *Inten(CIDADE) 1ª: Voar!*, a partir do texto original *Quando amanhecer teu sorriso será mais bonito*, do próprio Felipe Vieira; *Prato frio: porque parente bom é parente morto*; *A vida sexual dos macacos*; e *O linguiceiro da Rua do Arvoredo*. Seu maior sucesso de público e crítica com certeza foi *Wonderland e o que Michael Jackson encontrou por lá*, uma pesada sátira sobre a indústria cultural e o mundo *pop*.

Cenas da dramaturgia

Da mesma forma que as experiências anteriores citadas, os dramaturgos do Rio Grande do Sul não podem ser simplesmente separados das outras funções que normalmente ocupam nos espetáculos. Talvez o termo dramaturgia de gabinete, facilmente empregado para autores do passado como Henrik Ibsen e Anton Tchekov, tenha ficado um tanto obsoleto na atualidade. Os escritores de drama tornam-se cada vez mais conscientes da carpintaria teatral e não se deixam levar apenas pelos próprios desejos ficcionais na construção de suas obras, pensando conjuntamente nas necessidades cênicas de seu ambiente.

O primeiro nome que deve constar entre os dramaturgos gaúchos é o do crítico literário, tradutor e novelista Paulo Hecker Filho. Sempre cultivou um amor pela cena, embora seus dramas não tenham alcançado a mesma fama que outros de seus escritos. Na década de 1950, escreveu várias peças de diferentes formatos e gêneros: *O adolescente*, *O provocador*, *O sal da terra*, *Quando elas querem*, *O ascensor*, *Matar* e *O difícil amor*. Suas peças têm conotação realista, debruçando-se em reflexões sobre o homem da cidade em seu cotidiano.

De todos os dramaturgos gaúchos, provavelmente Ivo Bender é o mais notório e comentado. Nascido em São Leopoldo, em 1936, e falecido em 2018, teve uma carreira profícua e multifacetada, incluindo em seu currículo trabalhos de contista, tradutor, diretor teatral e professor universitário. Seu viés dramatúrgico foi igualmente amplo, escrevendo tanto farsas quanto dramas. Sua primeira peça vem ao público em 1961, *As cartas marcadas ou Os assassinos*, obtendo enorme sucesso de público.

É difícil tentar conferir características gerais à obra do artista, mas um de seus recursos técnicos mais comentados é o retorno aos mitos tradicionais da dramaturgia ocidental adequando-os ao contexto brasileiro. Essa característica aparece desde sua peça curta *Fedra em fogo* até a *Trilogia perversa*, com as peças *1941*, *1874* e *1826*. Nesta trilogia, o autor conecta a tragicidade dos átridas com a imigração alemã no Rio Grande do Sul. Cronologicamente, a vingança de Atreu contra Triestes é narrada através do início da imigração; *Ifigênia em Áulis* é a estrutura para recontar a revolta dos *mucker*; e, finalmente, o mito de Electra aparece no cenário da enchente de 1941. Nunca se tratou de uma adaptação, mas de uma recriação original embebida nas fontes mais ricas.

Suas tramas são simples, mas isso não quer dizer que sejam pobres ou apenas inferiores aos originais; trata-se, na verdade, de uma valorização da ação sobre ornamentos literários. O autor conseguiu extrair uma fina sutileza abandonando o estilo grave da tragédia pelo uso de figuras populares que vivem seu cotidiano de maneira prosaica. As fortes paixões dos mitos antigos são preservadas, o que lhe confere uma dimensão elevada que prossegue convocando atenções.

Suas peças de modo geral apresentam personagens em situações sem saída. *Sexta-feira das paixões* segue essa linha como uma crítica implícita à ditadura militar. Nesta obra, o aspecto sobrenatural também aparece como um recurso para a exposição de verdades inconvenientes, pois o fantástico torna-se uma via para confrontar situações humanas extremas. Não se pode negar alguma influência do teatro do absurdo em sua obra, embora não possa ser perfeitamente adequado nesse tipo de estética.

O humor também aparece em diversas de seus escritos, como em ¿Quem roubou meu Anabela?, *O cabaré de Maria Elefante*, *O boi dos chifres de ouro*, *Mulheres mix* e *Queridíssimo canalha*. A paródia e a ironia tornam-se ferramentas fundamentais para a denúncia das hipocrisias burguesas. Além disso, seu texto não está preso a nenhuma erudição estéril, sabendo valorizar o bom divertimento do ato teatral.

As crianças também foram uma preocupação do dramaturgo. As peças O *auto do pastorzinho e seu rebanho*, O macaco e a velha, A invasão das tiriricas e a estrelinha cadente e As *aventuras do Superespantalho contra o Dr. Corvo* são exemplos da utilização do lúdico estimulando a inteligência de espectadores de todas as idades. Neste tipo de trabalho, o autor conseguiu estabelecer uma crítica ao poder com um tom otimista. Sua contribuição artística foi indelével na comunidade gaúcha.

É necessário mencionar em seguida seu colega também muito relevante, o jornalista e escritor porto-alegrense Carlos Carvalho, que também desenvolveu uma escrita original e múltipla dentro da realidade gaúcha. Foi um diretor teatral de grande atividade nos anos 1960 e 1970, sempre com grande preocupação política e sua importância para o fazer artístico. Seus textos foram encenados por diversos diretores do Rio Grande do Sul, mostrando a pungência da vida humana como aparece desde suas primeiras peças, As *alegres meninas da Rua Quinze*, na qual duas irmãs têm de cuidar da mãe doente, ou *Mão de obra*, em que apresenta a difícil situação do trabalhador comum frente ao empresariado.

Isso não significa que seus textos tenham se preocupado apenas em retratar o duro realismo, pois a fantasia sempre foi fundamental como válvula de escape contra a aridez do mundo. Atesta-se isso com uma peça criativa como *Splish, scrash, clang ou Vê se faz melhor ou ainda O leito do herói*, na qual incorporou elementos das histórias em quadrinhos na consecução do drama. Essa e outras de suas experiências estéticas não são uma demonstração de alienação, muito pelo contrário. Como o próprio autor comentou certa vez em uma entrevista:

> O escritor brasileiro não pode mais se dar ao luxo de chorar a miséria de um indivíduo em cinquenta páginas; é preciso ir às causas, às raízes da miséria. O escritor brasileiro não pode mais se dedicar a ser um mero aparelho sensitivo, mas deve pressentir e apreender toda a nossa realidade, como também descobrir suas origens.[4]

Carvalho não acreditava que essa apreensão devesse ser apresentada de modo direto, com soluções fáceis para o espectador. Acreditava que a ética de um espetáculo teatral ou de um drama teria sua força no questionamento que a arte pudesse promover fora dos cânones colonizadores do eixo cultural do país. Em sua peça *Reprise*, uma secretária fantasia sua vida como uma grande estrela, mostrando como a humanidade simples do brasileiro pode ser abordada de modo honesto e crítico ao mesmo tempo.

Uma de suas peças mais famosas, *PT saudações*, mostra como uma busca pelo contato íntimo e franco é tomado por um jogo de manipulação. Já *Boneca Teresa* traz duas personagens femininas num apartamento esperando por um homem que, supostamente, saiu para comprar bebida. Imersas num ambiente instável, às vezes imaginando-se interrogadas, as duas se veem na mesma situação degradante.

Outras peças podem ser mencionadas ainda: *O pulo do gato*, *Berço esplêndido*, *Doce vampiro*, *Que se passa* Che, *Colombo, fecha a porta de teus mares* e Não saia da faixa de segurança. Talvez sua característica principal tenha sido a de mostrar uma realidade triste e decadente, mas com uma delicadeza que faz o leitor/espectador sentir o movimento patético do texto de modo afetuoso e receptivo.

A iconoclastia de Julio Zanotta, natural de Pelotas, traz inovações para a literatura dramática desde seu período de colaboração com a Tribo de Atuadores da Terreira. Os primeiros espetáculos do coletivo teatral tiveram seu desejo de mudança

4. Carlos Carvalho *apud* Luiz Paulo Vasconcellos, "Meu querido Carlinhos".

orientado pelas palavras do dramaturgo. A *divina proporção* tratava do problema habitacional através de quatro personagens grotescamente limitados em um monte de lixo, e A *felicidade não esperneia, patati, patatá*, por sua vez, mostrava a medicina como uma instituição desumana, em linguagem alegórica. Com esses textos vinculava-se à tradição de autores selvagens como Artaud e Genet, desvelando o horror por trás da bela face da racionalidade ocidental.

Mesmo deixando de coordenar dramaturgicamente um grupo tão visceral, permaneceu escrevendo textos críticos e irônicos sobre a realidade social. No início da década de 1980, teve sua peça As *cinzas do general* fortemente reprimida pelo seu conteúdo político a favor da liberação da maconha. A peça sofreu censura, mas, desobedecendo aos órgãos repressivos, apresentou-a na íntegra; então, sentindo-se perseguido, partiu do Brasil. A audácia política desse período o acompanhará nas inversões que realizará em suas peças posteriores.

Abordou, por exemplo, a religiosidade inca unida com o uso das drogas alucinógenas em *O homem jaguar pássaro serpente*. Sua escritura contestatória subverte não apenas os valores morais estabelecidos, mas todas as figuras canônicas. Nesse quesito, aparecem dramas como *Milkshakespeare*, em que os personagens do bardo inglês fazem tarefas do mundo industrial contemporâneo. Escreveu ainda várias peças curtas de conteúdo erótico, como A *mulher crucificada*, A *anarquista virgem* e A *enchente*.

Pode-se citar ainda outros textos que exploram o desencantamento do mundo moderno como A *fada no freezer*, A *ninfa dragão* e A*mor no Facebook*. A violência cotidiana também foi seu tema na peça realizada sob encomenda pelo ator João Carlos Castanha, *Luiza Felpuda*, sobre o assassinato de um homossexual que detinha uma casa de encontros. Em sua peça O *louco*, dois personagens presos no horror e no fascínio da insanidade, o escritor partilha da sua própria experiência de ter sido internado no Hospital Espírita pelo uso de drogas na década de 1960.

Dentro de um cenário mais marginal na cidade de Porto Alegre, cabe ainda citar o nome do ator Renato Del Campão, que reuniu, em um volume chamado *Comédia negra*, um conjunto de textos dramáticos escritos no período de 1980 a 2000. Embora os textos abordem uma infinidade de temas, percebe-se uma predileção pelo jogo linguístico e cênico, sem uma detalhada construção de personagens ou rebuscadas exigências cenográficas para o ambiente. São textos que valorizam a capacidade de jogo dos atores que se interessem em montá-los.

Na maioria, são textos curtos, como *Jogo compulsivo*, em que três personagens simplesmente trocam perguntas e respostas sem chegarem a uma situação de conflito direta. Em outra peça, *Brigitte Bardot*, o autor trabalha com o poder ficcional da capacidade interpretativa do ser humano, jogando com as polaridades de ilusão e realidade. Em peças como *Dorian Gray em 3x4* e *Viagem ao centro da terra*, reaproveita os temas literários de Oscar Wilde e do Marquês de Sade, respectivamente. Uma de suas peças mais interessantes é *Ping-pong em Acapulco* em que um casal em férias acaba defrontando-se com uma velha que os faz encarar uma realidade mais dura que suas ridículas ilusões burguesas. O absurdo e a falta de comunicação permeiam todos os seus escritos de alguma maneira.

Um dramaturgo que obteve notoriedade em todo o Brasil na década de 1970 foi Ronald Radde, criador do teatro Novo em 1968, diretor de mais de 180 peças, adultas e infantis. Sua peça de estreia foi *João e Maria nas trevas*, texto simples e direto que trata da relação de dois irmãos que lutam para sobreviver, mas enfrentam várias dificuldades sociais e econômicas. *A fossa* mantém em cena as questões da população marginalizada, mas sem se deixar levar por imprecações soltas ou denúncias vazias.

A peça *B... em cadeira de rodas*, sofreu com a censura na época de sua encenação com pelo menos oitenta e quatro cortes, o que exigiu que o dramaturgo fosse para Brasília negociar sua encenação. O patrão, numa cadeira de rodas, impede que o empregado saia de sua casa e se estabelece um jogo de poder e intimidade entre ambos. *Transe*, por sua vez, mostra cinco personagens em um ambiente neutro, mas que lentamente percebem estar em uma espécie indefinida de purgatório. *Apaga a luz e faz de conta que estamos bêbados* trata de um casal que se encontra em uma noite tentando enfrentar a solidão de suas vidas. Entre seus trabalhos mais recentes, apresentou Ópera de sangue, sobre o mundo sedutor dos vampiros.

Caio Fernando Abreu não foi apenas um romancista e contista de sucesso: teve também uma relação amorosa com a magia do teatro. Nascido em Santiago, o escritor chegou a ser ator por um curto período, fazendo o curso universitário na área, mas sem terminá-lo, e escreveu alguns dramas durante sua carreira literária. Seus textos dramáticos foram muito influenciados pela contracultura dos anos sessenta e setenta, como *Pode ser que seja só o leiteiro lá fora*, pela qual recebeu o prêmio do Serviço Nacional do Teatro, embora, posteriormente, tenha sido censurada em todo o território brasileiro. A peça apresentava um grupo de jovens em uma casa abandonada onde discutiam suas vidas, sentindo os paradoxos que seus ideais lhes trouxeram. A *Comunidade do arco-íris*, peça infantil que apresentava criaturas fantásticas como sereias, bruxas e mágicos contrários aos valores belicosos da comunidade humana em uma trama lúdica.

Zona contaminada mostra um futuro apocalíptico em que o ser humano destruiu a possibilidade de vida no planeta terra. Uma peça que não pode deixar de ser comentada é *O homem e a mancha*, em que reinterpreta o mito de Dom Quixote, mas com recursos de metateatralidade. Chegou também a adaptar um romance de Lya Luft para o teatro, *Reunião de família*. Um trabalho que merece destaque pela inventividade estilística é *A maldição do Vale Negro*, escrita conjuntamente com Luiz Arthur Nunes, em que de modo cômico traz os cenários, imagens e personagens do melodrama de modo muito divertido e agradável.

No teatro infantil existem dois nomes que não podem ser esquecidos. Primeiramente, a professora Olga Reverbel, de São Borja, que destacou-se principalmente na pedagogia do teatro nas escolas de ensino fundamental e médio. Da sua experiência como professora, compôs pequenos dramas para utilização escolar. Entre seus textos constam A *chave perdida*, *Viagem de satélite* e *Bolinhos da mamãe*. Outra figura importante para o teatro infantil gaúcho foi o dramaturgo Guto Greco. Também ator e diretor, teve vários textos que convocavam ativamente a imaginação das crianças, como O *enigma do Cid*, O *Pequeno Príncipe em busca de um amigo*, *Papai pirou nas ondas do rádio*, *Guerreiros da bagunça* e *Sopa de palhaços*. Pelo lúdico, o autor conseguiu trazer assuntos importantes para serem discutidos não apenas pelas crianças.

Júlio Conte, de Caxias do Sul, é provavelmente um dos dramaturgos mais populares do estado. Suas peças são apresentadas, lidas e realizadas em várias partes do Brasil. Desde seu período de formação em Direção Teatral no Departamento de Arte Dramática da UFRGS, sempre se preocupou em ser o realizador de seus próprios dramas. Seu primeiro espetáculo já chama a atenção do público, *Não pensa muito que dói*. Logo após, em 1983, realiza um espetáculo com um de seus textos mais famosos, *Bailei na curva*, sobre crianças que crescem no período da ditadura militar. A primeira publicação, em 1984, teve toda a sua edição esgotada rapidamente e o espetáculo já conta com mais de quarenta anos de sucesso em apresentações.

Realizou muitos outros trabalhos dramatúrgicos, como A *coisa certa*, uma comédia de costumes que procura captar a atmosfera dos anos 1990. Em O *rei da escória*, utiliza elementos narrativos e dramáticos para compartilhar sua experiência como médico psicanalista sobre a história de um esquizofrênico que procura se comunicar e recuperar seu passado. Volta a utilizar elementos épicos em *Dançarei sobre teu cadáver*, crônica de uma sociedade de consumo onde os indivíduos se movem dentro de um universo claustrofóbico e familiar, enquanto que *Larissa não mora mais aqui* conta a história dos últimos moradores do Edifício Comendador Siqueira, prédio que construído no apogeu da modernização brasileira e que foi se desgastando gradativamente ao longo dos anos, tendo um cinturão de pobreza envolvendo o antigo prédio de luxo.

A diretora e dramaturga Patsy Cecato, nascida em Florianópolis, muito cedo se mudou para Porto Alegre. Em seu ofício, destacou-se com textos voltados para a fusão entre o feminino e o humor. Sua peça *Se meu ponto G falasse* foi um grande sucesso de público não apenas no Rio Grande do Sul, mas em outros estados. A peça conta a vida de duas amigas, repletas de dificuldades, desde situações no trabalho até problemas com sexo. A história é contada em quatro fases, "Fase Cinderela", "Fase Bruxa", "Fase Loba" e "Fase Profissional", ironizando os estereótipos das mulheres na sociedade atual. Outras peças suas que podem ser mencionadas nesse mesmo tipo de tema são *Hotel Rosa-Flor* e *Manual prático da mulher moderna*. Importante acrescentar o lançamento de um conjunto de obras dramatúrgicas em 2018: *Não se mata pintassilgo e outros textos*.

Vera Karam, de Pelotas, teve uma carreira rápida, interrompida por uma morte súbita, mas ainda assim deixou sua marca na escrita gaúcha. Entre suas obras constam *Dona Otília lamenta muito*, *Ano Novo, vida nova*, *Nesta data querida*, *Maldito coração (me alegra que tu sofras)*, *Dá licença por favor*, *Noite a embalar o que fomos*, *A florista e o visitante*, *Noite feliz*, *Quem sabe a gente continua amanhã* e *O assassinato de Miss Agatha*. São enredos de improbabilidades que se desenham gradativamente através de momentos muito íntimos ou cenas corriqueiras que se mostram carregadas de uma violência sutil.

O ator e diretor Fernando Kike Barbosa, de Ijuí, realizou uma carreira artística notória participando da Tribo de Atuadores da Terreira e da Companhia Stravaganza, mas em tempos recentes tem se dedicado à dramaturgia. Escreveu e encenou *Zona paraíso* junto com Vera Parenza, sobre a narrativa bíblica da origem do mundo, de modo bastante satírico. Seu contundente drama *Pequenas violências: silenciosas e cotidianas* explora as intolerâncias da vida comum a partir de personagens anônimos, obra que foi laureada com diversos prêmios.

Dentro de uma nova dramaturgia que surge no estado tem sido bastante recorrente o nome de Diones Camargo, de Alegrete. Seus textos tem uma temática variada e uma linguagem muito próxima do cinema alternativo contemporâneo. Autor das peças *Andy/Edie*, vencedor do Prêmio Funarte de Dramaturgia em 2005; *Parque de diversões*; Último andar, vencedor do Prêmio Funarte de Estímulo à Dramaturgia em 2007; *Nove mentiras sobre a verdade*; *Teresa e o aquário*, vencedor do VIII Prêmio Palco Habitasul; *Hotel Fuck*; *Os plagiários*, vencedor do Prêmio Açorianos de Melhor Dramaturgia em 2012; *O tempo sem ponteiros* e *Fassbinder: o pior tirano é o amor*. Sua peça A *mulher arrastada*, de 2018, foi recebida com grande sucesso em todo o país. Diones também foi dramaturgista de espetáculos e roteirista de cinema.

Não se pode esquecer a escritora e dramaturga de Passo Fundo Natasha Centenaro, doutora em Letras pela Pontifícia Universidade Católica do Rio Grande do Sul (PUCRS), com diversas incursões sobre a escrita teatral. Sua estética apresenta uma forte orientação feminista através de um estilo bastante dinâmico, em um texto composto de refinados recursos da carpintaria teatral. Cabe citar seu livro *Duas vezes dramática*, de 2018, com as peças A *não origem do mundo* e *Garotos obedientes*.

Seu romance-peça *Histórias de silêncio para encenar* mostra sua qualidade inovadora na composição entre a prosa romanesca e o texto dramatúrgico. Também apresentou a sua dramaturgia *Paisagem com cactos (a planta de seus olhos nos meus)* na mostra "Novas Dramaturgias – Ações Transmídias", em São Paulo.

A dramaturga Patrícia Silveira, de Rio Grande, constituiu um papel importante como escritora, diretora teatral e ativista cultural. Pertence ao grupo de artistas que prefere realizar cenicamente seus dramas. Sua primeira obra a ser levada para o palco foi *Sonhos (im)possíveis*, vencedor de melhor texto inédito no 2º Montenegro em Cena em 2013. A peça trata de um trio de anarquistas que invade uma casa para morar. Entre seus outros trabalhos constam *Em um tempo aberto*, vencedor do Prêmio de Dramaturgia Ivo Bender, em 2012; *Terra santa*, vencedor do Prêmio Funarte de Dramaturgia, em 2014; *As lágrimas de Heráclito*; *Camille no exílio* e *Congresso Internacional do Terrorismo Latino-Americano e do Mundo*.

Um evento relevante para a dramaturgia gaúcha aconteceu em 2017, com a criação do Coletivo As DramaturgAs, reunindo quinze autoras brasileiras e realizando desde então diversos eventos sobre dramaturgia, publicando quatorze livros. Cada autora possui uma identidade enquanto escritora e artista, desenvolvendo um trabalho autônomo com a proposta de responder ao problema da ausência de dramaturgas no cânone ocidental. Atualmente, fazem parte do grupo, além das já citadas Natasha Centenaro, Patrícia Silveira e Patsy Cecato, as autoras Carina Corá, Dedé Ribeiro, Dedy Ricardo, Elisa Lucas, Fernanda Moreno, Jéssica Barbosa, Jéssica Lusia, Lourdes Kauffmann, Silvana Rodrigues, Stella Bento, Vika Schabbach e Viviane Juguero. No final de 2022, foi lançada a coletânea *Liberdade*, pela Concha Editora, que recebeu o Prêmio Açorianos em 2024.

Conclusão

Este rápido estudo não deve ser entendido como um substituto à pesquisa aprofundada da dramaturgia gaúcha. Falta um trabalho histórico de peso sobre a vida teatral no estado do Rio Grande do Sul. Infelizmente, o texto dramático brasileiro segue para um lamentável destino que mistura desprezo e ignorância. A dificuldade de encontrar e ler vários dos textos aqui mencionados atesta essa triste situação. A desvalorização da escrita dramática, no entanto, não impediu que esta série de artistas elencados contribuísse para o panorama teatral brasileiro e muitos até hoje prosseguem em luta constante pela merecida visibilidade.

As peças teatrais de um povo configuram-se como partes imprescindíveis de uma vida cultural. Memória é identidade, portanto, o desconhecimento da história do teatro local coloca em risco não apenas a consciência estética da comunidade, mas seu espírito político, porque perde qualquer referencial de seus próprios valores coletivos. O teatro é uma arte viva que consome as forças de seus participantes para que possa continuar em ação e o mínimo que se pode fazer é o registro de sua atividade para que possa inspirar as gerações vindouras. Assim, os jovens artistas e escritores continuarão a habitar os palcos, trazendo magia e invenção para os corações gaúchos.

Referências

ALABARSE, Luciano. *Alguns diretores & muita conversa*: entrevistas com diretores de teatro que trabalham em Porto Alegre. Porto Alegre: Prefeitura Municipal, 2000.

ALMEIDA, Mario de; GUIMARAENS, Rafael. *Trem de volta*: Teatro de Equipe. Porto Alegre: Libretos, 2003.

BRIETZKE, Irene. Entrevista em Frankenstein chega na próxima sexta-feira, no palco do Câmara. *Folha da Tarde*, Porto Alegre, 29 set. 1979.

COLIN, Daniel. *História do Teatro Sarcáustico*, 2019. Disponível em: http://teatrosarcaustico.blogspot.com.br/. Acesso em: 4 set. 2024.

FLORES, Paulo. Ói Nóis *Aqui Traveiz*: poéticas de ousadia e ruptura. Porto Alegre: Terreira da Tribo Produções Artísticas, 2014.

GUIMARAENS, Rafael. *Teatro de Arena*: palco de resistência. Porto Alegre: Libretos, 2007.

HESSEL, Lothar. *O teatro no Rio Grande do Sul*. Porto Alegre: Ed. da Universidade/UFRGS, 1999.

HOHLFELDT, Antonio. A trilogia perversa de Ivo Bender. *Continente Sul Sur – Revista do Instituto Estadual do Livro*, Porto Alegre, n. 3, dez. 1996.

HOHLFELDT, Antonio; VASCONCELOS, Luiz Paulo. *Cadernos de cultura gaúcha*: teatro gaúcho contemporâneo. Porto Alegre: Diretoria de Atividades Culturais – Assembleia Legislativa do Estado do Rio Grande do Sul, 1976.

MANCUSO, Nádia Herter. *Projeto de graduação*: artes cênicas. Desatando nós: um olhar sobre a obra de Olga Reverbel, 2003.

MOTTOLA, Adriane Cecília Pinto. *Cia. Stravaganza*: um olhar sobre os processos criativos no teatro de grupo. 2009. Dissertação (Mestrado em Artes Cênicas) – Universidade Federal do Rio Grande do Sul, Porto Alegre, 2009.

PASSOS, Angelo Marcelo Adams dos. *O papel do palco e o palco de papel*: *Trilogia perversa*. 2006. Dissertação (Mestrado em Linguística e Letras) – Pontifícia Universidade Católica do Rio Grande do Sul, Porto Alegre, 2006.

PAVIS, Patrice. *Dictionnaire du théâtre*. Paris: Dunod, 1996.

PRIKLADNICKI, Fábio. Dramaturgo Julio Zanotta fala sobre teatro, drogas e relações poliamorosas. *Zero Hora*, Porto Alegre, 19 ago. 2013. Disponível em: http://zh.clicrbs.com.br/rs/entretenimento/noticia/2013/08/dramaturgo-julio-zanotta-fala-sobre-teatro-drogas-e-relacoes-poliamorosas-4239313.html. Acesso em: 4 set. 2024.

RICARDO, João de. Cia. Espaço em Branco, 2015. Disponível em: https://ciaespacoembranco.wordpress.com/. Acesso em: 20 ago. 2024.

SACHS, Cláudia. *Entrevista*: Maria Helena Lopes – Relações com a Metodologia de Jacques Lecoq. UFRGS, 2002. Disponível em: https://seer.ufrgs.br/index.php/cena/article/view/23485/24314. Acesso em: 4 set. 2024.

SANTOS, Vera Lúcia Bertoni dos. Olga Reverbel (1917–2008) [verbete]. *In*: *Enciclopédia Itaú Cultural de Teatro*, Itaú Cultural, 2008.

SANTOS, Vera Lúcia Bertoni dos. Criança, teatro e dramaturgia. *In:* MAGALHÃES, Cláudio *et al*. *A criança e a produção cultural: do brinquedo à literatura*. Porto Alegre: Mercado Aberto, 2003.

SILVA, Newton Pinto da. *Palcos da vida*: o vídeo como documento do teatro em Porto Alegre nos anos 1980. 2010. Dissertação (Mestrado em Artes Cênicas) – Universidade Federal do Rio Grande do Sul, Porto Alegre, 2010.

TROTTA, Rosyane. Ói Nóis *Aqui Traveiz*: a história através da crítica. Porto Alegre: Terreira da Tribo Produções Artísticas, 2012.

VARGAS, Alexandre (Org.). *Falos & Stercus*: ação & obra – trajetória marcada por inconformismo e prazer. Porto Alegre: Falos & Stercus, 2009.

VASCONCELLOS, Luiz Paulo. Meu querido Carlinhos. *IEL RS*, 24 mar. 2011. Disponível em: https://ielrs.blogspot.com/2011/03/meu-querido-carlinhos.html. Acesso em: 3 out. 2024.

VASCONCELLOS, Luiz Paulo. O teatro de Carlos Carvalho: apontamentos para um estudo crítico. *In*: CARLOS Carvalho. Porto Alegre: IEL, 1986. (Série Autores Gaúchos).

ZILBERMAN, Regina. O espetáculo da vida. *In*: IVO Bender. Porto Alegre: IEL, 1989. (Série Autores Gaúchos).

Paula Mastroberti

5.5

Uma história da literatura infantil e da literatura juvenil, gaúchas e contemporâneas, se é que isso é possível

Começo referindo-me ao importante estudo de Diana Maria Marchi publicado em 2000; perto dele, o que aqui segue mal poderá qualificar-se como um esboço, não só em virtude do número reduzido de páginas de que ele dispõe, mas porque a complexidade do tema e suas problemáticas — apontadas pela própria Marchi, ao adjuntar "possível" ao subtítulo de seu livro[5] — necessitariam um esquadrinhamento mais profundo e minucioso. Pinço dele essa palavrinha, adjuntando o pronome "se": seria possível dar continuidade a um trabalho que sabemos partir de um *corpus* mal definido e dependente de um leitor não empoderado a falar sobre ele?

O desafio de levar adiante a narrativa interrompida por Marchi em 1990 inicia na minha desconfiança com relação às demarcações do gênero literário, e até mesmo de infância e adolescência, variáveis conforme os contextos históricos e socioculturais. Tampouco o seu cenário — o estado do Rio Grande do Sul — oferece-se nítido: quantos autores gaúchos de literatura infantil e literatura juvenil[6] não escoam quase que a totalidade de sua produção

5. Diana Maria Marchi, *A literatura infantil gaúcha*: uma história possível.

6. Adotarei a expressão "literatura infantil e literatura juvenil", resumindo-a na sigla LILJ ou LILJ-RS, dado que cada uma dessas formas literárias tem especificidades próprias não só em termos textuais, mas de formatação gráfica. Evito assim as expressões literatura infantojuvenil (em desuso) ou literatura infantil e juvenil, porque elas causam muita confusão gerando equívocos tanto na prática, como na teoria. Também para economizar, eventualmente usarei LI ou LJ, conforme a categoria.

para outras regiões editoriais do Brasil? E quantos autores, não embalados em berços sulinos, foram contribuintes com a cultura literária infantil e juvenil gaúcha?

Marchi opta por narrar sua história tendo por ponto de ancoragem o leitor.[7] Porém, o que se depreende afinal é muito menos esse leitor, ainda que implícito, do que uma voz atada a uma teoria ainda em voga — a Estética da Recepção — resultando num objeto no qual a criança diagnosticada não passa de uma boneca tão falante quanto permite o ventríloquo que a manipula. Além disso, as obras elencadas por Marchi propõem por destinatário um amplo espectro etário, sendo indistinguível o infante do pubescente. Natural, pois muito da LI incluída em seu arco temporal carecia da sofisticada diferenciação que atualmente observamos nas páginas editoriais das obras destinadas aos escolares. Agora, vejo aumentar o peso da minha tarefa: não se trata, assim, de narrar a história de um único objeto, mas de dois ou mais. Para além das obras conceituadas *infantis* por Marchi, é preciso discriminá-las das consideradas *juvenis* e até mesmo do que se denomina por *juvenil-adulto* ou *jovens adultos*.[8] É ainda impossível tratá-las sem levar em conta o seu suporte gráfico — o livro como um objeto de *design*, incluindo ilustrações e outros acabamentos —, importante para

7. Justifica a autora, com base na teoria da recepção de Hans Robert Jauss: "A opção por traçar a história, via leitor, tornou-se exequível na medida em que a literatura para crianças caracteriza-se justamente por sua capacidade de expressar o universo da infância, ou seja, a imagem do leitor deve estar sempre presente na obra, para que se processe a identificação". Marchi, *op. cit.*, p. 9.

8. Essas definições variam conforme as diretrizes estabelecidas por cada editora, derivadas por sua vez dos estudos em psicologia cognitiva para a área da educação. De acordo com uma das principais editoras gaúchas, a Projeto, temos: "Categoria Infantil com três faixas de idade (até 6 anos / 6 a 9 anos / 9 a 11 anos) — Categoria Juvenil com duas faixas de idade (11 a 13 anos / a partir de 13 anos) — Classificação de Gênero Textual: Poesia (tem 'Para crianças' e 'Para jovens') ou Narrativa (tem 'Cotidiano infantil' e 'Cotidiano juvenil', entre outros sub-gêneros)". Disponível em: http://www.editoraprojeto.com.br/duvidas-frequentes. Acesso em: 4 set. 2024. A categoria "juvenil-adulto" ou "jovem adulto" também é reconhecida por algumas editoras como a Rocco, na qual algumas das minhas obras estão inseridas.

a apreensão da totalidade do seu discurso. Marchi já o apontava em alguns momentos, referindo-se às tecnologias de impressão e à qualidade do livro infantil. Um trabalho atualizado deve considerar, pois, o ilustrador como coautor, pois muitas vezes ele se sobrepõe quantitativa ou qualitativamente ao enunciado puramente linguístico. Serão sobretudo as escolhas formais gráfico-visuais as predefinidoras de um destino etário.

No percurso que se segue, portanto, farei recortes; abrirei mão, por exemplo, da análise das diferentes retóricas que atravessam o *corpus* e os inserem em gêneros mais amplos, como o romance, a novela, o drama, o conto ou a poesia. Também minha história não deve ter por intenção formar um cânone de LILJ-RS contemporâneo: autores e obras surgirão, independentes de juízo estético, na medida em que obtêm reconhecimento do sistema literário coevo ao período analisado para este trabalho, sobretudo o gaúcho.[9] Dentro disso, esquivo-me ainda à dificuldade que envolve a definição desses gêneros no interior de sua linguagem, mas atenho-me àquilo que o sistema tem entendido por especialmente dirigidos a crianças, a pubescentes e a adolescentes.[10] Por fim, como contribuinte do gênero em dois sentidos — teórico e poético —, citarei a mim mesma quando necessário.

---

9. Os dados das obras serão citados em sua primeira edição. Priorizei obras e autores contemplados pelo Prêmio Açorianos entre 2001 e 2024, ano de conclusão deste capítulo, pois o prêmio é símbolo de reconhecimento do sistema literário gaúcho oficial. Outras obras e autores poderão ser mencionados de acordo com o contexto, bem como personalidades que atenderam às entrevistas realizadas por *e-mail* no período em que iniciei este trabalho, em 2015.

10. Para a psicologia, a passagem entre a infância e a adolescência é mediada pelo estágio pubescente, que inicia aproximadamente entre dez a onze anos até os quinze anos, caracterizando o infantojuvenil, como explica Louise Kaplan, *Adolescencia: el adiós a la infancia*.

O sistema[11] das LILJ-RS em ambiência mercadológica e política

A partir do final dos anos 1980, teremos, segundo Marchi, uma produção de LILJ-RS altamente qualificada, remetendo a "um leitor crítico e consciente como indivíduo que integra o sistema social e econômico."[12] Segundo ela, seus personagens teriam a tendência de mostrarem-se mais realistas e complexos, evocados em narrativas igualmente elaboradas, nas quais a voz infantil ganharia maior valor e o texto, um caráter polifônico. O predomínio da prosa sobre a poesia, apontado pela autora, avança até os dias de hoje, embora observe-se um paulatino aumento da poesia, sobretudo na LI; a prosa dirigida aos escolares pode balançar entre o realismo e o fantástico e assumir uma linguagem coloquial com uso de expressões regionais, aproximando leitores gaúchos. Dentre os citados por Marchi no último período de sua história, Sérgio Capparelli é o grande destaque; ele entrará no século XXI produzindo ativamente e recebendo diversos prêmios.[13]

Sabemos que a LILJ — literatura que estudiosos e editores julgam adequados à *emancipação* sociocultural dos mais jovens, como sujeitos e cidadãos[14] — é, historicamente, um produto de

11. Por sistema das LILJ-RS, refiro-me à rede dinâmica que entrelaça conceitos, ações, atividades e eventos que consagram e promovem os objetos classificados como LILJ em contexto macrossocial rio-grandense.

12. Marchi, *op. cit.*, p. 266.

13. Para mencionar apenas os Açorianos: em 1995, por *O velho que trazia a noite* (Kuarup) e *As meninas da Praça da Alfândega* (L&PM); em 1996, por *Ana de salto alto* (L&PM); em 1997, por *33 ciberpoemas e uma fábula virtual* (L&PM); em 2000, por *A árvore que dava sorvete* (Projeto); em 2004, por *111 poemas para crianças* (L&PM); e em 2008, por *Uma colcha muito curta* (L&PM).

14. Nem sempre a emancipação *para* a leitura do literário, mas com frequência uma emancipação *através* da leitura supostamente literária. Em minha tese, determino a verdadeira emancipação para o literário quando um sujeito alcança autonomia para inventar a si mesmo como sujeito leitor, libertando-se da tutela escolar. Paula Mastroberti, *Poéticas verbais e visuais em Peter Pan e Wendy*: um encontro empírico entre o leitor na cultura das mídias, p. 25.

boa rentabilidade, graças ao governo, seu maior comprador.[15] Contudo, nem mesmo a qualificação dessas publicações foi capaz de estabilizar o mercado editorial gaúcho, que vive, na passagem entre os últimos séculos, uma grande crise. Atreladas politicamente a programas outrora fomentados pela ilusão de um crescimento econômico, grandes editoras como a Mercado Aberto e a Kuarup acabaram encerrando suas atividades, se não antes de 2000, alguns anos depois.[16]

A própria sofisticação da LILJ-RS anunciada por Marchi pode ter sido uma das causas do alto custo que sobrecarregou as editoras: um material gráfico de qualidade para as faixas etárias escolares passou a exigir não apenas uma tecnologia mais apurada para impressão e acabamento, mas a crescente qualificação profissional de artistas e *designers*. Na década de 1990, o computador era ainda um instrumento relativamente raro[17] nos escritórios das editoras rio-grandenses, e a produção de um livro — da ilustração até a fotolitagem — recorreria a dispendiosos processos analógicos até o final do século XX.

Com o encerramento das atividades de algumas editoras regionais, a saída para muitos autores foi a desova de publicações para outros estados, principalmente Rio de Janeiro e São Paulo, onde grandes editoras como a Record, a Rocco ou a Ática acenavam com contratos seguros, além de prometer uma distribuição

15. Como apontam vários estudiosos, de Laurence Hallewell a Felipe Lindoso, e como já comprovou o antigo PNBE, Programa Nacional de Biblioteca na Escola do Ministério da Educação, lançado em 1997 e remodelado a partir de 2006, para selecionar a produção editorial brasileira com vistas à aquisição e distribuição nas bibliotecas escolares de todo o país. A partir de 2017, o Programa Nacional do Livro Didático (PNLD) vem substituí-lo, selecionando, num mesmo edital, o livro literário e o livro didático.

16. Esta crise pude acompanhar e viver, trabalhando tanto como ilustradora, com a Kuarup, quanto como autora da Mercado Aberto, tendo meu último livro publicado pela última em 2004.

17. A relação estabelecida é com os ambientes publicitários, equipados com tecnologia mais avançada.

ampla e eficiente[18], potencializando a visibilidade no mercado nacional e internacional.

Por outro lado, é no final do século XX que surgirão editoras com novo perfil, mais enxutas, como a Artes e Ofícios (1991) e a Projeto (1992), especializadas na publicação literária paradidática. Também o Prêmio Açorianos, o mais importante do estado — que desde 1977 contemplava o teatro e a dança, e a partir de 1990, também a música —, adicionou por fim a literatura como uma de suas partições em 1994.[19] Desde o princípio, ele distinguia a literatura infantil, ao contemplar Mary Weiss, com *Corre, corre, Leitoca!*, da infantojuvenil, destacando Jane Tutikian, com *Um time muito especial*. Em 1996, eles incluiriam a categoria Melhor Ilustração[20], com o qual eu seria premiada, refletindo novas orientações com relação ao papel desempenhado pela ilustração na leitura literária. Já a literatura para adolescentes carece, até o momento em que escrevo, de uma discriminação mais atenta: autores como Marcelo Carneiro da Cunha e Luis Dill permaneceriam □ às vezes desconfortavelmente □ inseridos na categoria Infantojuvenil[21], embora a categoria Juvenil seja

18. No caso das LILJ-RS, a ultrapassagem das fronteiras geopolíticas não repercutiu necessariamente em alcance nacional, com algumas exceções: em geral, o autor de LILJ gaúcho tem por público maior o leitor escolar regional. Isso não se deve exatamente a um bairrismo linguístico ou à limitação temática, como sugere Marcelo Backes em seu artigo "A literatura gaúcha pelas beiradas", mas ao fato dessas literaturas dependerem em grande parte, para seu consumo, da presença física do autor em eventos pedagógicos que ocorrem principalmente em nossa região. Como constatou Hermes Bernardi Jr., em entrevista por *e-mail*, em fevereiro de 2015: "Faltam projetos que criem esse diálogo entre o escritor e possíveis leitores de outros estados. A Feira do Livro de Porto Alegre faz isso com autores de fora do Rio Grande do Sul, mas nenhum órgão leva autores gaúchos para fora. Ainda dependemos de boa vontade e investimento das editoras neste campo".

19. Chamou-se Tibicuera até 1995, quando mudou para Açorianos. No *site* da Coordenação Municipal do Livro e da Literatura, o histórico do prêmio denomina todas as premiações, desde 1994, de Prêmio Açorianos.

20. O *site* da Coordenação do Livro e da Literatura menciona essa atribuição no histórico do prêmio somente a partir de 1999, com a premiação de Leonardo Menna Barreto Gomes, pelas artes de *O pássaro cativo*, de Olavo Bilac (Mercado Aberto).

21. Marcelo Carneiro da Cunha ganhou, em 2011, um Açorianos Infantojuvenil por *Super*, categorizado como juvenil pela Editora Record; assim também é classificada,

reconhecida pela Câmara Brasileira do Livro através do Prêmio Jabuti de Literatura desde a sua primeira edição em 1959.

O último decênio do século XX no Rio Grande do Sul é marcado também pela consagração definitiva da Jornada Nacional de Literatura de Passo Fundo[22], que chegou a ser considerada o maior evento literário da América Latina. A partir de 2001, ela abrigaria a Jornadinha de Passo Fundo, dedicada a promover a leitura da LILJ de todo o Brasil. Além disso, outro grande evento literário rio-grandense, a Feira do Livro de Porto Alegre, que desde 1995 abria um espaço especial para a LILJ, a partir de 2005 passou a reservar uma área exclusiva para abrigar intensa programação especialmente dedicada aos gêneros. Suas ações acabaram estendendo-se para além do período e espaços da Feira, abraçando inúmeras atividades complementares e estimuladoras da leitura literária em escolas da Grande Porto Alegre, contando com a adesão de escritores, ilustradores, editores, coordenadorias da educação da capital e municípios adjacentes.[23] Essas ações serviriam mais tarde de modelo a prefeituras de regiões mais distantes que, apoiadas pela Câmara Rio-Grandense do Livro (CRL), também desenvolveram seus próprios projetos e eventos, levando autores gaúchos, de outros estados, e até mesmo de outros países, até localidades como a pequena cidade de Morro Reuter,

---

pela Editora Scipione, a novela *Decifrando Ângelo*, de Luís Dill, que recebeu o mesmo prêmio em 2012.

22. O evento foi criado pela professora Tania Rösing em 1981, ganhando visibilidade nacional a partir do apoio do escritor Josué Guimarães. Atuando bienalmente, sua notoriedade aumentou ao longo da década de 1990, com apoio da Universidade e da Prefeitura de Passo Fundo. A partir de 2017, devido à falta de recursos financeiros, entrou em declínio, até o cancelamento em 2020.

23. Cito alguns projetos e regiões de atuação no período: Adote um Escritor (escolas municipais de Porto Alegre), Livro Lido (Cachoeirinha) e Lendo Pra Valer (escolas estaduais de Porto Alegre, São Leopoldo, Canoas, Guaíba e Gravataí). Os principais promotores de eventos literários prosseguem sendo a Câmara Rio-Grandense do Livro, em conjunto com a Secretaria Municipal de Educação de Porto Alegre e o Instituto Estadual do Livro do Rio Grande do Sul. Outros projetos de incentivo à leitura em âmbito infantil e juvenil advém de iniciativas privadas, com apoio de secretarias municipais e do estado.

cuja feira, amplamente divulgada em 2002 graças ao patrono, o escritor e jornalista Carlos Urbim chamou a atenção do país.

O projeto estadual Autor Presente, em cujos moldes formaram-se os demais projetos de incentivo à leitura escolar, passou por diversas reformulações desde a sua criação por Lígia Averbuck em 1972, quando diretora do Instituto Estadual do Livro (IEL). Submetido a prioridades que variam conforme a gestão ora interessada na produção, ora na leitura do literário, o projeto teve atuação irregular nas últimas décadas, se comparado ao versátil modelo proposto pela CRL, que dissemina suas ações em parceria com as prefeituras e outros órgãos locais. Em 2023, após um acordo entre as Secretaria da Cultura (SEDAC) e Secretaria da Educação (SEDUC), o Autor Presente ganhou maior vigor, concorrendo com o Projeto Lendo Pra Valer da CRL, dividindo com este último a atenção da SEDUC.

Além dessas, outras ações semelhantes, advindas de iniciativa privada ou de instituições como o SESC-RS, por exemplo, têm procurado promover obras e autores de LILJ-RS desde o final do século XX até a contemporaneidade. Todos apresentam por fundamental objetivo atender às escolas. Isso pode ocorrer de forma direta — atuando em conjunto com as secretarias municipais de educação — ou indireta, por meio da colaboração com a organização de feiras de livros municipais, que por sua vez programam a maior parte de suas atividades em função da visitação escolar. A cultura do livro de LILJ em nosso estado prossegue, assim, carregada pelo viés pedagógico que historicamente a condiciona, e com o qual a maior parte dos editores, autores e ilustradores procuram dialogar em nome de sua consagração e sobrevivência. Dentro desse panorama, a potência dos prêmios e troféus será relativizada perante o significativo estímulo do PNBE, cujos editais, compostos por especialistas da área acadêmica, constituiriam o maior indicativo de qualidade em termos de LILJ até 2017.

Acerca do panorama mercadológico que envolve a LILJ-RS, e ressaltando particularmente a importância dada pela Editora Projeto às premiações para a consagração qualitativa da LILJ-RS, depõe por *e-mail* sua responsável, Annete Baldi, em fevereiro de 2015[24]:

> [...] vejo um crescimento exagerado — e não compatível com os espaços de comercialização e demanda — do número de editoras que vêm produzindo livros muito parecidos uns com os outros. [...] Percebo atualmente uma tendência danosa de homogeneização.

Em seguida, com relação ao efeito exercido pelos programas de aquisição de livros do governo, acrescenta Baldi na entrevista citada:

> [...] surgiram novas editoras locais, assim como no resto do país. Esse crescimento deve-se muito ao objetivo final de venda ao governo. E tanto aqui como no resto do país observo que nesses últimos anos as editoras, autores e ilustradores (gaúchos e não gaúchos) estão perdendo um pouco da sua identidade.

Com o agravamento da crise econômica e sucateamento das políticas culturais a partir de 2017, verificamos que a Projeto, como muitas outras editoras, passam a dever boa parte de sua subsistência às plataformas de venda *on-line* como a Elefante Letrado, criada pela gaúcha Susan Vontobel em 2013, de alcance em todo país. Fenômeno fortalecido a partir da pandemia causada pelo Coronavírus em 2020, o sistema de vendas *on-line* tornou-se de maior importância para divulgação e mercantilização da LILJ-RS. Em 2024, a Elefante Letrado reunia um acervo de mais de 48 mil livros, grande parte deles dedicados ao público infantil e juvenil, e afirmava possuir um cadastro composto de 2.700 instituições de ensino. A Editora Projeto ali consta com vinte e quatro livros. Outras conhecidas editoras gaúchas, a Artes

24. Todas as entrevistas aqui citadas se realizaram em 2015, ano em que este capítulo teve sua redação inicial. Algumas atualizações foram feitas em 2024.

e Ofícios e a Libretos, têm participação mais modesta (cada uma com dois livros, entre juvenis e infantis). Editoras gaúchas mais recentes, como a Boaventura, fundada pelo professor de ensino básico Lucas de Melo Bonez, em 2018, tem preferido publicar em parceria financeira com os autores e autoras selecionados pela empresa por via de editais. A Boaventura possui *site* próprio para comunicação e vendas, distribuindo seu material também em plataformas de grande alcance. Como outras editoras e livrarias contemporâneas, catapulta vendas pelas redes sociais, ou por atendimento via aplicativo de mensagem.

O sistema das LILJ-RS em ambiência acadêmica

A partir dos anos 1990, a LILJ consolidou-se como um importante objeto de investigação acadêmica. No Rio Grande do Sul, a Pontifícia Universidade Católica do Rio Grande do Sul (PUCRS) tornava-se o principal gerador de pesquisas para onde recorriam estudantes do estado e de outras regiões do país, disputando a orientação de nomes como Vera Teixeira de Aguiar, Sissa Jaboby, Regina Zilberman e Maria da Glória Bordini. A preocupação com a formação de educadores especializados na leitura literária era o motivador maior; para ampará-la, havia teóricos como Wolfgang Iser e Hans Robert Jauss, os quais desviavam o interesse dos aspectos formais do texto para os fenômenos de uma sociologia da leitura. Obras como *Literatura: a formação do leitor* (1993), de Vera Teixeira Aguiar e Maria da Glória Bordini, e *A literatura infantil na escola* (2003), de Regina Zilberman, tornaram-se referência para muitos educadores brasileiros e compõem a bibliografia das muitas dissertações e teses que se seguiram, inclusive a de Diana Marchi.

A LILJ logo demandou uma abordagem interdisciplinar para além do escopo teórico de domínio da Literatura ou da Linguística, mas inclusiva de uma bibliografia proveniente das Artes

Visuais e da Comunicação, tendo em vista o reconhecimento da ilustração e do *design* como parte importante e significativa dos seus discursos. A partir da virada do século e de estudos pioneiros como o do paulista Luís Hellmeister de Camargo[25], pesquisadores dos cursos de Letras das universidades regionais passaram a enunciar esses aspectos em suas análises. Entre os estudos gaúchos interessados na ilustração e no *design* do livro, temos Flávia Brocchetto Ramos, atualmente professora da Faculdade de Letras da Universidade de Caxias do Sul e eu mesma[26], ambas orientadas pela professora Vera Teixeira de Aguiar.

O respeito que o tema angariou no meio acadêmico nas últimas décadas respingou não apenas na qualificação da LILJ como produto editorial, mas também na valorização artística dos gêneros junto ao sistema literário local, antes reticente quanto a sua inclusão ao lado da literatura adulta.[27] Da mesma forma, a bibliografia disseminada a partir desses estudos, concomitantes com os realizados e publicados em países como a França, a Inglaterra e os Estados Unidos, contribuíram para com o desenvolvimento de novas estratégias e metodologias para formação de leitores escolares, atuando das instâncias macropolíticas até a sala de aula. A inclusão da ilustração nas temáticas de pesquisa envolvendo a LILJ repercutiu na sua consagração via premiações e na inclusão de rubricas específicas nas fichas de avaliação dos editais seletivos. Artistas visuais passaram a participar dos

25. Estudos publicados em 1995 na obra *Ilustração no livro infantil*, referenciada em grande parte das pesquisas que se sucederam.

26. Nossas teses foram defendidas em 2001 e 2012, respectivamente. Após essas, outras teses e dissertações surgiram, ao lado de artigos e capítulos de livros de autores de diversas universidades gaúchas. Hoje, sou responsável pela Disciplina Oficina de Ilustração, oferecida desde 2020 pela ilustradora de livros infantis Laura Castilhos aos estudantes dos cursos de Artes Visuais da UFRGS.

27. Lembrando que a academia atua e influi de forma direta ou indireta na seleção e consagração de obras, fazendo parte de conselhos editoriais, compondo comissões de avaliação para premiação e participando dos processos seletivos para aquisição de obras para as bibliotecas escolares.

projetos de incentivo à leitura que, ao lado da literária, passaram a valorizar a denominada leitura de imagem.

O sistema das LILJ-RS em ambiência criativa

A formação literária de uma geração de autores do Rio Grande do Sul até 2015 parece dever pouco à escola. Além disso, obras gaúchas de LILJ anteriores não moldaram, ao que parece, o imaginário desses escritores e ilustradores. Entre os sete entrevistados em 2015[28], surge a lembrança de *As aventuras de Tibicuera* (1937), de Erico Verissimo. Gláucia de Souza e Luís Dill citam Mario Quintana. "Vivi numa época em que a leitura não tinha espaço privilegiado na escola", comenta Caio Riter, que estudou, como eu, nos anos de 1970, e refugiava-se na biblioteca para ler Agatha Christie.

O perfil do autor gaúcho de LILJ, por outro lado, surge rico e diversificado. Nem todos têm formação em Letras, mas podem vir das Artes Visuais, como André Neves, Patrícia Langlois ou eu mesma; outros vêm da Comunicação, como Luís Dill; atuam na música, como Gustavo Finkler e Cláudio Levitan; no teatro, como Celso Sisto; na dança, como Simone Saueressig; ou na publicidade, como Ricardo Silvestrin e Marcelo Carneiro da Cunha, sendo que o primeiro também atua como músico e ao segundo adiciona-se a atividade de roteirista de cinema. Temos ainda professores da educação básica, como Gláucia de Souza e Caio Riter. Os papéis podem se misturar no interior do livro: escritores são seduzidos pela arte de ilustrar e ilustradores pela arte de escrever; poetas musicam seus versos, apresentando-os em forma de *show* musical ou performance teatral, ou os tinham,

28. Foram selecionados para a entrevista realizada em 2015 autores gaúchos ou residentes no Rio Grande do Sul com produção regular e destacada pelo sistema literário gaúcho, através do Prêmio Açorianos de Literatura: Jane Tutikian, Caio Riter, Ricardo Silvestrin, Gláucia de Souza, Luís Dill, Hermes Bernardi Jr. e Marcelo Carneiro da Cunha.

até princípios do século XXI, arranjados por músicos em um livro-CD.[29]

Durante a pandemia de 2020, para além do aumento de interesse por livros impressos para leitores de todas as idades[30], canais de áudio — os *podcasts* — foram explorados por autores e divulgadores para dramatizar, em linguagem oral, textos literários infantis e juvenis; canais de vídeo, disseminados através de plataformas especializadas na internet, passaram a midiatizar contadores de histórias.[31] Muitos desses canais audiovisuais prosseguem ativos. No Rio Grande do Sul, contamos com algumas experiências nesse sentido como o *podcast Cantinho da Leitura*[32], criado em 2020 por iniciativa das jornalistas Geórgia Santos e Flávia Cunha. Celso Sisto, ator, escritor e ilustrador carioca radicado no Rio Grande do Sul, chegou a explorar os recursos do seu canal no YouTube[33] para contar histórias no período da pandemia, de 2020 a 2021.

Em tempos de espetacularização e midiatização da leitura, ter mais de um talento pode fazer diferença, tanto nos encontros promovidos pelas diversas instituições para atrair o público escolar, quanto no número de *likes* recebidos nas redes sociais. Do autor de LILJ da atualidade não se requisita apenas qualidades literárias, mas que seja bom comunicador; ele deve conscientizar-se do

29. Como exemplo, cito: Gustavo Finkler em A *mulher gigante* ou *Família Sujo*, ambas ilustradas por Laura Castilhos, da Editora Projeto, incluindo CD gravado pelo grupo Cuidado que Mancha; Gláucia de Souza em *Canções de ninar vento*, com poemas da autora musicadas por Jorge Herrmann, ilustradas por Cristina Biazetto, da Editora Paulus. Atualmente, a modalidade de livro-CD já não existe mais, uma vez que o formato *compact-disc* foi perdendo popularidade a partir de 2015.

30. Conforme apontado pela *Piauí*, *G1* e diversas outras plataformas jornalísticas na época. De acordo com Amanda Gorziza e Renata Buono, e matéria na revista *Piauí*, entre 2017 e 2022 as vendas de livros aumentaram 38%, chegando a 58,6 milhões de livros vendidos em 2022.

31. Gustavo Cunha, "Contadores de história fazem sucesso na *web*: obras infantis são liberadas gratuitamente".

32. Pode ser acessado nos principais canais de áudio como Spotify e Apple.

33. Canal no YouTube Celso Sisto. Disponível em: https://www.youtube.com/@celsosistto. Acesso em: 20 set. 2024.

papel pedagógico a cumprir, defendendo a literatura e a leitura com unhas e dentes. É preciso cantar, dançar, tocar algum instrumento, saber desenhar e performatizar histórias. Mario Pirata adjetivava-se "poeta e brincadeiro". Hermes Bernardi Jr., além de escrever e ilustrar, coordenou, até a sua morte, em 2015, o projeto "Tapete Mágico: espaço de leituras", cujas performances ao vivo faziam parte da programação da Feira do Livro de Porto Alegre. No universo digital, além do já citado Celso Sisto, temos ainda, como autores influenciadores, Cláudia Sepé, premiada com o Açorianos Infantojuvenil de 2023 pela obra *A curiosa loja de objetos incompletos* (Editora Boaventura). Também a Feira do Livro vem promovendo, desde a pandemia, diversos episódios de contação de histórias em seu canal no YouTube.

Quanto mais velho o leitor, menos se exige do escritor em termos de performance: para o público juvenil, um bate-papo bem conduzido, com foco nas problemáticas adolescentes, funciona bem. De qualquer maneira, em se tratando de LILJ, não há como escapar da interatividade com o leitor, em especial o escolar; nosso estado já se destacou inúmeras vezes no país por promover esses encontros. Mas nem só da interação com o público vive um autor de LILJ-RS: ele conta também, como já foi dito anteriormente, com a aprovação das políticas pedagógicas de aquisição de suas obras para bibliotecas escolares.

Em relação ao Prêmio Açorianos, constatei a tendência em destacar a poesia na categoria Infantil[34], enquanto, para o leitor púbere em diante, destaca-se a prosa longa.[35] A narrativa pre-

34. O histórico inclui Gláucia de Souza (*Saco de mafagafos*, 1998) e Ricardo Silvestrin (*Pequenas observações em outros planetas*, 1999), passando por Sérgio Capparelli (*A árvore que dava sorvetes*, 2000; *111 poemas para crianças*, 2004), Mario Pirata (*O fazedor de balões*, 2002), Gustavo Finkler (poesia e prosa musicada em *O Natal de Natanael*, 2003) até Dilan Camargo (*Brincriar*, 2008).

35. Começando por Jane Tutikian (*Um time muito especial*, 1994; *Alê, Marcelo, Ju e eu*, 2001), passando por Marcelo Carneiro da Cunha (*Ímpar*, 2003; *Super*, 2011); Caio Riter (*A cor das coisas findas*, 2004; *O rapaz que não era de Liverpool*, 2006) e Luís Dill (*De carona com nitro*, 2009; *Decifrando Ângelo*, 2012). Em 1998, *Cinderela, uma biografia*

miada como infantojuvenil procura tratar de temas mais realistas e próximos da faixa etária à qual se destinam — sexualidade, amizade, conflitos resultantes da passagem da infância à maturidade —, privilegiando personagens típicos da classe média urbana. Em geral, essas temáticas são conduzidas de forma leve, de modo a não agredir a ética pedagógica da qual dependem, querendo ou não, os seus autores. Às vezes, o realismo psicológico pode receber pitadas metafóricas de fantasia, enquadrando-se dentro de uma espécie de realismo fantástico.[36]

Quanto menor a etariedade compreendida por infantojuvenil, maior a coloquialidade do texto, e maior dose de ação e aventura.[37] O *design* do livro apresenta-se mais enxuto quanto mais velho o leitor, incluindo poucas ou nenhuma ilustração (no máximo algumas vinhetas decorativas). Se ilustrado, fará uso de uma paleta restrita de cores ou mesmo do monocromatismo. As fontes tendem a ser menores, em virtude da extensão narrativa: o número de páginas aumentará para os de maior idade.

Já a literatura infantil premiada no Açorianos, até 2015, vitrinizava o livro interdisciplinar (em que os textos surgiam integrados às poéticas visuais ou musicais), e suas temáticas abraçavam a fantasia ou o onírico (alegorias, mitos, fábulas e contos maravilhosos, por vezes mesclados ao cotidiano nem sempre urbano, pois a natureza e as chamadas culturas populares ainda se apresentam

---

autorizada, de minha autoria, recebia o Prêmio na Categoria Infantojuvenil exatamente por se encaixar nas qualidades requeridas ao gênero IJ de então: doses leves de romance, entremeadas de ação e humor, somadas ao tom paródico dos contos de fadas.

36. Esse diagnóstico toma por base os vencedores na categoria Infantojuvenil do Prêmio Açorianos até o momento. Em alguns autores, como Luís Dill (*De carona com nitro*, Artes e Ofícios, 2008, e *Decifrando Ângelo*, Scipione, 2011), destaca-se uma densa preocupação com problemas sociais. Já em 2022, o prêmio foi para *Lua rubra*, de Philippe Alencar, uma novela de fantasia sombria, repercutindo o sucesso das obras de língua inglesa junto ao leitor jovem, como a série *Harry Potter* ou *Desventuras em série*.

37. Na mesma categoria Infantojuvenil, foram vencedores narrativas mais leves, como *O porão misterioso* de Cláudio Levitan (L&PM, 2000), ou *Super* (Record, 2010), de Marcelo Carneiro da Cunha.

vinculadas a um ideal de infância).[38] Coloridos, lúdicos, os livros infantis pedem ilustrações produzidas em estilo e técnicas mais livres e menos convencionais[39], além de um *design* inventivo e acabamentos gráficos sofisticados.[40] Porém, a pandemia também exerceu seus efeitos sobre este objeto. Em 2022, seria premiada, na categoria Infantil dos Açorianos de Literatura, uma produção transmidiática, *O fio da memória*, de Fabiana Sasi, ilustrada por Sílvia do Canto; além do livro impresso, a obra pode ser acessada em versões *e-book*[41] e vídeo incluindo a contação da história, este último contando com audiodescrição.[42]

Em 2011, *Diáfana*, de Celso Sisto, foi o portador simbólico da consagração do livro infantil, ao receber o Prêmio Açorianos de Livro do Ano. A honraria parece indicar o fim do antigo desprezo pelas LILJ, pelo menos no Rio Grande do Sul. A literatura feita para crianças deixaria, daí em diante, de constituir um gênero menor. Contudo, para seus autores e ilustradores, resta ainda o difícil equilíbrio entre satisfazer a necessidade de expressão artística e atender às demandas do mercado, por sua vez submetido às diretrizes político-educativas que determinam o que devem ou não devem ser as LILJ brasileiras.

Perguntados sobre o que determina a produção de uma literatura voltada para a infância e juventude, os entrevistados de 2015 assim se manifestaram por *e-mail*:

---

38. Dentro disso temos, na categoria Infantil, desde a poesia extraída das palavras do cotidiano de Gláucia de Souza (*Saco de mafagafos*, Projeto, 1997), passando pela cultura popular litorânea *Conchas* (Edelbra, 2012), de Hermes Bernardi Jr., e *No escuro*: mais sete histórias de bruxas, de Ernani Ssó (Edelbra, 2013).

39. A ilustração gaúcha contemporânea tem apresentado uma diversidade imensa nesse sentido, ao se valer de técnicas como o recorte ou a escultura (Laura Castilhos), colagem (Ana Terra), costura e bordado (Patrícia Langlois), entre outros.

40. No qual sobressaem-se as publicações da Editora Projeto.

41. Disponível gratuitamente, até o momento, no Instagram, no *link*: https://www.instagram.com/ofiodamemoria/. Acesso em: 4 abr. 2024.

42. Disponível no YouTube: https://youtu.be/quZxCUNl2I8?si=MMxh-at1THfNEE4G. Acesso em: 20 set. 2024.

Fico com Sartre, quando diz que a escolha da linguagem, da faixa etária... não é do autor. Existe uma escolha anterior: o tema, e o tema é que vai determinar todo o resto (Jane Tutikian. Enviado em 3 de janeiro de 2015).

O bom livro é aquele que consegue falar a linguagem daquele ao qual se destina (Caio Riter. Enviado em 13 de janeiro de 2015).

Qualquer obra de arte é lúdica. Uma história é [...] um acordo lúdico entre quem conta e quem ouve. Na arte para criança, o lúdico está liberado, vem para o primeiro plano. Isso talvez se adeque mais ao que se entende para literatura infantil. No juvenil, há uma gradação, recuando o lúdico e avançando um pouco a temática ligada à faixa de idade (Ricardo Silvestrin. Enviado em 2 de janeiro de 2015).

Cada vez penso que a designação Infantil e Juvenil é restritiva e pouco dá conta do que hoje temos como livro infantil e livro juvenil. Penso que o que diferencia tais livros dos demais é o fato de terem um tratamento visual privilegiado, que deveria ser dado a todos os livros (Gláucia de Souza. Enviado em 30 de janeiro).

Sou contra tal segmentação do mercado: infantil, juvenil, adulto. Mas em termos gerais a idade do protagonista define a questão. Não é um critério muito preciso, aí entra a questão da edição, das ilustrações, da linguagem etc. (Luís Dill. Enviado em 5 de janeiro de 2015).

A divisão segue uma orientação de mercado e também implica em questões de linguagem (Hermes Bernardi Jr.. Enviado em 1º de fevereiro de 2015).

Eu nunca pretendi escrever para crianças ou jovens. Eu quis escrever sobre personagens de várias idades, alguns deles adolescentes ou pré-adolescentes por dois motivos: os meus autores favoritos fizeram isso, e porque senti que quando comecei a escrever havia uma certa necessidade

> de escrita a partir da visão pós-*rock* que eu representava [...]. Os meus textos foram encaminhados a eles pelas razões talvez mais naturais: ao falar sobre eles, meus textos aparentemente falam com eles (Marcelo Carneiro da Cunha. Enviado em 5 de janeiro de 2015).

A partir de 2003, com a implementação da Lei nº 10.639, de 9 de janeiro de 2003, que torna obrigatória a abordagem das relações étnico-raciais, a literatura infantil e juvenil passou a incluir autores preocupados com a recuperação da história e cultura africana e afro-brasileira, acompanhados por ilustradores, cujas figuras trarão maior diversidade étnica. Temas delicados como morte e sexualidade também passaram a ser tratados, assim como deficiências motoras e cognitivas. Ilustrações propiciam, por meio de texturas e outros recursos gráficos, experiências sensoriais mais inclusivas.

O aumento do número de escolas públicas indígenas e quilombolas influenciou, da mesma forma, numa maior procura por uma LILJ específica, voltada para outras realidades educativas e socioculturais. Contudo, ainda não é fácil encontrar autores e autoras negros ou indígenas no Rio Grande do Sul, dedicados ao leitor em idade escolar. Heloísa Pires Lima, gaúcha afrodescendente residente em São Paulo, é um dos poucos nomes conhecidos, estreando em 1998 com o livro *Histórias da preta*. Há ainda Veralinda Menezes, autora de *Princesa Violeta*, lançado em 2008, e a já citada Fabiana Sasi. Como exemplo de indígena devotada a produzir literatura para jovens e crianças, temos Luciana Vãngri Kaingáng, com publicações ilustradas como *Joty e o tamanduá* (2010) e *Estrela kaingáng* (2016).

Por fim: o sistema das LILJ-RS em ambiência de leitura

Quem será a criança e o jovem leitor gaúcho das últimas décadas? Seriam as LILJ-RS lidas exclusivamente de forma compulsória por escolares? Teriam um público espontâneo, para além da sala de aula? Produzem, os autores rio-grandenses, um modelo de literatura a admirar e a seguir?

A partir da década de 1990, o computador passa a compor nossas rotinas e a internet, em linha discada, começa a funcionar no Rio Grande do Sul a partir de 1995. Este fato provocou intensos debates sobre o fim do leitor de livros e do livro propriamente dito.[43] Agora, em período pós-pandemia, prosseguimos investigando os efeitos e a influência dos artefatos eletrônicos sobre a saúde e a formação intelectual, cultural e cognitiva dos jovens, à repetição do que já ocorreu com os quadrinhos, a televisão e os videogames.

De fato, o lazer cultural do leitor — inclusive adulto — alterou-se rapidamente a partir da virada do século. Se antes dividíamos o tempo de leitura com a televisão, o cinema e os gibis, agora o passamos majoritariamente acoplados a celulares, ou diante de *smart-tvs*, cujas telas nos trazem inúmeras ofertas de entretenimento, de filmes a jogos, passando por música, esporte, desenhos animados, novelas e séries. A pesquisa Retratos da Leitura no Brasil, realizada pelo Ibope para o Instituto Pró-Livro a partir de 2001, teve alguns índices modificados desde a primeira edição, adaptando-se à nova realidade midiática trazida pela internet. Suspensa em 2019, ela prossegue, ainda assim, como uma importante referência sobre o assunto. Na quinta e última edição, ela apontava uma média de 52% de leitores declarados, de todas as idades. A região Sul apresentou resultados superiores em relação à maior parte das regiões do Brasil, só perdendo para a região Norte, o que pode ser um indicativo da eficácia dos programas de incentivo à leitura. Entre os jovens escolares que se declararam leitores, o fator de gosto predomina, assim

43. A Feira do Livro de Porto Alegre de 1995 teve por símbolo o CD-ROM, com o slogan "Virando a página para o futuro". Em 2001, a Jornada de Passo Fundo também tinha por tema central as novas mídias, traduzido na frase "2001: uma jornada na galáxia de Gutemberg: da prensa ao *e-book*".

como a indicação de amigos, professores, ou, ainda, um título ou capa instigantes.

A pesquisa observa, porém, um decréscimo na frequência de leitura de ficção; mesmo as histórias em quadrinhos, hoje redimidas por pedagogos e acadêmicos, atraíam menos interesse para a geração investigada do que para as gerações anteriores. Além disso, mostrava a repercussão positiva da escola como cultivadora de hábitos e comportamentos de leitura, sobretudo junto às séries iniciais, com destaque para as bibliotecas escolares que prosseguem sendo, para muitos, a maior garantia de acesso ao livro. Como novidade, apresenta dados sobre o impacto crescente das mídias digitais no tempo de lazer dos brasileiros desde 2007, comprovando o que já observamos no dia a dia: mais tempo diante de telas, menos tempo diante de impressos. Em 2022, uma pesquisa realizada pelo Instituto Pesquisas de Opinião para a Secretaria da Cultura do Estado do Rio Grande do Sul apontava que 48,3% dos gaúchos com idade a partir de dezesseis anos não leem, principalmente por dificuldades econômicas. Infelizmente, a pesquisa não inclui as faixas etárias do ensino básico.

Assim, considero apressado afirmar que as mídias digitais ameaçam a literatura como arte, e não creio que as novidades tecnológicas chegam, em si mesmas, a prejudicar a formação de jovens leitores, mas fatores econômicos e educacionais. A leitura em papel tem mantido seus adeptos entre alguns jovens, como comprova a matéria jornalística realizada em 2017 sobre a porto-alegrense Eduarda Fassina Silva, na época com doze anos, na qual dizia já ter lido cerca de 240 livros.[44] O destaque dado pela mídia a Eduarda nos diz da necessidade de destacar o fenômeno como um modelo; também ressalta o esforço financeiro que faz a família para que a jovem possa manter seus hábitos.

44. "'Fico mais criativa com as leituras', diz menina de 12 anos que já leu 240 livros".

Os hábitos de leitura juvenil contemporânea já surpreenderam os estudiosos e educadores, através de fenômenos como as *fandoms*[45] e outros comportamentos de convergência midiático-culturais[46], amplamente difundidos e organizados em *sites* administrados, em geral, pelos próprios jovens, como analisado em trabalhos acadêmicos de Ana Cláudia Munari Domingos.[47] Verificamos que o leitor juvenil nativo digital não é passivo, se é que algum dia o foi, e pode, se quiser, transgredir o espaço escolar e subverter o sistema literário, inclusive o gaúcho.

A versão mais honesta que poderíamos obter de uma história contemporânea de leitura infantil e juvenil como um todo, e dentro dela, a rio-grandense, não surgiria, assim, nos espetáculos de leitura promovidos em nosso estado, mas através da recuperação de um histórico de perfis expostos durante a febre de criação de *sites* de *fanfiction* e redes sociais especializadas em leitura, como os resilientes *Skoob* e *Leitores Anônimos* e outros tantos locais *on-line*, surgidos em tempos de alegre e ingênua efervescência das redes sociais. Restaria saber como se inseriu a juventude gaúcha nesse contexto, e se a LILJ-RS foi incluída neste sistema extraoficial que teve seu auge, aproximadamente, entre os anos de 2009 a 2016. Durante o período em que visitei escolas como escritora, ouvi inúmeras solicitações por parte de adolescentes para que eu os seguisse e comentasse seus *blogs* ou *fanpages*, em que dispunham poesias, contos, ilustrações de sua autoria, ou resenhavam livros que haviam lido. Infelizmente,

---

45. Comunidade de fãs que se reúnem para recriar, incorporar, versar e apropriar-se dos objetos culturais diversos como filmes, literatura, quadrinhos e outros. Englobam as *fanfics* (literatura criada ou recriada por jovens), as *fanpics* ou *fanarts* (desenhos e pinturas criados por jovens que reproduzem cenas literárias, quadrinhos e filmes), *fanfilms*, entre outros.

46. Tema tratado por Henry Jenkins em obra traduzida no Brasil: *Cultura de convergência*, em que ele explica os comportamentos juvenis de consumo cultural de narrativas transmidiáticas (ficções transitam por diversas mídias, como filmes, HQs, jogos ou literatura), de modo a fazer convergir essas mídias em torno de um único universo ficcional.

47. Ana Cláudia Munari Domingos, *Do leitor invisível ao hiperleitor:* uma teoria a partir de *Harry Potter*.

muitos desses locais, verdadeiros testemunhos da história dos leitores infantil e juvenil gaúchos, já não estão mais acessíveis.

Os blogueiros e *fanficcers* juvenis amadureceram e deram lugar aos influenciadores apaixonados pela leitura de livros no TikTok, Instagram ou YouTube. São eles, em geral, patrocinados por editoras cada vez mais interessadas nesses espaços de divulgação. Nesse ínterim, a internet deixou de ser um local seguro para iniciativas abertas e espontâneas de jovens e crianças, como comprova o caso do influenciador infantil baiano Adriel Oliveira.[48] Até o momento não encontrei, em minha busca, nenhum jovem ou criança gaúchos como este menino, que hoje divide-se entre comentar suas leituras e filmes e séries televisivas que assiste.

É sabido que jovens e crianças são o público de maior peso nas edições da Feira do Livro de Porto Alegre; mas até as últimas edições verificadas, eles não têm ainda lugar de fala nas mesas de debate. Permanecem como plateia de arquibancada e participantes inscritos em oficinas criativas e outras atividades lúdicas. Sua interlocução com aqueles que detêm o poder sobre o discurso, reside, com raras exceções, em repetir perguntas orientadas por professores. Às vezes podemos vê-los, decorativos, apresentando algum espetáculo ensaiado na escola. Ou, sentados ao longo de uma grande mesa, acompanhados pela sorridente professora responsável, autografando uma obra coletiva, impressa com ajuda dos pais, componentes do microssistema que os consagra. Suas vozes prosseguem encobertas por estímulos e aplausos majoritariamente pedagógicos. Os eventos literários, assim como os prêmios e outras instâncias de consagração da LILJ-RS, ainda

48. Adriel Oliveira, o Drii, é um menino de Salvador cujo canal no YouTube e no Instagram conta, em 2024, com quase 15 mil seguidores. Ariel começou com onze anos, em 2019 e, em 2020, sofreu ataques racistas de seguidores que, entre outras coisas, postavam frases do tipo: “Porco gordo. Eu achava que preto era pra ta [*sic*] cavando mina, não lendo. Você foi criado pra ser pobre e preto”. A reportagem relacionada ao caso é do *G1*, “Dono de perfil sobre literatura nas redes sociais, baiano de 12 anos é vítima de racismo: ‘Orgulho da minha cor’”.

refletem um conceito de leitor passivo que, como autora e pesquisadora, eu procuro questionar. Prossigo perguntando-me até quando a história que (re)produzimos será narrada de forma monofônica, monomidiática — e somente por adultos.

Referências

AGUIAR, Vera Teixeira de (Org.). *Era uma vez... na escola*. Belo Horizonte: Formato, 2007.

BACKES, Marcelo. A literatura gaúcha pelas beiradas. *Revista Vox XXI*, n. 22, set. 2002.

BRASIL. *Lei n. 10.639, de 9 de janeiro de 2003*. Disponível em: https://www.planalto.gov.br/ccivil_03/LEIS/2003/L10.639.htm. Acesso em: 4 set. 2024.

CÂMARA RIO-GRANDENSE DO LIVRO. 2024. Disponível em: http://www.camaradolivro.com.br/ . Último acesso: abril de 2024.

CUNHA, Gustavo. Contadores de história fazem sucesso na *web*: obras infantis são liberadas gratuitamente. *O Globo*, 2 abr. 2020. Disponível em: https://oglobo.globo.com/rioshow/contadores-de-historia-fazem-sucesso-na-web-obras-infantis-sao-liberadas-gratuitamente-24344758. Acesso em: 2 set. 2024..

DOMINGOS, Ana Cláudia Munari. *Do leitor invisível ao hiperleitor*: uma teoria a partir de *Harry Potter*. 2011. Tese (Doutorado em Letras) – Pontifícia Universidade Católica do Rio Grande do Sul, Porto Alegre, 2011.

DONO do perfil sobre literatura nas redes sociais, baiano de 12 anos é vítima de racismo: 'Orgulho da minha cor'. *G1*, 29 maio 2020. Disponível em: https://g1.globo.com/ba/bahia/noticia/2020/05/29/dono-de-perfil-de-literatura-nas-redes-sociais-baiano-de-12-anos-e-vitima-de-injuria-racial-orgulho-de-minha-cor.ghtml. Acesso em: 5 set. 2024.

"FICO mais criativa com as leituras", diz menina de 12 anos que já leu 240 livros. *G1*, 17 nov. 2017. Disponível em: https://g1.globo.com/rs/rio-grande-do-sul/noticia/fico-mais-criativa-com-as-leituras-diz-menina-de-12-anos-que-ja-leu-240-livros.ghtml. Acesso em: 5 set. 2024.

GORZIZA, Amanda; BUONO, Renata. Vendas de livros tiveram um pico na pandemia. *Piauí*, 22 jan. 2024. Disponível em: https://piaui.folha.uol.com.br/vendas-de-livros-tiveram-um-pico-na-pandemia/#:~:text=Em%20 2023%2C%20as%20vendas%20do,venda%20de%20livros%20 no%20Brasil. Acesso em: 2 set. 2024.

HALLEWELL, Laurence. *O livro no Brasil*. São Paulo: EDUSP, 2005.

INSTITUTO ESTADUAL DO LIVRO. 2024. Disponível em: https://ielrs.blogspot.com. Acesso em: 2 set. 2024.

INSTITUTO PRÓ-LIVRO. 2024. Disponível em: https://www.prolivro.org.br/. Acesso em: 2 set. 2024.

JENKINS, Henry. *Cultura da convergência*. São Paulo: Aleph, 2009.

JORNADAS LITERÁRIAS. *UPF*, 2024. Disponível em: http://jornadasliterarias.upf.br/index.php?j=0. Acesso em: 2 set. 2024.

KAPLAN, Louise. *Adolescencia*: el adiós a la infancia. Buenos Aires: Paidós, 2004.

LINDOSO, Felipe. *O Brasil pode ser um país de leitores?* Política para a cultura, política para o livro. São Paulo: Summus, 2004.

MARCHI, Diana Maria. *A literatura infantil gaúcha*: uma história possível. Porto Alegre: Ed. da Universidade/UFRGS, 2000.

MASTROBERTI, Paula. *Poéticas verbais e visuais em Peter Pan e Wendy*: um encontro empírico entre livro e leitor na cultura das mídias. 2012. Tese (Doutorado em Letras) – Pontifícia Universidade Católica do Rio Grande do Sul, Porto Alegre, 2012.

MINISTÉRIO DA EDUCAÇÃO. *MEC*, 2024. Disponível em http://portal.mec.gov.br. Acesso em: 2 set. 2024.

Martha Dreyer de Andrade Silva

5.6
Crônica

A crônica, como texto híbrido de literatura, de história e de jornalismo, encontra vários adeptos entre os autores contemporâneos. Jornalistas e escritores de ficção adentram ao campo da crônica e publicam seus textos em colunas de jornais, tanto nos de circulação mais ampla e de público também amplo, como em periódicos setorizados, de alcance regional e de público mais restrito. Muitas vezes, as crônicas publicadas em jornal são compiladas em livros.

Costuma-se caracterizar a crônica como *texto de caráter literário escrito para ser publicado em jornal*, à semelhança de outros textos, de caráter puramente jornalístico, como a notícia ou a reportagem. Portanto, a crônica, em razão dessa característica, teria a reduzida durabilidade de um exemplar de jornal: acaba o dia, acabou-se o jornal; na outra manhã, haverá nova edição do jornal, que trará consigo a publicação de novas crônicas. Conforme propõe Antonio Candido, a crônica

> não tem pretensões a durar, uma vez que é filha do jornal e da era da máquina, onde tudo acaba tão depressa. Ela não foi feita originalmente para o livro, mas para essa publicação efêmera que se compra num dia e no dia seguinte é usada para embrulhar um par de sapatos ou forrar o chão da cozinha.[1]

1. Antonio Candido, "A vida ao rés do chão", p. 14.

Seu meio de circulação e, em consequência, sua efemeridade são, desse modo, fatores que a fazem próxima dos leitores: é fácil obter o jornal, em versão impressa ou virtual e, assim, torna-se também fácil incluir a crônica entre os materiais de leitura do dia a dia.

O assunto de que o cronista se ocupa são as chamadas "miudezas do cotidiano", traduzidas por meio de narrativas curtas que, resgatando episódios da vida social, revelam a história contemporânea das cidades, fazem o registro de fatos, de cenários e de personagens, das surpresas cotidianas — daquilo que mobiliza reflexões por parte do público leitor e de que o cronista se ocupa, a fim de não deixar apagar-se da memória desse público. A narrativa é o modo de organização textual de que muitos cronistas se valem para contar a história do cotidiano, mas há casos em que se percebe o emprego de outra estrutura textual — esta, de caráter opinativo, com a presença de elementos de argumentação. Nesse aspecto, a crônica contemporânea mantém relação próxima com outros gêneros tipicamente jornalísticos, como o artigo de opinião. Em outras vezes, mesclam-se as estruturas textuais: uma narrativa é utilizada com o fim comunicativo de apresentar uma opinião, servindo como argumento para tal. Isso corrobora a tese de que a crônica é um misto de literatura, história e jornalismo, assemelhando-se a este último não apenas pela característica da durabilidade, já mencionada, mas também pela característica da relação com gêneros opinativos. Conforme José Marques de Melo, a crônica, no jornalismo luso-brasileiro, "adquire a fisionomia de um gênero tipicamente opinativo".[2] Dessa forma, não se pode afirmar que a crônica contemporânea seja terreno exclusivamente narrativo, embora o ato de contar uma história por meio do gênero ainda esteja muito presente na produção de diversos autores.

Pode-se constatar, ainda, que crônicas publicadas em jornal frequentemente são reunidas em livros. Assim, a crônica recebe

2. José Marques de Melo, "A crônica", p. 142.

outro *status*, o de perenidade, o que a faz ser mais lembrada pelos leitores. Nesse contexto, o leitor é um elemento importante no circuito da leitura da crônica: muitas vezes, será ele o responsável por divulgar a crônica, reproduzi-la, fixá-la na memória de outros leitores. Considerando-se, também, estes tempos de leitura em rede, sabe-se que não é difícil replicar uma crônica e repassá-la a outros leitores – ainda que, por vezes, o autor da crônica replicada na rede sequer seja aquele a quem o texto é atribuído.

No Rio Grande do Sul, a literatura conta com a produção de textos de diversos cronistas. Se questionado a respeito da produção gaúcha de crônicas contemporâneas, um leitor dificilmente deixaria de mencionar Luis Fernando Verissimo, Moacyr Scliar, Caio Fernando Abreu e Martha Medeiros, todos eles também autores de obras de outros gêneros, como o romance, o poema e o conto.

A produção de Luis Fernando Verissimo (1936) é vasta, abrangendo a crônica, o romance, as charges, os cartuns e as tiras de quadrinhos, mas é na crônica que o autor encontra a maior receptividade e a lembrança certa na memória dos leitores. Seus textos, curtos, com uma linguagem que prima pela ironia, já foram publicados em jornais de grande circulação, no Rio Grande do Sul e fora do estado (*Zero Hora*, *Jornal do Brasil*, *O Estado de S. Paulo*, *O Globo*), e em revistas mensais de alcance nacional (*Playboy* e *Claudia*).

O humor e a ironia são os traços mais característicos da crônica de Verissimo, que se desenvolve por meio de narrativas, com personagens, tempo, espaço e narrador bem definidos, ou por meio de reflexões em que o autor expõe e defende um ponto de vista, sobretudo relacionado à política e a fatos do cotidiano noticiados pelos jornais. Com frequência, em sua obra os textos versam sobre, por exemplo, o relacionamento interpessoal, que é discutido por personagens reunidos em espaços apropriados a tais discussões, como as rodas de amigos em um bar. As amizades, os namoros, casamentos, separações e os rituais típicos desses relacionamentos são tematizados por personagens em narrativas marcadas, predominantemente, pelo humor e pela ironia.

Suas crônicas revelam a criação de personagens memoráveis, o que, em se tratando desse gênero, não é algo comum. Podem-se aí verificar poucos casos, a se ressaltar os de Stanislaw Ponte Preta, pseudônimo de Sérgio Porto (1923–1968), e de Millôr Fernandes (1923–2012). Um dos personagens de destaque na produção de Verissimo é Ed Mort. O detetive criado pelo cronista possui origem relacionada à de clássicos detetives particulares norte-americanos, como os personagens criados, por exemplo, por Raymond Chandler e Dashiell Hammett. No entanto, a descrição de Ed Mort e as aventuras que vive denotam uma paródia desses detetives e de suas histórias; é sua versão irônica e humorística, encontrada em um cenário do bairro carioca de Copacabana:

> Mort. Ed Mort. Sou detetive particular. Pelo menos isso é o que está escrito numa plaqueta na minha porta. Estava sem trabalho há meses. Meu último caso tinha sido um flagrante de adultério. Fotografias e tudo. Quando não me pagaram, vendi as fotografias. Eu sou assim. Duro. Em todos os sentidos. O aluguel da minha sala – o apelido que eu dou para este cubículo que ocupo, entre uma escola de cabeleireiros e uma pastelaria em alguma galeria de Copacabana – estava atrasado. Meu 38 estava empenhado. Minha gata me deixara por um delegado. A sala estava cheia de baratas. E o pior é que elas se reuniam num canto para rir de mim. Mort. Ed Mort. Está na plaqueta.[3]

Ed Mort é personagem de diversas crônicas, tendo aparecido pela primeira vez em *Ed Mort e outras histórias*, lançado em 1979. Mais tarde, apareceu em *Procurando o Silva* (1985), *Disneyworld blues* (1987), *Com a mão no milhão* (1988), *A conexão nazista*

3. Luis Fernando Verissimo, "A armadilha".

(1989) e *O sequestro do zagueiro central* (1989). As histórias foram, também, adaptadas para o cinema, a televisão e o teatro.

Outro personagem que merece destaque é o analista de Bagé, um terapeuta de métodos pouco ortodoxos:

> Diz que quando recebe um paciente novo no seu consultório a primeira coisa que o analista de Bagé faz é lhe dar um joelhaço. [...] Depois do joelhaço o paciente é levado, dobrado ao meio, para o divã coberto com um pelego.
>
> — Te abanca, índio velho, que tá incluído no preço.
>
> — Ai — diz o paciente.
>
> — Toma um mate?
>
> — Nã-não... — geme o paciente.
>
> — Respira fundo, tchê. Enche o bucho que passa.
>
> O paciente respira fundo. O analista de Bagé pergunta:
>
> — Agora, qual é o causo?[4]

As concepções baseadas em senso comum para o "tratamento" de seus pacientes, bem como o linguajar gauchesco e coloquial, fazem do analista de Bagé outro dos personagens bastante lembrados na produção de Verissimo. Por meio do personagem, o cronista resgata o humor regional, ironizando tanto a psicanálise como o bairrismo sul-rio-grandense. Histórias do personagem apareceram pela primeira vez em 1981, com o lançamento de *O analista de Bagé*, e, mais tarde, ressurge em *Outras do analista de Bagé*, publicado em 1982. As histórias do personagem tiveram várias adaptações para o teatro.

A Velhinha de Taubaté, personagem do livro homônimo, publicado em 1983, é outro personagem bastante popular. Foi criada pelo cronista durante o governo do general João Batista Figueiredo e era, segundo sua descrição pelo autor, "a última

4. *Id.*, "Outra do analista de Bagé".

pessoa no Brasil que ainda acreditava no governo". A personagem tem, inclusive, data de morte: 19 de agosto de 2005. Utilizando a estrutura de uma reportagem, Verissimo publica, em 25 de agosto daquele ano, uma crônica em que ironiza notícias sobre o cenário político da época e apresenta as circunstâncias da morte da personagem:

> Prosseguem as investigações sobre a morte da "Velhinha de Taubaté", que ficou conhecida nacionalmente por ser a última pessoa no Brasil que ainda acreditava no governo. O inquérito está sendo conduzido pela Polícia Federal e pelo Ministério Público, dada a repercussão do caso. Um promotor sai de cinco em cinco minutos da sala em que está sendo interrogado o gato da Velhinha, o Zé, para informar à imprensa o que se passa lá dentro, embora o gato tenha, até agora, dito muito pouco. "Miau", basicamente. [...]
>
> Só o gato poderia contar o que realmente aconteceu, na improvável hipótese de, ao contrário do que fizeram tantos outros nas CPIs, começar a falar. Mas pode-se deduzir o que levou a Velhinha a morrer – ou se matar com veneno no chá. Ela nunca se recuperou totalmente do choque da notícia da compra de votos para reeleger o Fernando Henrique, seu ídolo na ocasião, apesar de depois acreditar em todos os desmentidos. Debilitada, sofreu outro baque com as denúncias contra o Palocci, seu ídolo atual, e outro baque quando soube que nem no Ministério Público se podia confiar. Foi demais para a Velhinha.[5]

Bastante populares também são as crônicas compiladas em *Comédias da vida privada* (1994), uma reunião de 101 histórias, em que não há um personagem de destaque a não ser o próprio cotidiano. O livro forneceu material para a série homônima, exibida pela TV Globo. A esta reunião de crônicas seguiram-se

5. *Id.*, "Velhinha de Taubaté (1915–2005)".

outras, como *Comédias da vida pública* (1995) e *Novas comédias da vida privada* (1997). Mais recentemente, também alcançaram sucesso as reuniões de crônicas *As mentiras que os homens contam* (2000) e *As mentiras que as mulheres contam* (2015), que resgatam crônicas já publicadas pelo autor em outros momentos, muitas delas consagradas pelo público leitor.

Embora seja um cronista reconhecido pelo tom humorístico de seus textos, é com profunda observação da vida cotidiana que Luis Fernando Verissimo toca nos temas de suas crônicas. Os textos, aparentemente, referem-se às "miudezas do cotidiano", como convém dizer-se do gênero crônica, mas a reflexão que podem provocar escapa ao meramente "engraçado": são questões sérias que, abordadas de forma divertida, tratam de fazer o leitor pensar.

Conhecido e premiado romancista e contista, Moacyr Scliar (1937–2011) foi, também, cronista. Escreveu para os jornais *Zero Hora* e *Folha de S. Paulo* e teve em *A massagista japonesa* (1984) seu primeiro volume de crônicas. No entanto, a produção do autor no gênero deu-se muito antes da publicação desse livro: em *A poesia das coisas simples* (2012), por exemplo, estão reunidas 82 crônicas escritas entre outubro de 1977 e novembro de 2010. Após o falecimento do autor, ainda foram publicados volumes como *Território da emoção*, trazendo crônicas que o autor publicou no jornal *Zero Hora*, e *A banda na garagem* (2014), contendo crônicas escritas entre 2008 e 2010 para o jornal *Folha de S. Paulo*.

As crônicas de Scliar são compostas, em sua maior parte, de uma prosa reflexiva, em que o escritor aborda o cotidiano da cidade de Porto Alegre, além de atualidades sobre cinema, literatura, política, entre outros temas. A *Bíblia*, tema recorrente em sua produção, aparece também em suas crônicas, caso do texto "*Bíblia* e literatura", publicado no caderno "Cultura", do jornal *Zero Hora*:

> Por quanto tempo um escritor pode ser lido? Depende do escritor, naturalmente. Alguns não ultrapassam

> meia dúzia de anos. Shakespeare e Cervantes já duram cinco séculos e ainda irão longe. Agora: mesmo neste arriscado tipo de estimativa, algo como três mil anos seria seguramente um recorde. Pois há uma obra que chegou lá. Segundo os estudiosos, a *Bíblia* começou a ser escrita por volta de mil anos antes de Cristo. E continua aí, um legítimo *best-seller*. Por quê? Porque representa a mensagem divina, dirão as pessoas religiosas. Mas a *Bíblia* não é só lida por crentes. Ela também permite uma leitura histórica e uma leitura literária. E isso amplia bastante o círculo de leitores.[6]

É comum que os textos apresentem, como em Luis Fernando Verissimo, o traço do humor e da ironia, com uma particularidade: de origem judaica, o autor traz, em seus textos, muito do chamado "humor judaico", conforme seguidamente é classificado este traço, presente não apenas nas crônicas, mas em toda a literatura de Scliar. Sobre o humor judaico, assim referiu-se o escritor:

> O humor judaico nasceu como uma resposta às duras condições de vida, às perseguições, aos pogroms. Tem duas características: primeiro, é um humor que neutraliza uma realidade trágica, tornando-a cômica, e portanto menos ameaçadora: funciona como mecanismo de defesa. Neste sentido é um "humor do absurdo", intelectualizado; segundo, ele procura preservar a coesão grupal, mostrando o que é especial em "nós", em contraposição a "eles", os não judeus. Isso explica por que uma anedota sobre judeus, inventada por judeus, mas contada por não judeus, não raro é considerada antissemita. O humor judaico é um humor que induz à reflexão. Não é humor escrachado, é um humor reservado; não provoca o riso fácil, a gargalhada, e sim um pensativo sorriso.[7]

6. Moacyr Scliar, "*Bíblia* e literatura".
7. Luciano Trigo, "Entrevista: Moacyr Scliar".

Médico de formação, Scliar também mantinha uma coluna no caderno dedicado à saúde, do mesmo jornal gaúcho: em "A cena médica", tematizava questões voltadas à saúde e ao bem-estar e à relação médico-paciente. Em 2005, suas crônicas para essa coluna foram organizadas no volume *O olhar médico*.

Interessante na vasta obra do autor é o fato de ter-se dedicado também a escrever crônicas para o leitor infantojuvenil. Os volumes *Um país chamado infância* (1989) e *Minha mãe não dorme enquanto eu não chegar* (1996) apresentam crônicas que, mesmo dedicadas a um público diferente de seu público leitor adulto, mantêm o tom coloquial, afetivo e bem-humorado de seus demais textos.

Caio Fernando Abreu (1948–1996) foi contista, dramaturgo, romancista e também cronista. No ano de seu falecimento, veio a público a primeira edição de *Pequenas epifanias*, volume de crônicas organizado por Gil Veloso, amigo pessoal do autor. Nessa obra, estão compiladas as crônicas que Caio Fernando Abreu publicou na coluna que mantinha nos jornais *O Estado de S. Paulo* e *Zero Hora*, entre 1986 e 1995.

A produção literária do autor localiza-se entre as décadas de 1960 e 1990. Em suas crônicas, é possível encontrar-se alguns temas recorrentes: cinema, livros, personalidades, política, sexualidade e, relacionada a esta, a Aids, doença que o levaria à morte, em 1996. A crônica "A mais justa das saias", publicada em 25 de março de 1987 no jornal *O Estado de S. Paulo*, traz referência à doença:

> A primeira vez que ouvi falar em Aids foi quando Markito morreu. Eu estava na salinha de TV do velho Hotel Santa Teresa, no Rio, assistindo ao Jornal Nacional. "Não é possível" — pensei. — "Uma espécie de vírus de direita, e moralista, que só ataca aos homossexuais?" Não, não era possível. Porque homossexualidade existe desde a

> Idade da Pedra. Ou desde que existe sexualidade — isto é: desde que existe o ser humano.[8]

Entre os textos publicados no volume em questão, merecem destaque aquelas que transitam entre dois gêneros: a crônica e a carta. Alguns desses textos foram, inclusive, escritos enquanto o autor esteve fora do Brasil. É o caso de "Hamburgo, 11 de outubro de 1994", em que, da Alemanha, o autor dirige-se a um interlocutor específico, o presidente da República Fernando Henrique Cardoso, então eleito sem um segundo turno:

> Caro Senhor Presidente Eleito Fernando Henrique Cardoso:
>
> Sei que é uma ousadia dirigir-me ao senhor assim, desta maneira meio estabanada. Aprendi na escola, há tantos anos que já esqueci, que deveria dirigir-me ao senhor como "Vossa Excelência" ou algo assim. Mas hoje, ao despertar muito cedo neste Hotel Schwanenwik, que parece saído de um filme dos anos 40, espiando pela janela as árvores começando a ficar douradas no parque em frente ao lago, me surpreendi pensando na força e fé no senhor e no Brasil.
>
> Nos últimos dias, li nos jornais europeus que o senhor foi eleito sem a necessidade de um segundo turno. Não votei no senhor. Aliás, não votei em ninguém. Estava em trânsito [...]. Amigos europeus e desconhecidos que fazem perguntas nas leituras e debates que ando fazendo por aqui com outros escritores também parecem pensar o mesmo. Por favor, não nos decepcione.[9]

Ao utilizar em crônicas algumas marcas específicas do gênero carta, seja no apenas no título, seja também no corpo do texto, o cronista adota um tom diferente: um texto que está ao alcance do grande público, divulgado no jornal, passa a ter,

8. Caio Fernando Abreu, "A mais justa das saias".
9. *Id.*, "Hamburgo, 11 de outubro de 1994".

também, um caráter mais íntimo e, como se exemplifica a seguir, até mesmo confessional.

Quando o autor descobre-se vivendo com o vírus HIV, aborda o fato por meio de crônicas como "Primeira carta para além dos muros", "Segunda carta para além dos muros" e "Última carta para além dos muros", publicadas entre agosto e setembro de 1994 no *O Estado de S. Paulo*, e disponíveis na publicação *Pequenas epifanias*.

A referência aos muros, nos títulos dos textos, deve-se ao fato de que, internado em um hospital em São Paulo, logo após ter-se descoberto soropositivo, Caio Fernando Abreu via, da janela de seu quarto, o muro de um cemitério. Assim, diante do impacto daquela descoberta, o autor, primeiramente, escreve de modo quase enigmático sobre o fato, revelando a dificuldade — ou a impossibilidade — de compreender tal situação, ao mesmo tempo em que tenta narrá-la:

> Alguma coisa aconteceu comigo. Alguma coisa tão estranha que ainda não aprendi o jeito de falar claramente sobre ela. Quando souber finalmente o que foi, essa coisa estranha, saberei também esse jeito. Então, serei claro, prometo.[10]

Na tentativa de narrar o que lhe acometeu, revela ao leitor a força da escritura, que se sobrepõe a qualquer fatalidade. Na "Primeira carta", publicada em 21 de agosto de 1994, apresenta: "A minha não desistência é o que de melhor posso oferecer a você e a mim neste momento" e "A única coisa que posso fazer é escrever – essa é a certeza que te envio, se conseguir passar essa carta para além dos muros."[11]

Na "Segunda carta", de 4 de setembro de 1994, o autor diz, ainda mantendo o tom enigmático: "Acordo com a voz safada de

10. *Id.*, "Primeira carta para além dos muros".

11. *Ibid.*

Cazuza repetindo em minha orelha fria: 'Quem tem um sonho não dança, meu amor'. Eu desperto e digo sim. E tudo recomeça".[12]

Em 18 de setembro de 1994, Caio Fernando Abreu publica a "Última carta para além dos muros" e, desta vez, é direto:

> Imagino que você tenha achado as duas cartas anteriores obscuras, enigmáticas como aquelas dos almanaques de antigamente. Gosto sempre do mistério, mas gosto mais da verdade. [...] Voltei da Europa em junho me sentindo doente. Febres, suores, perda de peso, manchas na pele. Procurei um médico e, à revelia dele, fiz O Teste. Aquele. Depois de uma semana de espera agoniada, o resultado: HIV positivo.[13]

Ao tratar da Aids, tema cercado de tabus e espanto, Caio Fernando Abreu escolhe o jogo entre enigma e revelação, ou entre referência vaga e confissão. Nesse jogo, o leitor — "você", no texto de Abreu —, habituado ao circunstancial da crônica, vê-se diante de um tema delicado e contundente.

É ainda importante destacar que não apenas nas referidas crônicas/cartas o autor adota o tom coloquial, solto: embora seus temas engajem-se no cotidiano do público, esse tratamento dado à linguagem é uma marca constante na maioria de suas crônicas, o que o torna muito próximo das vivências de seus leitores.

A obra de Martha Medeiros (1961) é vasta. Jornalista, iniciou sua produção literária na poesia, mas consagrou-se, entre os leitores — não apenas entre os sul-rio-grandenses —, como cronista. Lançou seu primeiro livro de crônicas, *Geração bivolt*, em 1995, reunindo textos publicados no jornal *Zero Hora*, além de alguns textos inéditos. Com seu segundo volume de crônicas, *Topless* (1997), recebeu o Prêmio Açorianos de Literatura. Outras obras, mais recentes, são *Non-stop, crônicas do cotidiano* (2000),

12. *Id.*, "Segunda carta para além dos muros".
13. *Id.*, "Última carta para além dos muros".

Montanha russa (2003), *Coisas da vida* (2005) e *Doidas e santas* (2008), além de *Feliz por nada* (2011) e *Simples assim* (2015).

A cronista tematiza questões como política, cinema, viagens, relações humanas, relações amorosas, escolhas de vida, sentimentos como a liberdade e a felicidade, questões da vida feminina. Tais questões correspondem a vivências cotidianas que, no registro da escritora, recebem, ao mesmo tempo, a profundidade necessária à reflexão e a linguagem simples, muitas vezes até informal ou despretensiosa, que vem cativando diversos leitores e leitoras:

> Somos os mesmos e vivemos como nossos pais.
>
> Não, não era assim que eu queria começar, mas tenho essa mania de sempre iniciar a coluna assinalando o gancho que me inspirou, seja uma música, um filme, uma conversa com amigos, um *e-mail* de leitor. No entanto, essa crônica nada tem a ver com a música do Belchior que Elis eternizou, a citação foi apenas um hábito, já que vivemos em constante estado de repetição.
>
> Se você faz terapia há dois meses, acredite: quando estiver fazendo há dois anos, ou há 12, ainda estará discutindo o mesmo assunto, as conversas envolverão os mesmos problemas, e ao terminar o tratamento se sentirá muito melhor, porém o mesmo.[14]

Martha Medeiros, em sua vasta obra, tem se mostrado como uma das mais profícuas escritoras gaúchas da atualidade, o que coloca no campo da crônica uma voz feminina instigante, que provoca o leitor (e a leitora) à busca da compreensão das questões cotidianas e de si mesmo(a).

A esses nomes, consagrados nas páginas de jornais do Rio Grande do Sul e de outros estados e, posteriormente, nas publicações em livro, acrescentam-se autores e autoras cujas

14. Martha Medeiros, "A síndrome da repetição".

obras em crônica são contemporâneas e tiveram — algumas — também mais recentemente sua publicação em livros. É o caso de Fabrício Carpinejar, Juremir Machado da Silva, Claudia Tajes, Paulo Sant'Ana, David Coimbra, Lélia Almeida, Paulo Ribeiro, entre outros, muitos com trânsito na produção de outros gêneros literários, como a poesia e o romance.

Não são as crônicas textos que se ocupariam de contar a história do Rio Grande do Sul, embora fatos históricos possam ser matéria dos textos pertencentes ao gênero. As crônicas gaúchas da contemporaneidade são, antes, textos que contribuem para contar outra história: a do cotidiano — dos homens, das mulheres, da cidade (de Porto Alegre, ou de lugares interioranos, por exemplo). Abordam a vida cotidiana, muitas vezes de modo lírico, de forma que, eternizando momentos do dia a dia e provocando as mais diversas reflexões, recebem o *status* de literatura.

Referências

CANDIDO, Antonio. A vida ao rés do chão. *In*: CANDIDO, Antonio. *Crônica*: o gênero e sua fixação e suas transformações no Brasil. Campinas: Ed. da UNICAMP, 1992. p. 13-22.

CASTRO, Gustavo de; GALENO, Alex (Org.). *Jornalismo e literatura*: a sedução da palavra. São Paulo: Escrituras, 2005.

MAGRI, Milena Mulatti. A Aids nas crônicas de Caio Fernando Abreu. *Estação Literária*. Londrina, v. 11, p. 170-182, jul. 2013.

MELO, José Marques de. A crônica. *In*: CASTRO, Gustavo de; GALENO, Alex (Org.). *Jornalismo e literatura*: a sedução da palavra. São Paulo: Escrituras, 2005.

TRIGO, Luciano. Entrevista: Moacyr Scliar. *G1*, Máquina de Escrever, 8 jan. 2009. Disponível em: https://g1.globo.com/platb/maquinadeescrever/2009/01/08/entrevista-moacyr-scliar/. Acesso em: 5 set. 2024.

Carlos André Moreira

5.7

A geração XXI

Primeiro, um retrato em tintas rápidas antes de nos determos um pouco mais sobre cada assunto: a literatura produzida no Rio Grande do Sul a partir da segunda metade dos anos 1990 — e, mais nitidamente, a partir dos anos 2000 — toma forma na esteira de algumas transformações radicais que tiveram grandes e sucessivos impactos no cenário artístico e social. Com a proliferação de oficinas literárias dedicadas a formar novos escritores e o barateamento dos meios de impressão, aumenta o número de pequenas empreitadas editoriais independentes e o volume de autores que fazem sua estreia na literatura, pulverizando um cenário que já vinha marcado pela dispersão. Ao mesmo tempo, fruto do processo da globalização econômica e da circulação geral cada vez mais intensa de capitais e mercadorias — fenômeno ao qual o Brasil não se manteve alheio —, ocorre uma concentração crescente do mercado editorial nacional, com grandes casas comprando empresas concorrentes e assimilando-as na forma de selos.

No Rio Grande do Sul em específico, isso leva ao fechamento de editoras tradicionais e à transferência, a partir da primeira metade da década de 2000, de muitos autores rio-grandenses já estabelecidos para casas do eixo central do país. As últimas duas décadas também intensificam a profissionalização do mercado literário nacional, com a criação de uma superestrutura capaz de fornecer ao autor meios alternativos de subsistência fora do característico segundo emprego, muitas vezes público, presente na biografia de grande parte dos escritores brasileiros. Esses novos meios de sustento, ainda que inconstantes, incluem editais de incentivo à cultura, um circuito expandido de feiras e eventos literários com participação remunerada, e mesmo uma demanda maior por serviços de tradução em um período de mercado literário aquecido e da chegada ao Brasil de muita literatura estrangeira.

Falar, então, de "literatura gaúcha" nesse período é uma tarefa especialmente capciosa, pois significa lidar com uma produção conectada, como nenhuma outra antes, ao grande quadro brasileiro e internacional, tendo como resultado formal direto a diluição de muitos matizes temáticos regionais em favor de uma representação de inquietações hegemonicamente urbanas. Com raras exceções, sai de cena por um tempo o romance histórico, forma tradicional de reflexão sobre a formação do estado. O romance minuciosamente descritivo dedicado ao retrato do mundo também é deixado em segundo plano, e toma a frente o relato protagonizado por jovens profissionais urbanos, muitas vezes exercendo atividades afins à do autor, como jornalismo, tradução ou a própria carreira de escritor, e lidando com questões que dizem respeito ao mal-estar interno e subjetivo do indivíduo no novo cenário político e anímico da contemporaneidade. A literatura da geração 2000 é também de múltiplas referências, marcada pela independência, quando não pela negação, dos antecessores brasileiros de gerações passadas, e muitas vezes voltada para modelos e cânones contemporâneos de outras literaturas, especialmente as de língua inglesa e espanhola. Em uma segunda etapa, a partir da década de 2010, também se apresentam à frente do palco livros que buscam amplificar e ressoar inquietações levantadas por movimentos sociais identitários na era do ativismo digital, como as experiências da periferia de grandes cidades, a vivência de identidades *queer* e livros escritos por mulheres que tentam retirar sua produção do rótulo de nicho "literatura feminina". É, também, por último mas não menos importante, uma literatura produzida à luz do maior fenômeno tecnológico do período, em boa parte responsável por muitas das transformações descritas anteriormente: o surgimento e a consolidação da internet e da tecnologia digital.

Blog é literatura?

Para além de vários modelos ancestrais de redes de trocas de conhecimento por meio de conexões restritas a redes de computadores, já havia internet no Brasil em 1990, mas concentrada em unidades de pesquisa e instituições de ensino. É apenas em 1995 que duas portarias e uma norma técnica publicadas pelo governo federal autorizam a exploração comercial da rede por empresas que se organizam como provedoras de acesso à teia virtual e de um endereço para correspondência no domínio digital, um correio eletrônico, ou *e-mail*, como a expressão logo se populariza, sem escalas, do inglês, idioma por excelência do jargão tecnológico.

Como muitos dos fenômenos transformadores em larga escala, a internet se espalhou em ritmo vertiginoso também no Brasil. No fim daquele primeiro ano de 1995, o país tinha 200 mil usuários da rede. Dez anos depois, em 2005, de acordo com os dados da primeira pesquisa do Instituto Brasileiro de Geografia e Estatística (IBGE) a enfocar os hábitos virtuais dos brasileiros, os usuários com acesso em casa (de modo primário em computadores pessoais) já eram 16 milhões, número que sobe para 116,1 milhões em 2022, segundo dados da Pesquisa Nacional por Amostra de Domicílios (PNAD) Contínua do instituto (87,2% da população acima de 10 anos). Desses, 98,9% acessavam a rede por um novo dispositivo de conexão inexistente até os anos 1990, o celular.[1]

1. IBGE, "PNAD Contínua – Pesquisa Nacional por Amostra de Domicílios Contínua".

Foi pelas mensagens de *e-mails* que se disseminou, em fins dos anos 1990, o *CardosOnline*, fanzine digital enviado com periodicidade semanal a assinantes que se cadastravam pedindo para receber a publicação. O *CardosOnline* se tornaria a mais notória experiência do gênero, abrindo caminho para nomes que logo seriam proeminentes na literatura feita a partir dos anos 2000. O fanzine surgiu em 1998. Seu criador foi o estudante André Czarnobai, apelidado de "Cardoso", cursando Jornalismo na Faculdade de Biblioteconomia e Comunicação (Fabico) da Universidade Federal do Rio Grande do Sul (UFRGS). Durante a greve das universidades federais decretada no primeiro semestre do ano letivo de 1998 (que se estendeu de 1º de abril a 30 de junho), "Cardoso" passou a mandar longos *e-mails* para um grupo de amigos e colegas, declaradamente como forma de matar o tédio. Suas correspondências amealhavam textos de formatos variados, como poemas, comentários sobre filmes, livros e festas, um relatório bem-humorado de seu cotidiano, textos que provocavam respostas eventuais de seus correspondentes. Segundo já comentou à imprensa o próprio Cardoso, fazendo um balanço posterior da experiência, foi um dos destinatários da "corrente", Daniel Galera, quem viu ali o embrião de um fanzine digital. Posta em prática, a iniciativa foi ganhando novos adeptos até estabilizar-se em um número de oito colunistas fixos: Czarnobai, Galera, Marcelo Träsel, Guilherme Pilla, Guilherme Caon, Clarah Averbuck, Daniel Pellizzari e Hermano Freitas.

O *CardosOnline* veio a funcionar por três anos e 278 edições, encerrando suas atividades em 2001 com mais de três mil assinantes (número maior do que a tiragem média de um autor iniciante no período, entre mil e dois mil exemplares). Ao longo desse tempo, estabeleceu uma então inédita conexão com seu público leitor, expressa não apenas no vínculo digital entre os escritores e sua audiência, mas na realização de festas e eventos que congregavam sua comunidade de leitores (os chamados

"Bailões do Cardoso"). O fanzine também tornou popular na internet recursos e temáticas que seriam copiados e retrabalhados nos anos seguintes com a massificação do formato de publicação eletrônica dos *blogs*.

Entre os principais elementos que viriam a influenciar muito da escrita digital do período, está a crônica de uma juventude em busca de identidade, em sua maioria pertencente às classes média ou média alta, à deriva entre expectativas alheias e perspectivas próprias, e mergulhando em espiral nas próprias dúvidas e inconsistências — em um tipo de monólogo interior livre de amarras que ganharia o apelido de "egotrip". Os integrantes do grupo lapidaram ali cada qual um estilo que estaria presente também na estreia em livro daqueles que seguiram a carreira literária de modo mais consistente, três deles em especial: Clarah Averbuck, Daniel Galera e Daniel Pellizzari.

Máquina de pinball (2002), de Averbuck, enfoca a trajetória de Camila, uma jovem no início da casa dos vinte anos, entre relacionamentos inconstantes, dificuldades financeiras e um descontentamento difuso com o estado das coisas em uma realidade estranha e com a falta de conexão emocional real em um mundo egoísta – um descontentamento que será combatido com a alteração da consciência por meio de álcool e drogas, por um lado, e pela entrega apaixonada à escrita por outro. O romance dá uma forma literária mais apurada aos temas e à própria personagem trabalhados em outras colunas da autora para o fanzine eletrônico.

Três dos criadores do zine, Guilherme Pilla e os Daniéis Galera e Pellizzari, se uniriam logo na sequência para dar início a outra iniciativa que se revelaria influente: a fundação de uma editora própria. A Livros do Mal estreou em outubro de 2001, em parte financiada com recursos aprovados pelo Fundo Municipal de Apoio à Produção Artística e Cultural (Fumproarte). Os primeiros dois livros de seu catálogo, justamente os volumes de estreia de Galera (*Dentes guardados*, 2001) e Pellizzari (*Ovelhas que voam se perdem no céu*, 2001), esgotaram a primeira edição rapidamente, em parte pela popularidade alcançada pelos autores junto ao público fiel de seu fanzine.

O livro de estreia de Galera reúne contos perpassados por um certo tom alegórico que o autor abandonaria por um tempo para centrar-se numa representação mais realista. Crônica de certa angústia existencial latente na juventude urbana de seu tempo, *Dentes Guardados* reúne uma série de histórias que tratam da entrega a prazeres hedonistas como meio de buscar sentido para uma existência oprimida pelas tensões e pressões de quem está sendo chamado a definir uma identidade e ingressar de vez na cadeia produtiva do mundo do trabalho. O hedonismo não tem aqui, no entanto, o caráter libertário que marcou parte da prosa chamada maldita do século XX, e sim uma busca desesperada e infrutífera de escape da anomia cotidiana e de conexão pessoal com um outro, qualquer outro, seja no sexo, na bebida, no alheamento da vida noturna, seja pela violência, com a aniquilação pessoal ou alheia.

Pellizzari foi, desde os tempos do *CardosOnline*, o de personalidade literária mais anárquica. Seus textos negavam a primazia da prosa realista e misturavam de modo indistinto as egotrips também presentes nas obras de seus companheiros com temas de inspiração fantástica, com apelos evocativos de ficção científica, horror e fantasia. Quando Pellizzari realizou sua estreia em livro, com *Ovelhas que voam...* , sua personalidade literária se fazia sentir em contos que abraçavam o experimentalismo na forma e o absurdo na trama. "O voo das ovelhas" é uma colagem aparentemente disparatada de narrativas sobre personagens em subempregos urbanos, como vendedores ambulantes de vale-transporte e de despertadores. Ao fim de cada dia, refletindo a desumanização de sua rotina, cada um deles é transformado em um objeto, mais especificamente um pedaço de comida.

Intercala-se com essas narrativas a história em primeira pessoa de um homem que se finge de louco para continuar internado em um sanatório, escapando assim das consequências de uma explosão de violência contra o próprio pai no passado. "Gravidade", outro dos contos, é narrado pelo ponto de vista de uma mulher que vê, da janela de seu apartamento, despencarem do céu e se estatelarem no asfalto, em delirante sucessão, gatos, vacas, velhas. A surpresa inicial é logo substituída pelo tédio diante do absurdo tornado fenômeno corriqueiro e ininterrupto.

As obras dos três autores deixam claro um fenômeno que seria verificável não apenas em oriundos do *CardosOnline*, mas em boa parte da prosa do início do século XXI: a identificação dos autores com modelos literários estrangeiros, sem muita vinculação à literatura brasileira ou gaúcha precedente. Embora Clarah também professasse sua admiração por um autor local de projeção, Luis Fernando Verissimo, sua estreia em romance deixava clara uma vinculação mais estreita com outros escritores a quem seus textos na internet prestavam tributo constante, como John Fante ou Charles Bukowski — criadores de heróis imperfeitos lutando para provar tanto ao mundo como a si mesmos que suas inadequações são indício de um potencial oculto e de uma sensibilidade artística que ainda não encontrou expressão plena. Ao lançar seu segundo romance, *Mãos de Cavalo* (2006), Galera claramente apresenta sua própria versão da literatura minuciosa e detalhista praticada por nomes como David Foster Wallace ou por Ian McEwan (*Sábado*, romance do escritor inglês publicado em 2005, é um claro modelo para a narrativa ancorada em descrições do romance de Galera).

A própria "questão gaúcha" referida por muitos escritores anteriores – resumindo em poucas e grotescas linhas: a ideia de investigar na literatura uma certa tendência do Rio Grande do Sul a ver-se como uma unidade à parte do conjunto brasileiro, marcada mais pela proximidade com os países de fala argentina da fronteira do que pelos modelos de identidade brasileira propostos em âmbito nacional – deixa de existir ou tem seu eixo deslocado. Um dos reflexos desse deslocamento é o trânsito e o diálogo fácil da nova geração com movimentos e experiências semelhantes produzidos em outros estados, algo facilitado pelo novo ambiente tecnológico de *blogs* e *e-mails*. Um exemplo é o próprio catálogo da Livros do Mal. Tiveram lugar na casa nomes como Cristiano Baldi (com os contos de *Ou clavículas*, 2002), Marcelo Benvenutti (com *Vidas breves*, também de contos, de 2002) e Paulo Scott (com *Ainda orangotangos*, livro de narrativas curtas saído em 2003), todos nomes nascidos e à época morando no Rio Grande do Sul, mas a editora também abriu espaço nas mesmas fileiras para autores de outras paragens com afinidades estéticas com o projeto, como os contos de atmosfera fantástica de *Húmus* (2002), do baiano Paulo Bullar, e a novela caótica *Hotel hell* (2003), de Joca Reiners Terron, nascido em Cuiabá e estabelecido em São Paulo.

Uma geração multifacetada

É difícil definir uma linha temática ou mesmo estética na produção da geração que emerge na literatura na passagem do milênio. Talvez um de seus principais predicados estéticos seja uma atitude desbravadora (alguns diriam ingênua) que não se considera tributária da tradição, ao menos a tradição nacional. Há também uma desconsideração pelas imposições da forma, tendo como resultado aquilo que Beatriz Resende identificou, em artigo para o jornal *Folha de S. Paulo*, como a reação contemporânea ao já bastante diagnosticado desgaste da forma épica romanesca tradicional, esgotamento que é respondido com desestabilização e implosão dos códigos e pelo amálgama de estilos:

> O esgotamento do modelo do romance, que os modernos já apontavam, merece ser lembrado; a produção recente aposta na desestabilização da narrativa. A autoficção, a temática memorialista (que memórias tão breves!), o questionamento de identidades vêm, nos melhores casos, atravessados por intervenções formais que vão de alterações no discurso narrativo a intervenções gráficas.[2]

Essa total liberdade de criação tem como resultado colateral a ausência de um centro propulsor. Na primeira década dos anos 2000, não é possível estabelecer um elemento unificador estético ou mesmo programático, razão pela qual convivem no mesmo cenário escritores de prosa anárquica como Daniel Pellizzari e seu "romance-russo-satírico-gnóstico" *Dedo negro com unha* (2005); autores de prosa exigente como Amilcar Bettega Barbosa e seu rigoroso livro de contos *Os lados do círculo* (2004), ou como Altair Martins e seus livros de estilo marcado e elíptico, em especial as coletâneas de contos *Dentro do olho dentro* (2001), *Se choverem pássaros* (2002) e o romance *A parede no escuro* (2008).

Há também vozes dispostas a investir a sério na forma romance, especialmente no romance de formação, como uma tentativa honesta de oferecer um olhar sobre o mundo, se não totalizante, ao menos sobre um aspecto mais restrito e conciso dele, como Daniel Galera em *Mãos de Cavalo* (2006), no ambicioso mas irregular *Barba ensopada de sangue* (2013) ou em *Meia-noite e vinte* (2016), ou como Michel Laub, para quem o romance de formação se torna um gênero recorrente em obras como *Longe da água* (2004), *O segundo tempo* (2006) e o excelente *Diário da queda* (2011).

Temos ainda desconstruções do gênero literário com amplo espaço para o sarcasmo e clara inspiração modernista, como Veronica Stigger e seus contos reunidos em *O trágico e outras comédias* (2004), *Grand cabaret demenzial* (2007), *Os anões*

2. Beatriz Resende, "Um panorama da literatura recente no país".

(2010) ou *Sombrio Ermo Turvo* (2019). Surgida no fim dos anos 1990, a obra de Cíntia Moscovich se consolida ao longo dos anos 2000 trazendo uma nova perspectiva, intimista ao ponto do angustiante, ao já amplo veio da literatura produzida por autores de origem judaica, cujo expoente no estado é, sem dúvida, Moacyr Scliar. Pela mesma trilha caminham alguns dos melhores contos de *Uma fome* (2010), estreia na prosa de Leandro Sarmatz.

O panorama se tornará ainda mais variado com a chegada, mais próxima à segunda década do século, de uma novíssima geração integrada por nomes como Carol Bensimon, Rodrigo Rosp, Samir Machado de Machado, Antônio Xerxenesky, Luisa Geisler, Rafael Bán Jacobsen, Gustavo Czekster, Manoel Madeira, Miguel da Costa Franco, José Falero, Jeferson Tenório, Tobias Barreto, Natalia Borges Polesso, Julia Dantas e outros de quem ainda se falará mais adiante.

Alguns desses autores mais recentes enveredam por um tipo de narrativa ficcional cerebral e intelectualizada, que vai da autoficção (vertente marcada na prosa contemporânea pelo sucesso de nomes como J. M. Coetzee, Karl Ove Knausgård e Rachel Cusk) à visão da criação literária como um jogo sofisticado de alusões e referências (totalmente tributária, portanto, de Jorge Luis Borges). As formas como essas experiências ganham as páginas também são múltiplas. *O dia em que enganamos a morte* (2022), de Rafael Bassi, compila dezoito narrativas curtas divididas em duas partes. Em ambas, há contos que, de um modo ou de outro, desafiam a estrutura clássica do gênero, muitos casando ficção, crônica e autoficção e outros mescla de ensaio literário, narrativa histórica, sátira e alegoria.

Pequeno dicionário de etimologia alternativa (2022), de Bruno Cobalchini Mattos, cria histórias que são versões históricas e etimológicas fantasiosas para a origem de certas palavras de uso corrente. O dicionário como pretexto volta a aparecer nos contos que Olavo Amaral compila em *Dicionário de línguas imaginárias* (2017), que têm por fio condutor a necessidade humana básica de comunicação e seu veículo por excelência, as linguagens (reais ou inventadas) e seus recursos. O também tradutor José Francisco Botelho venceu o Açorianos 2018 com *Cavalos de cronos* (2018), uma obra em que a primeira metade traz contos que citam ou referenciam obras literárias fictícias que são depois apresentadas na segunda parte, como um "rimance" em decassílabos, sobre a vida de São Simeão, ou uma história marítima ao estilo da *Nau Catrineta*. Gustavo Czekster, em A *nota amarela* (2020), cria um inusitado livro "díptico": metade uma reconstituição ficcional intimista do fluxo de consciência que passa pela cabeça da violoncelista Jacqueline Dupré durante seu último concerto público, metade um "ensaio à moda de Montaigne" sobre questões de criação literária e a própria confecção do romance apresentado na primeira metade.

Com uma variedade tão grande de nomes e estéticas, o que também impressiona, para além da falta de um centro ou mesmo de um elemento aglutinador, é a notável ausência de conflito entre os projetos e propostas da maioria dos autores. Sem correntes e agremiações estéticas declaradas às quais se filiar, os escritores contemporâneos mantêm certa distância das antes tão presentes polêmicas literárias. Como Flávio Carneiro aponta no prefácio de sua coletânea de textos críticos *No país do presente*:

> O traço marcante da prosa brasileira deste início de milênio, num processo deflagrado, como vimos, nos anos 1980 e intensificado nos anos 1990, é o da convivência pacífica dos mais diversos estilos. É certo que não se pode pensar em nenhum período literário em termos de homogeneidade absoluta — sabemos que não há, por exemplo, apenas um mas vários modernismos —, porém o que se vê hoje, ao contrário de períodos históricos anteriores, é a ausência do embate entre forças conflitantes. Parece haver lugar para todas as experimentações, não

> só aquelas que marcaram os últimos vinte anos de nossa ficção como também as anteriores, de feição vanguardista ou mesmo pré-modernas.[3]

Carneiro está falando da prosa brasileira como um todo mas — e este é um ponto importante para entender boa parte das manifestações literárias produzidas no Rio Grande no alvorecer do novo século — sua formulação pode ser estendida sem problemas à narrativa de autores gaúchos. O motivo é que a geração 2000, ao contrário do insularismo de muitos de seus predecessores, têm fácil interlocução com o panorama geral da literatura do país, vendo-se sem maiores traumas como parte de um conjunto mais amplo e muitas vezes rejeitando o rótulo de "literatura gaúcha". Como afirmou Michel Laub, um dos expoentes da geração 2000, em uma entrevista publicada no *Cândido*, jornal da Biblioteca Pública do Paraná:

> Hoje em dia é muito complicado falar em afinidades estéticas regionais. As pessoas da mesma idade têm acesso à informação do mundo todo via internet, estejam elas morando em Porto Alegre, em Curitiba ou em Manaus. Então não há por que eu ter mais afinidade com meu vizinho de quem não sei o nome do que com alguém que mora em outro estado, mas conversa comigo via redes sociais todos os dias.[4]

Está-se, portanto, em um momento da literatura gaúcha bastante diverso daquele descrito por Regina Zilberman em sua obra *A literatura no Rio Grande do Sul* (1980), em que a autora identifica quatro aspectos distintivos, embora interconectados, da prosa produzida no estado: 1) um sistema autônomo de representação e diálogo, no qual a atuação dos autores é restrita aos limites regionais e a leitura de suas obras se dá em um círculo

3. Flávio Carneiro, *No país do presente*: ficção brasileira no início do século XXI, p. 33.
4. Guilherme Sobota, "Entrevista, Michel Laub: 'Não há como melhorar a escrita sem ser um bom leitor'".

restrito formado, com algumas exceções, pelo público local; 2) a persistência do regionalismo como temática e bandeira; 3) a predominância da mirada social e o exercício restrito, entre nós, da narrativa de investigação psicológica; e, por fim, 4) uma prosa de viés mais conservador com baixa adesão a movimentos e experimentalismos de vanguarda.

Nos anos 2000, é possível relativizar a validade de ao menos três desses tópicos (mas não do quarto, dado que a relação do estado com qualquer vanguarda continua tão problemática como sempre). Em especial, o regionalismo, apontado como uma contrapartida do separatismo político que povoa o imaginário local, recua, e a literatura gaúcha e seus autores parecem ver-se como elos interconectados na teia global. Se gerações anteriores haviam tematizado o passado do Rio Grande do Sul, sua formação, especulado os elementos de formação do território e do povo, documentado a migração do campo para a cidade, testemunhado o fim do ciclo agrário e as drásticas alterações sociais e urbanas produzidas pelo acelerado crescimento populacional, para os atuais escritores a especificidade do elemento local não é mais inescapável. Sintonizada com a emergência de uma cultura confessional e de exposição pessoal que domina a paisagem das redes digitais a partir da segunda metade dos anos 2000 e que ainda está em processo, a literatura local transfere questões de identidade do pertencimento territorial para a formação do indivíduo.

No ensaio "Desenho de uma geração", no qual mapeia as diferenças entre gerações literárias do Rio Grande do Sul ao longo do século XX, Luís Augusto Fischer traça um esboço de como os autores do estado podem ser agrupados em torno de um conceito geracional: "Tenho cultivado uma teoriazinha de que se pode separar a tradição da literatura sul-rio-grandense em gerações (constelações...) perfeitamente tipificadas, quase sempre organizada em torno da narrativa".[5] Ao esboçar as características que diferenciam tais gerações, Fischer ensaia um perfil da geração que entra na cena literária a partir dos anos 1990 e que já apresenta, em embrião, elementos definidores do atual estado da ficção rio-grandense a partir da virada do século:

> Não há mais a obrigação localista de bater continência ao Gaúcho, ao Peão, ao Coronel ou ao Fantasma da História Regional, elementos centrais das quatro gerações anteriores, respectivamente. Estamos agora num ambiente marcado por algumas novidades consideráveis. Trata-se de uma geração bastante homogênea, de formação universitária típica nas áreas de Jornalismo e Letras, muitos mesmo com carreiras de pós-graduação, o que implica necessariamente uma dose acentuada e ordenada de informação literária e teórica, e portanto uma tendência natural ao universalismo pelo menos mental. Pelo mesmo fato, quase todos eles vivem profissionalmente em torno das letras, ou no magistério, ou no jornalismo, ou no mundo editorial. [...] A narrativa linear foi praticamente abandonada, em favor da experimentação; e o tema local é agora uma possibilidade, não uma condenação, e por isso mesmo pode ser tratado de maneira menos reverencial, mais desabrida. Por fim, dado sociológico nada desprezível, são todos proprietários apenas de seus próprios cérebros, configurando a primeira "turma do apartamento alugado" da literatura local (a expressão entre aspas foi cunhada por Paulo Ribeiro, numa conversa que tivemos a respeito deste artigo, antes de ele ser escrito).[6]

Com o grupo que surge a partir dos anos 2000, tal situação não apenas se mantém como se radicaliza. A temática gaúcha deixa de ser uma obrigação, e um tipo peculiar de cosmopolitismo assume a cena. Os autores gaúchos sentem-se à vontade em

5. Luís Augusto Fischer, "As cinco gerações do mapa literário gaúcho".
6. *Ibid.*

elaborar tramas nas quais a subjetividade dos personagens tem mais importância do que a paisagem, bem como em deslocar enredos e personagens livremente por vários pontos não apenas do país, mas do globo. Antes disso, na literatura do Rio Grande do Sul, talvez os exemplos anteriores mais bem-sucedidos desse tipo de procedimento tenham sido os romances de Erico Verissimo *O senhor embaixador* e *O prisioneiro*, ambos até hoje vistos com alguma estranheza no conjunto da obra do autor. A nova geração, contudo, não desperta alarme, uma vez que esse procedimento se mostra sintonizado com uma tendência nacional. Se os anos 1990 viram o surgimento da "turma do apartamento alugado", como pontua Fischer, os anos 2000, com escritores muitas vezes estabelecidos fora do estado e publicados por editoras do centro do país (nos deteremos nisso mais adiante), veem emergir o que se poderia chamar, numa expansão do conceito, de a primeira "Geração Intercâmbio" das letras rio-grandenses, com seus personagens de variadas procedências retratados como viajantes confrontando estranhamentos culturais em terra estrangeira.

Representativa do caráter nacional e interligado dessa tendência é o surgimento, na segunda metade dos anos 2000, da Coleção Amores Expressos, um projeto literário elaborado não apenas como uma coleção de livros, mas, apropriadamente ao espírito do tempo, como um pacote midiático. Iniciativa de um produtor cultural, Rodrigo Teixeira, e de um escritor, João Paulo Cuenca, o Amores Expressos enviou, a partir de 2007, dezessete autores para uma temporada de duas semanas em uma cidade diferente, de Nova Iorque a Xangai, com o compromisso de elaborarem um *blog* de viagem cada um durante a estada e um romance com uma história de amor no período de um ano após o retorno. Também vinculado à produção de cinema, Teixeira ficaria automaticamente com os direitos de adaptação audiovisual das obras. O elenco de escritores arrebanhado para o projeto reunia, além do próprio organizador Cuenca, nomes mais antigos consagrados por uma abordagem transgressora da literatura, como Reinaldo Moraes, Sérgio Sant'Anna e o quadrinista tornado escritor Lourenço Mutarelli, com integrantes de uma nova geração — quatro deles ligados ao Rio Grande do Sul: Daniel Galera, Daniel Pellizzari, Paulo Scott e Amilcar Bettega. Como convém a um projeto que era desde o início uma iniciativa comercial, as maiores discussões provocadas por ele passaram longe do literário, concentrando-se no critério de escolha dos nomes envolvidos (um autor que ficou de fora, Marcelo Mirisola, denunciou o "compadrio" como a forma de seleção) e na intenção, inicialmente anunciada, de financiar o Amores Expressos com recursos da Lei Rouanet, dispositivo federal de renúncia fiscal para incentivo à cultura — levantando assim, questões sobre os critérios usados para selecionar os participantes de um projeto regado a dinheiro público. A repercussão negativa levou o produtor/criador Rodrigo Teixeira a desistir do uso da lei e pagar metade da aventura do próprio bolso, ficando a outra metade a cargo da editora paulista Companhia da Letras, que havia se comprometido de antemão em publicar os livros resultantes.

O projeto Amores Expressos gerou, ao todo, treze livros publicados entre 2008 e 2018 pela Companhia das Letras, editora "oficial" do programa, além de dois outros livros prontos recusados pela casa e cujos autores buscaram guarida em outras editoras. A forma como cada escritor abordou o desafio foi ela própria bastante diversa. Galera, primeiro autor do grupo a publicar seu romance, apresentou a história de uma escritora brasileira que vai a Buenos Aires para divulgar seu primeiro livro e decide ficar por lá, atraída por um estranho misterioso e por um grupo de escritores dedicados a reencenar, como realidade, histórias que eles próprios escreveram. Amilcar enviou à Turquia uma jovem brasileira, filha de imigrantes que volta ao país de seus pais em busca de identidade e desaparece misteriosamente. Scott, na curta novela *Ithaca Road*, ambientada em Sidney, apresentou uma protagonista mestiça de maori com europeu, e Pellizzari, no romance *Digam a Satã que o recado foi entendido*, entrecruza várias tramas e linhas narrativas protagonizadas por vários estrangeiros em Dublin, nenhum deles brasileiro.

Mais sintoma do que causa, o Amores Expressos apenas transformou em fenômeno de mídia uma tendência que já se ensaiava e que teve continuidade independentemente do projeto, com outros autores do Rio Grande do Sul lançando livros ambientados no exterior, como Marcelo Backes e seu *maisquememória* (2007), misto de romance, ensaio e livro de viagens sobre um acadêmico brasileiro na Alemanha da primeira década do século XXI. Ou o próprio Paulo Scott que participou dos Amores Expressos já havia, antes de *Ithaca road* (2013), lançado seu romance mais ambicioso, *Habitante irreal* (2011), em que parte da história se transfere para Londres nas pegadas do personagem Paulo, um idealista de esquerda que, desiludido política e pessoalmente, abusa de uma indígena adolescente e a abandona grávida, indo morar em um *squat*, um imóvel invadido, na Inglaterra.

F. (2014), segundo romance de Antônio Xerxenesky, imagina uma brasileira assassina de aluguel vivendo na Europa contratada para matar o diretor de cinema Orson Welles. Também sem nenhuma relação direta com o projeto, o terceiro romance de Carol Bensimon, *O clube dos jardineiros de fumaça* (2017), narra a migração de um brasileiro para a Califórnia, interessado em investir na produção de maconha, legalizada ali poucos anos antes da publicação do livro. A mesma autora voltaria a ambientar parte de um romance no estrangeiro com *Diorama* (2022), narrativa que mescla a reconstituição ficcional disfarçada do rumoroso caso Daudt com a vida de uma jovem que mora nos Estados Unidos trabalhando como taxidermista. O terceiro romance de Luisa Geisler, *De espaços abandonados* (2018), é a narrativa da busca de uma brasileira pela sua mãe na Irlanda enquanto mergulha no universo e nos conflitos da crescente comunidade de brasileiros expatriados buscando novas perspectivas na Europa. Também é um ambicioso exercício formal, composto por anotações soltas feitas pela autora tanto em papéis avulsos como em resposta ao longo questionário de um manual de escrita criativa. Veronica Stigger faz, em *Opisanie Świata* (2013), a significativa crônica da viagem de um europeu da Polônia para Manaus, onde descobriu, por meio de uma carta, ter um filho em situação de urgência. André Timm, em *Morte, Sul, peste, Oeste* (2020), reúne duas narrativas paralelas que se entrecruzam no transcorrer do romance, e uma delas é a de um imigrante haitiano que, após ser aliciado por um contratante em sua chegada ao Brasil, vai parar em Chapecó/SC, no trabalho duro e muitas vezes realizado em condições abusivas de um frigorífico. O que era um singular cosmopolitismo na época de Erico e seu *O senhor embaixador* torna-se, assim, uma temática natural para boa parte dos autores da geração 2000.

Esse panorama também abarca não só a experiência do migrante desenraizado, mas olhares contemporâneos para o mote tradicional do "retorno ao pago", com personagens que, espelhando parte da realidade econômica real do estado, partiram do Rio Grande do Sul para fazer carreira em outras paragens e se veem impelidos por circunstâncias traumáticas ou econômicas a voltar e encarar a realidade transformada de um lugar que talvez não mais reconheçam. É esse o tema que perpassa, cada qual a seu modo, os romances *Correr com rinocerontes* (2017), de Cristiano Baldi, e *Entre lembrar e esquecer* (2017), de Mauro Paz, ambos sobre homens que retornam de São Paulo para Porto Alegre atendendo a traumáticos chamados de urgência. Já Rodrigo Tavares constrói uma trama similar em escala regional em *Ainda que a terra se abra* (2020), na qual um advogado residente na cidade grande volta ao interior e entra em conflito com segredos de família e com a mentalidade interiorana que ele parece não mais compreender. Algo que também faz o escritor protagonista de A *superfície da sombra* (2012), de Tailor Diniz, que viaja de Porto Alegre para um povoado na fronteira do Uruguai para reencontrar uma velha amiga e é recebido pela notícia impactante da morte dela. Enquanto permanece na pequena cidade fazendo alguns favores à filha da sua antiga paixão, o protagonista topa a cada passo com personagens cujo comportamento incomum vai do bizarro ao ameaçador.

Um novo mercado editorial

Outra questão a ser considerada no mapeamento da literatura feita a partir do século XXI é a reconfiguração do mercado editorial levada a cabo no Brasil ao longo dos anos 1990 e 2000, com reflexos também no Rio Grande do Sul. Em um primeiro momento, ainda era precisa a descrição de Regina Zilberman da literatura no estado como um mercado autônomo no qual o autor escreve tendo em vista o diálogo com o público local, o que inclui, claramente, também um sistema de circulação capaz de manter esse diálogo em andamento. O Rio Grande do Sul tinha editoras de tamanho expressivo o bastante para fazer escoar e ganhar espaço a produção de autores daqui, voltada por sua vez para o público interno do estado. Com a chegada dos anos 2000, esse panorama muda de modo radical.

O caso mais marcante é o da histórica e outrora fundamental Editora Globo. Surgida como livraria e papelaria em 1883, viria a se tornar gráfica e editora, além de ponto de encontro de intelectuais. Sob o comando do editor Henrique Bertaso, a partir dos anos 1930, a Globo se tornaria um marco editorial do país ao traduzir o que de melhor vinha sendo produzido na literatura contemporânea internacional, além de editar, entre 1929 e 1967, o inovador periódico ilustrado *Revista do Globo*. Em 1956, a Globo se dividiu formalmente em duas empresas diversas, a livraria e a editora. Nos anos 1970, a empresa abriu seu capital ao mercado financeiro e transferiu suas atividades para o Rio de Janeiro a partir de 1980, numa tentativa de se manter menos afastada do mercado mais promissor do centro do país. O declínio da importância da editora, contudo, continuou a se fazer sentir até 1986, quando foi comprada pela então Rio Gráfica e Editora (RGE) e incorporada às Organizações Globo, dirigidas por Roberto Marinho — antes disso, as duas empresas não tinham relação alguma, sendo o "Globo" na denominação de ambas uma coincidência.

Esse pode ser definido como o primeiro grande baque do mercado editorial gaúcho, ao qual se seguiram outros. Editoras que outrora tiveram abrangência nacional, como Sulina, Movimento e Mercado Aberto, foram diminuindo de tamanho devido a rápidas mudanças econômicas. A Sulina ainda publica e distribui livros — em boa parte não ficcionais —, mas ocupa um mercado mais restrito, na comparação com os anos 1980, quando chegou a manter dezenove lojas espalhadas pela capital. A Mercado Aberto interrompeu as atividades; em paralelo, uma concentração maior de mercado se processou no centro do país. Não apenas a Globo foi comprada pelas Organizações Marinho, mas editoras como Companhia das Letras, Objetiva e Record foram rapidamente adquirindo casas menores, algumas delas tradicionais, e transformando-as em selos editoriais vinculados à marca maior. Companhias estrangeiras começaram a fincar raízes no mercado nacional: a gigante espanhola Planeta inaugurou seu braço brasileiro em 2003. Em 2005, o também espanhol grupo Prisa-Santillana adquiriu parte da Editora Objetiva, além da Editora Moderna, e trouxe para o Brasil alguns de seus selos tradicionais, como Suma e Alfaguara. A britânica Penguin aportou em 2009 em parceria com a Companhia das Letras. E, numa reviravolta que acentuou ainda mais a concentração de mercado na faixa das grandes editoras, a Penguin viria a comprar a Santillana em 2014, encaminhando a fusão, no Brasil, de Companhia das Letras e Objetiva.

A partir de 1997, a L&PM, grande editora gaúcha remanescente, encontrou um veio para sua sobrevivência financeira no lançamento de sua bem trabalhada coleção de *pockets*, que ajudou a transformar o mercado de livros de bolso no Brasil com eficiência na distribuição, preço acessível e qualidade gráfica. Durante a expansão da indústria brasileira do livro registrada a partir dos anos 2000, várias outras editoras nacionais, como Companhia das Letras, Record, Objetiva e Hedra, aderiram ao formato, na esteira da boa aceitação da série L&PM Pocket. O sucesso da coleção, contudo, representou a concentração do investimento da editora na publicação de livros de grandes autores, em detrimento da prospecção de estreantes.

Novos autores continuaram a ser produzidos pelo Rio Grande do Sul, em não pequena parte devido aos bons índices de leitura do estado e à presença, ao longo de décadas, de duas oficinas literárias pioneiras, a de Luiz Antonio de Assis Brasil e a de Charles Kiefer, criadas ambas nos anos 1980. Juntas, as duas receberam em suas aulas a maior parte dos autores em atividade a partir dos anos 2000, como Daniel Galera, Daniel Pellizzari, Cíntia Moscovich, Leticia Wierzchowski, Michel Laub, Reginaldo Pujol Filho, Rodrigo Rosp, Paulo Scott, Carol Bensimon. Não por acaso, Assis e Kiefer trabalharam no primeiro mestrado em Escrita Criativa implantado no país, na Pontifícia Universidade Católica do Rio Grande do Sul (PUCRS).

A circunstância combinada de um mercado editorial local em retração, da concentração em escala nacional e internacional e da formação cada vez maior de novos autores levou a uma transformação do cenário em duas frentes. Na primeira, borraram-se os contornos do mercado autônomo local de que se falou durante tanto tempo, com os escritores gaúchos de maior proeminência comercial migrando para casas editoriais do centro do país:

Charles Kiefer, Lya Luft, Leticia Wierzchowski, Altair Martins e Cíntia Moscovich, entre outros, para a Record. Fabrício Carpinejar para a Bertrand Brasil. Luis Fernando Verissimo para a Objetiva. Daniel Galera e Amilcar Bettega para a Companhia das Letras, por onde Moacyr Scliar já vinha publicando desde os anos 1980.

Fundada em 2016, em São Paulo, com profissionais egressos em boa parte da Companhia das Letras, a Todavia rapidamente herdou um prestígio de sofisticação e qualidade que a imprensa especializada costumava depositar na Cosac Naify ou na própria Companhia. Essa editora publica atualmente Samir Machado de Machado, José Falero, Mauro Paz, entre outros nomes da novíssima geração. Exceções a esse quadro seriam a cronista Martha Medeiros e um dos maiores contistas em atividade no Brasil, Sergio Faraco, cujas obras permanecem, até este início da terceira década do século XXI, vinculadas à L&PM. No caso de Faraco, contudo, isso significou obras de não ficção sobre temas variados, de sinuca ao Titanic, já que o autor anunciou no início do século o fim de sua atividade como ficcionista. O fenômeno da "compra de passe" de autores gaúchos se estendeu até mesmo a medalhões já mortos, como Erico Verissimo e Mario Quintana, parte do catálogo da Globo, originalmente a do Rio Grande do Sul e mais tarde a do Rio. Erico teve seus trabalhos transferidos para a Companhia das Letras em 2005, e Mario teve sua obra reeditada pela Objetiva em 2012.

Por outro lado, se o mercado editorial mais tradicional parecia cada vez mais restrito no Rio Grande do Sul, um dos efeitos foi a proliferação, a partir da segunda metade da primeira década do novo século, de novas editoras de porte modesto, projetos voltados para campos específicos do mundo do livro: ficção, jornalismo, poesia. Se o mercado não estava mais propenso à prospecção dos autores estreantes, e o trabalho de entes públicos como o Instituto Estadual do Livro (IEL) era constantemente interrompido de acordo com as marés políticas, tais novas editoras lançaram-se a essa tarefa, muitas vezes funcionando como gráficas de serviço, com o autor bancando parte de sua edição do próprio bolso.

Uma dessas editoras, a Não, foi formada em 2007 por um grupo de jovens autores, assumidamente influenciados pela experiência da Livros do Mal, e serviu como plataforma de lançamento de uma novíssima geração de ficcionistas. Como a turma mais velha que deu seus primeiros passos no *CardosOnline*, o novo grupo também era composto eminentemente de oriundos de faculdades de comunicação. Muitos atuavam no mercado publicitário. Pela Não, fizeram suas estreias Reginaldo Pujol Filho, com a coletânea de contos *Azar do personagem* (2007), repleta de sofisticados jogos formais e metalinguísticos; Rodrigo Rosp, com contos de comédia escrachada reunidos em *A virgem que não conhecia Picasso* (2007); Samir Machado de Machado, com a novela *O professor de botânica* (2008), uma experiência mais ligada ao cenário rio-grandense que não deixava intuir trabalhos posteriores do autor, voltados a uma reinvenção do romance histórico; Carol Bensimon, com três novelas reunidas em *Pó de parede* (2010). Além de autores que não eram propriamente estreantes, como Antônio Xerxenesky, que publicou pela Não seu segundo livro, o romance fantástico misto de *western* e horror *Areia nos dentes* (2010), e de Rafael Bán Jacobsen, autor de *Uma leve simetria*, uma reinvenção da história bíblica de Davi e Jônatas intercalada com os obstáculos da paixão homossexual entre dois jovens vivendo em uma comunidade judaica contemporânea. A Não também publicaria uma série de antologias de contos de aventura, ficção e crime, além de poesia.

A Não deixava claro que, meros seis anos depois do surgimento da Livros do Mal, havia um novo grupo de estreantes dispostos a levar para o campo literário a atitude "faça você mesmo" que por muito tempo foi lema na indústria da música.

A experiência fez com que logo dois dos sócios da Não, Gustavo Faraon e Rodrigo Rosp, abrissem, em 2009, um segundo selo, Dublinense, voltado para livros de proposta menos radical do que os primeiros, e mais assemelhado a uma "editora de serviço", com os autores pagando parte de sua edição, a exemplo de outras casas como Alcance ou AGE. Foi por esse selo que estrearam Gustavo Melo Czekster, Monique Revillion, Helena Terra, entre outros autores hoje em atividade. Na segunda década do século, a Dublinense seria uma das editoras que encontrariam formas de manter sua produção fazendo tiragens especiais e/ou exclusivas para um novo modelo empresarial ligado ao mercado livreiro, o dos clubes de assinaturas de livros que enviam a cada mês uma nova obra a seus leitores. O mais bem-sucedido exemplar local desse modelo — que, a seu modo, representa a retomada do mais antigo e outrora muito popular Círculo do Livro — pode ser apontado na TAG Experiências Literárias, fundada em 2013 em Porto Alegre por três empresários gaúchos.

Além da Não, tomada como exemplo de um caso representativo, proliferam a partir dos anos 2000 outras editoras de escopo regional. Podem ser definidos como traços comuns na atuação de cada uma delas uma variedade de interesses e propostas que levam à diversificação ou até mesmo à atomização do panorama. Do espaço para quadrinhos aberto pela 8Inverso, a partir de 2008, aos volumes de perfis, ensaios, entrevistas e reportagens da Arquipélago Editorial, fundada em 2006. A Libretos, também surgida nos primeiros anos do século XXI, consolida-se com lançamentos de ficção e não ficção voltados a recuperar elementos da história de Porto Alegre e do estado.

Chama atenção que boa parte dessas novas editoras sejam fundadas e capitaneadas por editores que também são escritores, autores que editam suas próprias obras e que também ajudam a pôr em circulação obras e nomes que consideram relevantes. É o caso do autor de novelas e contos Cássio Pantaleoni, fundador da 8Inverso; do jornalista Rafael Guimaraens, um dos criadores da Libretos e escritor de alguns dos livros mais aclamados da editora, como *Tragédia da Rua da Praia* (2003), *Fim da linha: o crime do bonde* (2018) e *1935* (2020), que reconstituem aspectos da Porto Alegre da primeira metade do século XX; do poeta Marco de Menezes, editor da Modelo de Nuvem, criada em 2009, pela qual lançou seu terceiro volume de poemas, *Fim das coisas velhas*, livro do ano do Prêmio Açorianos em 2010; e também de Marcelo Spalding, escritor e ministrante de oficinas literárias, que cria em 2015 a Editora Metamorfose para publicar livros de literatura, obras acadêmicas e de teoria literária, como seu próprio ensaio *Escrita criativa para iniciantes* (2018). Flávio Ilha, jornalista que estreou na ficção com os contos de *Longe daqui, aqui mesmo* (2018), é também o fundador da Editora Diadorim e livreiro em Porto Alegre. Livreiros também são André Günther e Ederson Lopes, editores da Taverna, selo editorial aberto em 2018 vinculado à livraria de mesmo nome, no centro da capital. Oscar Henrique Cardoso, autor e ativista negro, criou em 2019 seu próprio selo, Agbara, para dar espaço a autores afrodescendentes. Movimento semelhante foi tomado pelos autores Fernanda Bastos e Luiz Maurício Azevedo em 2018 com a criação da Figura de Linguagem, em um momento de ampla discussão sobre representatividade de minorias sociais na arte e na produção cultural (sobre o qual falaremos mais adiante).

Para além de uma personalidade mais proativa, outra característica da novíssima geração a emergir na segunda metade da década 2000 é sua relação onívora não apenas com a tradição literária, mas com gêneros e referências considerados menores e mesmo produtos da cultura *pop* em outras plataformas artísticas. Um sintoma de mudança de eixo nas preocupações da geração 2000 se comparada com a de seus predecessores é o fato de que, na primeira década do novo século, testemunha-se a quase desaparição do romance histórico, outrora gênero robusto da ficção narrativa rio-grandense, e que continua por muitos anos sendo praticado apenas por autores consagrados da geração anterior, como Alcy Cheuiche, Moacyr Scliar ou Luiz Antonio de Assis Brasil. Com a aproximação da segunda década do século XXI, vê-se o resgate do elemento histórico por autores interessados em explorar a visita ao passado como mais um elemento de uma colcha literária que não rejeita os gêneros amplamente demarcados, como a ficção científica e o policial, e que também encara o romance como uma forma de entretenimento.

Após estrear com uma novela sobre um professor universitário em uma expedição por uma reserva botânica, Samir Machado de Machado engata uma sequência de romances históricos progressivamente mais longos a cada título. *Quatro soldados* (2013) leva elementos de literatura capa e espada e fantasia a um século XVIII reconstituído por meio de ampla pesquisa. *Homens elegantes* (2016), seu livro seguinte, que marca a transferência do autor para uma editora nacional, a Rocco, imagina um brasileiro homossexual servindo como espião da coroa portuguesa na Londres do século XVIII. A circunstância de estar reinventando um passado mais conservador em uma época em que a temática *queer* está em discussão permite ao autor lidar com a sexualidade *gay* de modo mais aberto do que seria visto em qualquer das obras aventurescas que serviram de modelo para a narrativa.

Em seu terceiro romance, Antônio Xerxenesky cria uma trama de horror em *As perguntas*, livro que sucede a *F.*, em que thriller, discussão sobre autenticidade e crítica cinematográfica se unem. Ambos, em suas obras mais recentes de maturidade, ensaiam movimentos distintos mas que convergem em buscar no passado, especificamente na II Guerra Mundial e em seus desdobramentos, ecos mais ou menos difusos de questões urgentes do presente. Xerxenesky, em *Uma tristeza infinita* (2021), abre mão de muitos dos elementos de gênero que o acompanharam até então para tecer um romance sobre psicanálise, física quântica e a crise do pensamento racional europeu diante dos horrores da recém-encerrada II Guerra. Samir Machado, em *O crime do bom nazista* (2023), embora ainda vinculado ao gênero de massa — o policial, no caso — volta a exercitar a brevidade em uma novela ao estilo Agatha Christie.

Autor que flertou ao longo de seu trabalho com o fantástico, como em *Síndrome de quimera* (2001), Max Mallman Souto Pereira (1968–2016) permitiu-se ir longe tanto no tempo como no espaço, publicando dois livros protagonizados por um centurião romano do século I: *O centésimo em Roma* e *As mil mortes de César*. Se no primeiro a reconstituição histórica assumia prevalência, no segundo a fantasia é mais desbragada, celebrando o cruzamento entre as aventuras do centurião Desiderius Dolens e elementos emprestados de obras clássicas do horror, como contos de H. P. Lovecraft.

Mesmo o tradicional romance sobre o passado gaúcho de guerras e revoluções sofre um retorno sob prismas contemporâneos. Rodrigo Tavares cria em seu romance *Carancho* (2023) uma narrativa de vingança na Revolução Federalista na qual não apenas há uma cuidadosa reconstituição de época e do ambiente político como também transitam livremente elementos do faroeste e do sobrenatural. Já no início deste século, essa estratégia de mudança de foco também seria usada por Leticia Wierzchowski para lançar um olhar original ao já muito tematizado conflito farroupilha em *A casa das sete mulheres* (2002). Na obra, Leticia escolhe narrar a guerra pelo ponto de vista estático das mulheres da família de Bento Gonçalves, confinadas na casa do general, à espera de notícias e do retorno dos homens engajados na matança. O romance tornaria a autora um sucesso de público, em especial depois da adaptação em uma popular série de TV.

Questões de identidade

Na segunda década do jovem século XXI, a literatura produzida no estado passa a ser também afetada pelas pressões que já ecoavam com força na sociedade fora das páginas dos livros, em especial a ascensão de uma postura política voltada para a diversificação de vozes, na esteira do multiculturalismo que foi se tornando hegemônico nos estudos acadêmicos. Como mostrou uma pesquisa iniciada em 2003 pelo Grupo de Estudos em Literatura Brasileira Contemporânea da Universidade de Brasília (UnB), sob a coordenação da professora Regina Dalcastagnè, embora o número dos romancistas brasileiros publicado por grandes editoras tenha mais do que dobrado, seu perfil hegemônico se manteve inalterado desde 1965: mais de 90% deles são homens, brancos, de classe média e moradores de grandes centros urbanos.

A divulgação da pesquisa na imprensa, a partir de 2011, chamou atenção para um aspecto que já vinha sendo amplamente discutido em outros campos da arte e que já havia sido levantado na própria literatura por outros episódios — a ausência de autores e personagens fora do padrão tido como hegemônico:

> Se negros e pobres apareciam pouco como personagens, como produtores literários eles são quase inexistentes. A partir dessas ausências, foram-se constatando outras, entre as personagens mesmo — das crianças, dos velhos, dos homossexuais, dos deficientes físicos e até das mulheres. Se eles estão pouco presentes no romance atual, são ainda mais reduzidas as suas chances de terem voz ali dentro. Os lugares de fala no interior da narrativa também são monopolizados pelos homens brancos, sem deficiências, adultos, heterossexuais, urbanos, de classe média.[7]

---

7. Regina Dalcastagnè, "A personagem do romance brasileiro contemporâneo".

A ausência de representantes afrodescendentes foi uma das discussões mais levantadas em 2012, por exemplo, quando a revista literária britânica *Granta* publicou sua edição com os vinte melhores escritores brasileiros abaixo de quarenta anos. E outra vez quando o Ministério da Cultura, em 2013, selecionou setenta autores como representação oficial para a Feira de Frankfurt, numa lista sem artistas negros. Discussões em âmbito nacional que ecoaram no estado: quando a Festa Literária Internacional de Paraty, em 2016, foi criticada pela quase ausência de escritores negros em sua programação, o poeta Ronald Augusto publicou um artigo no qual estendia a questão para a Feira do Livro de Porto Alegre.

Na esteira dessa pressão sobre o *mainstream* crítico e editorial, autores negros do Rio Grande do Sul foram se tornando presenças reconhecidas onde antes vigorava uma ruidosa ausência ou um significativo silenciamento. Uma coletânea intitulada *Negras palavras gaúchas*, produzida em 2013 e idealizada pelo jornalista e escritor Oscar Henrique Cardoso, reuniu vinte e três escritores negros do Rio Grande do Sul em um único volume. O projeto foi premiado na primeira edição do Prêmio Diversidade RS, concedido pela Secretaria de Estado da Cultura. Devido à boa repercussão, o mesmo autor organizaria um segundo volume em 2019, desta vez com vinte e sete participantes.

Na geração surgida na segunda década do século, Jeferson Tenório, após boa recepção crítica a seus romances *O beijo na parede* (2015) e *Estela sem Deus* (2018), torna-se um dos autores mais discutidos do país com sua terceira narrativa longa, *O avesso da pele*, publicada em 2020. É um romance ambicioso no qual Pedro, homem negro, dedica-se, na idade adulta, a reconstituir a vida de seus pais, Henrique e Marta, com foco especial na vida de Henrique, professor que, após uma vida deslocada pelo espectro do racismo, é morto em uma abordagem policial. A gradual ascensão política de uma extrema-direita que tem na negação do racismo parte de seu programa político colocou o livro e seu autor, a contragosto, no centro de um bom número de polêmicas – uma das mais rumorosas quando o romance foi censurado em um escola secundária de Santa Cruz do Sul, com a diretora do estabelecimento publicando um vídeo nas redes sociais no qual acusa o romance de pornográfico devido a duas menções oblíquas a sexualidade pinçadas entre as 190 páginas do livro.

Outros nomes destacados na mesma geração incluem Alessandro Garcia, finalista do Prêmio Jabuti com os contos de *A sordidez das pequenas coisas* (2010), e que na sequência, como exemplo do novo modelo de debate público instituído na era das redes, se tornaria um nome conhecido do grande público como *youtuber* e *podcaster*, bem como por sua participação em veículos *on-line* de cultura *pop* como o *site* multimídia Omelete. A presença do negro no Pampa, algo que Luís Augusto Fischer havia abordado na novela *Quatro negros* (2005), ganhou uma perspectiva "de dentro" na chamada *Trilogia alada* escrita por Luíz Horácio: *Perciliana e o pássaro com alma de cão* (2006), *Nenhum pássaro no céu* (2008) e *Pássaros grandes não cantam* (2010).

Luiz Maurício Azevedo, ensaísta, crítico e ficcionista nascido no Paraná, mas radicado por anos no Rio Grande do Sul, publicou em 2018 uma desconcertante novela distópica narrada por um cão, *Pequeno espólio do mal*. E em 2020 lançou o romance *A manipulação das ostras*, sobre uma família mestiça na qual as relações de poder refletem as tensões raciais veladas do país, não apenas na trama mas na forma (nas interações entre personagens, são frequentes diálogos em que as frase e a perspectiva daqueles situados em situação mais vulnerável na interação sejam apresentadas como espaços em branco). Luiz Maurício também complementa sua atividade ficcional com uma profícua atividade crítica, em parte registrada em seus livros de ensaios *Estética e raça* (2021) e *Afromarxismo* (2022).

Uma família mestiça está também no centro *de Vozes de retratos íntimos* (2021), romance de corte autobiográfico com o qual Taiasmin Ohnmacht tornou-se uma das poucas escritoras negras a vencer o Prêmio Açorianos de Literatura. A narradora, por meio do exame de esparsas fotografias, tenta reconstituir a história de sua família e as inevitáveis perspectivas discordantes dos elementos que a constituem, brancos, negros e uma antepassada indígena. A autora também publicou *Uma chance de continuarmos assim* (2023), romance de ficção futurista inspirado parcialmente em *Kindred*, da americana Octavia E. Butler, no qual alegoriza tensões sociais muito recentes. Na trama, uma jovem negra vai parar em uma sociedade futura em que estão em disputa duas correntes, a da manipulação eugênica para tornar os humanos mais "próximos da perfeição" e resistentes a doenças (e não por acaso, dada a ideologia subjacente, brancos), e as que apostam na tradição, tanto cultural quanto científica, e buscam bloquear infecções com vacinas — e que aceitam de modo tranquilo a miscigenação como parte da evolução humana.

O legado de uma família de mulheres negras do interior, vulnerabilizadas historicamente, cada geração a seu modo, também é o centro estruturante de *Louças de família* (2023), livro que marcou a estreia na narrativa longa da poeta Eliane Marques. Situado na fronteira do Rio Grande do Sul com o Uruguai, *Louças de família* passeia aos saltos da memória da protagonista pelas vidas de sua avó, de sua tia Eluma, de sua madrinha Lilite, de sua mãe e outras mulheres negras submetidas a um ciclo de repetição de explorações, mesmo quando tentam ensaiar fugas malfadadas. Eluma, a tia, morre após uma vida trabalhando como doméstica na casa de uma das famílias da elite local, mas não há dinheiro nem para pagar seu enterro. Lilite busca a redenção na Igreja, para onde leva o restante da família, inclusive a tia, para quem a exploração como doméstica segue a mesma. A mãe da protagonista desaparece aos poucos em um casamento abusivo. Mesmo Cuandu, a narradora, após buscar na educação a liberdade do ciclo, se vê assolada pela responsabilidade de narrar as vidas das gerações de mulheres aviltadas antes dela. Situado na citada região da Fronteira, o romance também se orquestra ele próprio na fronteira das linguagem, com uma prosa que mescla português, espanhol e iorubá com uma dicção na qual a poesia contamina a prosa, palavras se mesclam e se engavetam, e onde, num toque metaficcional, a própria narradora por vezes reclama das exigências dos revisores.

Mesmo Paulo Scott, um autor que teve sua estreia no início do milênio e participou da fase de expansão da editora Livros do Mal, encontra uma nova projeção quase duas décadas depois com um livro sobre a questão racial em *Marrom e amarelo* (2019), romance que aborda a relação conflituosa entre dois irmãos negros, Federico e Lourenço, enquanto também discute política, o racismo na sociedade brasileira, o sistema de privilégios que sustenta e alimenta esse racismo, incluindo o colorismo (Federico, negro de pele clara, parece mais inconformado com o racismo cotidiano mas conseguiu chegar a posições mais privilegiadas que seu irmão, de pele mais escura, que se refugia da agressão cotidiana na naturalização do preconceito sofrido).

Já José Falero cria, com Os *supridores* (2020), um dos grandes romances sociais recentes. Mesclando humor transgressor e uma sensibilidade zangada, Falero acompanha no romance a trajetória de Pedro e Marques, dois colegas que certo dia decidem parar de ralar como condenados a troco de merrecas em um supermercado e, em vez disso, tentam melhorar de vida vendendo maconha, o tipo de droga pela qual o tráfico organizado que domina comunidades como aquelas em que ambos vivem deixou de se interessar devido ao baixo custo-benefício. Partindo dessa premissa algo picaresca, o romance desenvolve questões prementes do Brasil desigual em termos tanto sociais quanto econômicos.

Dentro das manifestações de identidade, também se enquadram os cada vez mais amplos exemplos da literatura *queer* no estado, do próprio *Homens elegantes*, já mencionado, a volumes recentes como *As coisas* (2018), de Tobias Carvalho, contos em uma linguagem direta e clínica que formam um mosaico da vida de um jovem *gay* vivendo as mesmas anomias urbanas e a necessidade de conexão já abordadas em muitos contos e novelas surgidos a partir dos anos 2000, mas pela perspectiva única da sexualidade não normativa. Tobias voltaria ao tema com *Visão noturna* (2021), coletânea de narrativas com o sonho como fio condutor, e *Quarto aberto* (2023), seu primeiro romance, uma visão honesta e longe dos estereótipos de uma ciranda amorosa entre quatros jovens *gays*. A discussão sobre as características mais amplas da sexualidade e das concepções de gênero atravessa as obras da autora poeta e *slammer* Atena Beauvoir, em especial os contos de A *segunda humanidade* (2022), *Contos transantropológicos* (2021) *e Contos transantropofágicos* (2017), reunindo histórias de personagens que tentam afirmar sua própria identidade, não confinada pelos padrões hegemônicos de sexualidade.

Conclusão

A literatura da geração surgida a partir do século XXI ainda está em processo, o que torna qualquer retrato parcial e incompleto. É possível, contudo, recuperar algumas características gerais que formam um bom ponto de partida: é uma literatura sem compromissos de filiação a movimentos estéticos, moldada num panorama de liberdade criadora radical facilitada pelo barateamento dos meios de impressão, pela proliferação de oficinas e pela miríade de iniciativas editoriais. Tal liberdade ainda não se traduziu, contudo, em rompimentos estéticos e de linguagem radicais. Com poucas exceções, cada autor busca uma voz própria numa literatura de feição tradicional que não tem problemas em pedir emprestado de várias e diversas fontes.

Até onde essa literatura da multiplicidade irá e o que sobrará de seu mosaico de possibilidades é questão para uma próxima conversa.

Referências

CARNEIRO, Flávio: *No país do presente*: ficção brasileira no início do século XXI. Rio de Janeiro: Rocco, 2005.

DALCASTAGNÈ, Regina. A personagem do romance brasileiro contemporâneo. *Estudos de Literatura Brasileira Contemporânea*, Brasília, n. 26, 2005.

FISCHER, Luís Augusto. As cinco gerações do mapa literário gaúcho. *Zero Hora*, Caderno de Cultura, 2 nov. 1996.

IBGE – Instituto Brasileiro de Geografia e Estatística. PNAD Contínua – Pesquisa Nacional por Amostra de Domicílios Contínua. *IBGE*, 2022. Disponível em: https://www.ibge.gov.br/estatisticas/sociais/populacao/17270-pnad-continua.html?edicao=38243&t=resultados. Acesso em: 5 set. 2024.

RESENDE, Beatriz. Um panorama da literatura recente no país. *Folha de S. Paulo*, Caderno Ilustríssima, 23 fev. 2014.

SOBOTA, Guilherme. Entrevista, Michel Laub: "Não há como melhorar a escrita sem ser um bom leitor". *Cândido*, Curitiba, dez. 2011.

ZILBERMAN, Regina. A *literatura no Rio Grande do Sul*. Porto Alegre: Mercado Aberto, 1980.

Diego Grando

5.7.1

O caso das oficinas literárias

Fenômeno determinante para o sistema literário gaúcho do início do século XXI, embora de magnitude e desdobramentos ainda pouco distinguíveis, é o das oficinas literárias. Em poucas palavras, algumas características comporiam uma tentativa de definição ampla:

1) ministrante: um escritor, com raros casos de oficinas oferecidas por professores ou ex-professores universitários sem produção literária;

2) carga horária: variável, desde oficinas curtas ou curtíssimas (um ou dois encontros de duas horas) até as extensas (um ano, com frequência semanal), com casos, inclusive, sem previsão de término;

3) local: ambientes bastante diversos, tais como livrarias, centro culturais, bares, universidades e mesmo a residência dos ministrantes, imperando alguma informalidade, além de oficinas *on-line*;

4) conteúdos desenvolvidos: definidos pelos próprios ministrantes, normalmente com pontos de contato com a obra que produzem.

O elemento comum a todas as oficinas — e o que, propriamente, as define como tal – é o fato de terem, como peça-chave de seu funcionamento, a produção de textos (ou exercícios) literários pelos alunos, acompanhada de discussão em grupo sobre as produções e comentários do ministrante. E aí entram a especificidade e a novidade das oficinas literárias: são cursos de literatura voltados para a prática, destinados a um público aberto a isso, ainda que com expectativas diversas quanto aos resultados desejados (da melhora na expressão escrita ao início de uma carreira literária).

Os dois casos mais destacados, por longevidade e reconhecimento, parecem ser os das oficinas de Luiz Antonio de Assis Brasil e Charles Kiefer. Importa ressaltar que ambos os escritores se lançaram como professores de oficina (além de acumularem a função de professores universitários) quando já eram autores plenamente reconhecidos (publicados, resenhados, premiados) no sistema literário sul-rio-grandense e fora dele. Ou seja, a legitimação enquanto escritores foi uma garantia de credibilidade para exercerem o ofício de difusores de *um certo saber*, um conhecimento muito mais difuso (em última instância, menos ensinável) e nada ortodoxo: a literatura pelo viés da criação, vista do ângulo (ou pensada através do filtro) de um criador.

Luiz Antonio de Assis Brasil criou a Oficina de Criação Literária em 1985, junto ao Programa de Pós-Graduação em Letras da Pontifícia Universidade Católica do Rio Grande do Sul (PUCRS), onde até hoje é oferecida como atividade de extensão universitária. A oficina tem como foco o texto narrativo. Há um processo de seleção semestral (análise de currículo, questionário-entrevista por escrito e submissão de textos narrativos), não só pelo fato de a demanda ser maior que a oferta (são quinze alunos por edição), mas pelo intuito de escolher aquelas "pessoas que revelem intimidade com a literatura"[1], não sendo voltada, portanto, para pessoas sem qualquer tipo de experiência prévia. A oficina é organizada em dois semestres, cada um com quinze encontros de quatro horas de duração: no primeiro, trabalham-se questões técnicas relacionadas ao texto narrativo (narrador,

1. Conforme o *site* da PUCRS, disponível em: https://portal.pucrs.br/ensino/escola-de-humanidades/oficina-de-criacao-literaria/. Acesso em: 7 out. 2024.

tempo, espaço, personagem, diálogo etc.), ficando o professor encarregado de conduzir as aulas, oferecendo informação e bibliografia técnica e teórica, apresentando exemplos extraídos de textos literários, propondo exercícios e solicitando semanalmente atividades de produção, posteriormente discutidas pelos integrantes e comentadas por escrito por ele; no segundo semestre, as atenções voltam-se para a prática do conto (em função da possibilidade de analisar textos integralmente em sala de aula), e o curso organiza-se na forma de seminários semanais sobre os contos produzidos pelos participantes. Ao final da oficina, os alunos organizam e publicam uma antologia de contos produzidos por eles.

Foi na segunda metade dos anos 1980 que Charles Kiefer criou sua oficina literária particular, que funcionou até os primeiros anos da década de 2010. De caráter menos institucional, aconteceu em espaços variados, entre eles a livraria Palavraria, no bairro Bom Fim, ao longo da década de 2000, e em espaço próprio, no bairro Menino Deus. Ainda que tivesse surgido com foco no conto, a oficina, ao longo dos anos de funcionamento, passou a dar abertura à discussão e à prática de outros gêneros, seja romance, poesia, crônica, memória, autobiografia etc., fato que se refletiu também na metodologia de ensino: formado um grupo (chegando, em épocas, a haver turmas todos os dias, e até mais de uma por dia), os assuntos tratados, textos estudados e produções apresentadas e discutidas iam de acordo com a dinâmica e interesses dos próprios integrantes, em encontros semanais de duas horas. Essa abertura de pauta fez com que a oficina se tornasse uma espécie de um grupo de discussão em torno de um mesmo objetivo (a criação literária, ou, de maneira mais ampla, a literatura), com o professor, nesse caso, ocupando um lugar ora de tutor, ora de teórico, ora de juiz, ora de mediador. Também a relação com a duração era indefinida: a oficina não tinha um cronograma pré-fixado, era o grupo que se mantinha, ou não, conforme o interesse dos participantes (casos houve de grupos que se mantiveram por mais de cinco anos). De maneira menos sistemática, houve publicações de antologias, além de prêmios literários internos, envolvendo os integrantes de todos os grupos em atividade, e de publicações individuais de participantes.

Assis Brasil e Kiefer parecem ter criado as oficinas paradigmáticas, no sentido de terem introduzido e dado consistência a esse tipo de prática no estado. Literalmente, *fizeram escola*. E mais do que isso: o surgimento e o reconhecimento de novos autores (sobretudo jovens) egressos dessas oficinas, com publicações em grandes editoras do centro do país (Companhia das Letras, Record, Rocco etc.) e prêmios literários importantes (Portugal Telecom, São Paulo, Jabuti), no final de década de 1990 e início dos anos 2000, serve de chancela ao trabalho realizado nas oficinas (sempre, evidentemente, havendo margens para desconfianças, questionamentos e ponderações). A partir daí, o fenômeno começa a se expandir e a chamar a atenção, na mídia e na academia, surgindo bibliografia *a respeito* das oficinas literárias, seja em reportagens sobre oficinas e/ou autores que passaram por elas, seja em reflexões dos próprios ministrantes sobre o papel e os limites das oficinas e, de forma mais ampla, sobre a criação literária e o ato de escrever, seja em artigos e trabalhos acadêmicos. Com isso, há mais procura por essas oficinas, e outras começam a surgir, muitas delas criadas por escritores que tiveram, por sua vez, a experiência de oficina enquanto alunos.

Diante desse quadro, talvez seja possível postular o surgimento de um subsistema literário decorrente das oficinas literárias. Afinal, frequentar uma oficina não significa apenas participar de um curso de escrita ministrado por um escritor, mas estabelecer vínculos com pessoas com interesses afins (e que compartilham a ideia de que escrever é algo que se aprende, ou se desenvolve), inserir-se no meio literário, qualificar-se enquanto leitor, ter a possibilidade de uma primeira publicação, descobrir novos autores, prestigiar os lançamentos de colegas e, principalmente, ler as suas obras, numa onda inédita de interesse pela produção contemporânea local.

Na virada da segunda para a terceira décadas do século XXI, o cenário de oficinas, sobretudo em Porto Alegre, tornou-se mais amplo. Há oferta nos mais variados formatos e propostas, sendo listadas algumas, a título de ilustração: narrativa, poesia, crônica, canção, roteiro, variações do conto, narrador, personagem, diálogo na ficção, arquitetura do romance, verso livre, versificação, exercícios poéticos e tradução, literatura infantil, refúgio poético, autoria feminina, desbloqueio criativo, memória, cidade, viagem, escritas de inverno, soltando a língua, edição de livros, mecânica da criação etc.

Outra consequência das oficinas literárias, dessa vez de dimensão institucional, foi a abertura do campo acadêmico da Escrita Criativa, aos moldes dos programas de *Creative Writing* existentes, sobretudo, nos Estados Unidos e no Canadá.[2] Tais programas caracterizam-se por privilegiar, em seu currículo, uma formação prática, tanto em nível de graduação quanto pós-graduação, ali incluídas disciplinas em formato de oficinas, em muitos casos ministradas por escritores de prestígio, sendo solicitada a criação de uma obra literária inédita como trabalho de final de curso, acompanhada de alguma reflexão teórica e/ou depoimento sobre o processo de criação.

Referendado pelo êxito da Oficina de Criação Literária mantida por Luiz Antonio de Assis Brasil, e contando também com Charles Kiefer no seu corpo docente, a Faculdade de Letras e o Programa de Pós-Graduação em Letras da PUCRS criaram, em

2. O *Program in Creative Writing*, surgido em 1936 na Iowa University, é considerado o pioneiro na área, conforme Luiz Antonio de Assis Brasil, em "A escrita criativa e a universidade".

2006, a linha de pesquisa em Escrita Criativa, possibilitando o desenvolvimento de trabalhos criativos no âmbito do Mestrado em Teoria da Literatura. Em 2012, foi estabelecida a área de concentração em Escrita Criativa, conferindo maior autonomia e reconhecimento ao campo, em relação ao momento anterior, e abarcando também o nível de Doutorado. Finalmente, em 2016, foi implementado o Curso Superior de Tecnologia em Escrita Criativa, fechando, assim, o ciclo completo em Escrita Criativa no ensino superior. A instituição ocupa, neste momento, posição única no cenário acadêmico brasileiro.

Apesar de não ter uma oferta tão ampla de disciplinas em formato de oficina, o Programa de Pós-Graduação em Letras da Universidade Federal do Rio Grande do Sul (UFRGS) criou a linha de pesquisa "Estudos Literários Aplicados: Literatura, Ensino e Escrita Criativa" em 2014, muito embora trabalhos de natureza criativa já houvessem sido realizados há mais de uma década. Na instituição, destaca-se o nome da professora Márcia Ivana de Lima e Silva, estudiosa da criação literária pelo viés da Crítica Genética, responsável por estar à frente da discussão sobre processos de criação e produção literária na academia. Também orientaram dissertações e teses em Escrita Criativa – antes ou depois dessa denominação — os professores Luís Augusto Fischer, Jane Tutikian, Ana Maria Lisboa de Mello, Leonardo Antunes e Carlos Augusto Bonifácio Leite.

Nesse cenário, sobre o qual ainda pairam (saudáveis) dúvidas — afinal, a pergunta "é possível ensinar a escrever literatura?" segue como questão de fundo —, o Rio Grande do Sul situa-se na ponta de lança de um processo em franco desenvolvimento, cujas consequências mais profundas só se tornarão mais visíveis e, portanto, passíveis de análise, nas décadas futuras. Porém, já existem motivos suficientes — obras e autores, mas também movimentação e leitura — para que se reconheça sua importância. Se nada mais houvesse a comprovar a força e a qualidade do fenômeno, bastaria mencionar o livro *Escrever ficção: um manual de criação literária*, de Luiz Antonio de Assis Brasil, lançado em 2019 (Companhia das Letras), resultado de toda uma vida dedicada ao trabalho de ajudar a escrever.

Escritores que passaram por oficinas literárias (lista não exaustiva, em ordem alfabética)

Amilcar Bettega, Caio Riter, Cardoso, Camila Maccari, Carol Bensimon, Cíntia Moscovich, Clarah Averbuck, Cristiano Baldi, Daniel Galera, Daniel Pellizzari, Gustavo Melo Czekster, Ítalo Ogliari, José Francisco Botelho, Julia Dantas, Leonardo Brasiliense, Leticia Wierzchowski, Luís Roberto Amabile, Luisa Geisler, Michel Laub, Olavo Amaral, Paulo Scott, Reginaldo Pujol Filho, Rodrigo Rosp, Rubem Penz, Samir Machado de Machado, Vera Karam.

Ministrantes de oficinas literárias (lista não exaustiva, em ordem alfabética)

Alcy Cheuiche, Angélica Freitas, Berenice Sica Lamas, Caio Riter, Carol Bensimon, Charles Kiefer, Cíntia Moscovich, Clarah Averbuck, Cristiano Baldi, Daniel Galera, Diego Grando, Emir Rossoni, Guto Leite, Jane Tutikian, João Gilberto Noll, José Francisco Botelho, Léa Masina, Leticia Wierzchowski, Lu Urbim, Luís Augusto Fischer, Luís Roberto Amabile, Luiz Antonio de Assis Brasil, Marcelo Spalding, Marília Floôr Kosby, Marli Marlene Hintz, Moema Vilela, Pedro Gonzaga, Reginaldo Pujol Filho, Ricardo Silvestrin, Rodrigo Rosp, Ronald Augusto, Rubem Penz.

Autores de obras produzidas como trabalho acadêmico em Escrita Criativa e publicadas em livro, na PUCRS e na UFRGS

Mestrado

Altair Martins, Amilcar Bettega, Ana Santos, Caio Yurgel, Camila Maccari, Carol Bensimon, Cristiano Baldi, Davi Boaventura, Diego Grando, Giulia Barão, Iuri Müller, María Elena Morán, Patsy Cecato, Rafael Prudencio, Reginaldo Pujol Filho, Ricardo Koch Kroeff, Rodrigo Rosp, Tiago Germano.

Doutorado

Altair Martins, Amilcar Bettega, Diego Grando, Gabriel Eduardo Bortulini, Guilherme Azambuja Castro, Gustavo Melo Czekster, Luís Roberto Amabile, María Elena Morán, Moema Vilela, Richard Serraria, Taiane Santi Martins.

Referências

ASSIS BRASIL, Luiz Antonio de. *Escrever ficção*: um manual de criação literária. São Paulo: Companhia das Letras, 2019.

ASSIS BRASIL, Luiz Antonio de. A Oficina da PUCRS. *LAAB*, 2015. Disponível em: http://www.laab.com.br/oficina.html. Acesso em: 23 abr. 2018.

ASSIS BRASIL, Luiz Antonio de. "A escrita criativa e a universidade". *Letras de Hoje*, Porto Alegre, v. 50, n. esp. (supl.), dez. 2015.

FACCIOLI, Cíntia Moscovich. *O eloquente silêncio*: das oficinas de criação literária à conquista da competência para o conto. 2000. Dissertação (Mestrado em Letras) – Pontifícia Universidade Católica do Rio Grande do Sul, Porto Alegre, 2000.

GONZAGA, Pedro; TUTIKIAN, Jane. *Escreva!* – guia de escrita criativa. Porto Alegre: Leitura XXI, 2015.

KIEFER, Charles. *Para ser escritor*. São Paulo: Leya, 2010.

LAMAS, Berenice Sica; HINTZ, Marli Marlene. *Oficina de criação literária:* um olhar de viés. Porto Alegre: EDIPUCRS, 1997.

LIMA E SILVA, Márcia Ivana de (Org.). *Por dentro da criação*. Porto Alegre: Ed. da UFRGS, 2019.

PUCRS. Oficina de Criação Literária. *PUCRS*, 2024. Disponível em: https://portal.pucrs.br/ensino/escola-de-humanidades/oficina-de-criacao-literaria/. Acesso em: 7 out. 2024.

Leandro Maia

5.8

Sul generis ou A música popular dos anos 1990 como circum-navegação em águas profundas

A palavra *sui* foi substituída por *sul*, na expressão latina utilizada para designar algo peculiar, original e único. Isto foi feito na tentativa de situar geograficamente a reflexão sobre o campo da canção popular entre os anos 1990 e 2000. Um período de plena consolidação e, talvez, certa circum-navegação, poder-se-ia dizer. O termo *sul generis* ocorreu-me durante a proposição de uma série sobre a música do Rio Grande do Sul, o *Gauchada Sul Generis*, CCBB-RJ em 2012, mais tarde a produção de outros festivais, como o *Mistura Mundo Sul Generis*, no Theatro São Pedro e na Bibliotheca Pública Pelotense em 2017, *e Guaipecada Sul Generis*. Dialoga, sem dúvida, com a perspectiva de Demétrio Xavier, em seu programa radiofônico *Cantos do Sul da Terra*. Mas antes de *sul* veio *sui generis*, utilizado pelo professor Luís Augusto Fischer para definir o conceito de canção popular. Para ele:

> [...] a canção é um gênero singular, autônomo, que mistura elementos de áreas distintas, a música e a literatura, sendo porém uma síntese de seu próprio gênero, que é o que a expressão latina *sui generis* quer dizer, literalmente.[1]

Pensando justamente na interface entre canção e literatura, no sentido de considerá-la também uma forma de representação que transcende a forma enquanto "fato social total", surgiu a

1. Luís Augusto Fischer, *Contra o esquecimento*: crônicas de ideias, p. 124-125.

ideia de *sul generis*. Uma canção que represente tempo, espaço e contexto. Trata-se de uma busca por sintetizar a canção não somente em relação às suas formas e valores expressivos, mas também seu *locus* de produção, imaginário e difusão. O nome *sul generis*, como mencionado, surgiu de um projeto que refletia sobre identidades gaúchas por meio da música produzida aqui, em especial *Gauchada Sul Generis*. Naquela ocasião, foi possível dissertar um pouco sobre o exercício de definir e contextualizar a música feita no Rio Grande do Sul, tentando fugir de uma rotulação rígida e estereotipada que estabelece um imaginário predominante sobre a identidade local.

Por que a produção dos cancionistas gaúchos ao final do século XX, virada para o século XXI, é *sul generis?* Atribuo isto ao conjunto formado por diversos fatores, tais como a predominância de uma canção urbana feita com matrizes ancestrais e matizes regionais, vinculada a um mercado fonográfico então de circulação praticamente restrita ao Rio Grande do Sul e, mais especificamente, a Porto Alegre, cuja temática, nas letras, e cujas construções musicais buscam dialogar com paisagens e imaginários locais. Talvez a década de 1990 tenha sido a que menos apresentou "vasos comunicantes", se pensarmos nos exemplos dos anos 1940, com Radamés Gnatalli; dos anos 1950, com Lupicínio Rodrigues; dos anos 1960, com Elis Regina e com a Frente Gaúcha da Música Brasileira; dos anos 1970, com os Almôndegas; e nos anos 1980 com a MPG, Kleiton & Kledir, o *rock* gaúcho, Engenheiros do Hawaii e Nenhum de Nós.

Os anos 1990 são atravessados por mudanças significativas no mercado musical mais concentrado e menos diverso, caracterizados pelos processos avançados de digitalização musical e o surgimento da MTV enquanto um elemento extra de concentração da produção musical nacional, sempre irradiada do eixo Rio-São Paulo para o resto do país, mas sem muita chance de fluxo contrário ou perpendicular. Por cima, é possível identificar que a migração LP-CD, ocorrida a partir da década de 1990, beneficiou mais a transição de um formato para outro, em si, do que o surgimento de novos artistas e nichos ou o fomento na criação e produção. Muita gente se desfez de sua coleção de discos de vinis e comprou as mesmas obras em CD. É plausível afirmar que, com esta transição, foram beneficiados grandes selos que tinham poder de conversão, fabricação e sistema de distribuição bem estabelecidos. O dinheiro que antes ia para a compra de obras novas e audiência de *shows*, passou a competir — e perder — com a aquisição de equipamentos digitais e de CDs de obras que antes eram vinis, dado o apelo pela praticidade, "durabilidade" — não arranha! — e alta definição.

Alguns desses mitos, por exemplo sobre a durabilidade do digital, ruíram ao longo do tempo. No entanto, cruzar fronteiras de transmissão de conteúdo com material inédito e original passou a ser bastante mais complicado, contribuindo para o fenômeno que denominamos como circum-navegação, ou até isolamento. Em outras palavras, a circulação, os circuitos culturais vivenciaram relativo cerceamento, voltando-se para mercados mais locais e refletindo-se, de certa forma, no aprofundamento e até na resolução de questões relacionadas à identidade cultural. (Ao final do texto, temos uma listagem de autores e obras.) Se no início da década ainda contava-se com prêmios nacionais e o reconhecimento de artistas gaúchos, mais para o fim da década predominam os reconhecimentos regionais (Prêmio Açorianos de Música) e políticas públicas locais de fomento (Fumproarte).

É nos anos 1990 que artistas como Bedeu, Vitor Ramil e Bebeto Alves retornam ao Rio Grande do Sul. Nos anos 1980, as rádios FMs se constituíram como veículos predominantes para a veiculação musical e ao mesmo tempo suscetíveis à concentração de mercado — para não falar em jabá e outras formas de publicidade disfarçadas de repertório. Neste sentido, é também um momento propício à produção independente e, consequentemente, de uma diversidade grande de linguagens, ainda que alheias aos grandes meios e ainda sem acesso à internet como estratégia de visibilidade e difusão. Talvez a palavra "propício" apresente certo otimismo, ao descrever praticamente a única forma de produção musical viável. Um saudoso amigo e parceiro, o cantor e compositor Alexandre Vieira, ou Alê Viê, costumava brincar dizendo que "é fácil dizer que nunca vou me vender para o diabo, se ele nunca apareceu para me comprar". A frase sintetizava um pouco das contradições entre "pureza musical" e "indústria de mercado", quando o mercado musical encontrava-se já distante do setor produtivo e mais próximo do capital especulativo. Aliás, é na década de 1990 que o projeto neoliberal busca se estabelecer no Brasil, acompanhando a mesma movimentação em nível global.

Embora a sociedade brasileira estivesse em pleno processo de redemocratização, os mecanismos de controle social e da opinião pública consolidados durante a Ditadura Civil-Militar (1964–1985) estavam plenamente estabelecidos e inabaláveis nos anos 1990, incluindo a hegemonia da Rede Globo/RBS e redes de jornal, rádio e televisão vinculadas. A predominância de multinacionais da música no país e a concentração de selos musicais também é evidente no período. No entanto, é também neste mesmo período que políticas culturais se estabeleceram como fruto de governos progressistas em Porto Alegre e no estado, implementando mecanismos públicos como o Fundo Municipal de Apoio à Produção Artística e Cultural de Porto Alegre – Fumproarte (1994), o Prêmio Açorianos (para várias áreas como música, literatura e artes cênicas), o Festival de Música de Porto Alegre e outros mecanismos locais de produção musical. Destaca-se a figura *sul generis* de Olívio Dutra, prefeito entre 1989 e 1993 e governador entre 1999 e 2003, quando foram criados, dentre outros mecanismos, o Fundo de Apoio à Cultura do Estado do Rio Grande do Sul (FAC), de investimento estatal direto. Vale lembrar que, neste período, a internet ainda se encontrava em processo recente de consolidação e que seus impactos na indústria musical ainda estavam longe de serem considerados para valer.

Canção urbana no Rio Grande do Sul a partir dos anos 1990

Como descrever a produção cancional local da década de 1990? Quais seriam as fontes de pesquisa frente à rarefeita industrialização do setor e tímida veiculação nas mídias locais? As investigações, biografias e bibliografias ainda estão surgindo para mapear e dar relevância a esta produção. Assim torcemos. Veremos que novos mecanismos de fomento e legitimação surgirão a partir das políticas de governos progressistas de esquerda neste período. O termo "canção urbana", utilizado por Celso Loureiro Chaves, parece sintetizar bem o que chamamos a atenção para a circum-navegação *sul generis* dos anos 1990:

> [...] prefiro transferir a caracterização desta música (música urbana) para o seu *locus* de produção do que identificá-la pela sua origem (que raramente é "popular") [...]. A música urbana tem uma manifestação principal que a define: a canção de três minutos, geralmente baseada numa estrutura melódica e harmônica que se estende por um número limitado de compassos, geralmente arranjados em múltiplos de quatro. A canção de três minutos não é invenção dos últimos cem anos. Mas foi dentro deles que ela se solidificou para se tornar uma manifestação social e cultural onipresente.[2]

Embora não façamos uma análise pormenorizada de canções e obras por aqui, é interessante perceber a maneira pela qual os artistas *sul generis* tomaram para si a responsabilidade de

2. Celso Loureiro Chaves, *Memórias do pierrô lunar e outras histórias musicais*, p. 133.

produzir, distribuir e propor políticas públicas para o setor, construindo junto ao poder público importantes alternativas. É a década dos artistas autoprodutores por excelência, beneficiados pelos mecanismos de apoio acima mencionados, os quais possibilitaram um fluxo importante: o financiamento de produções culturais e o reconhecimento de artistas e fazedores de cultura.

A partir dos anos 1990, portanto, se consolida o reconhecimento da grandeza dos artistas e sua relevância na produção cultural desde o final dos anos 1970. É o período de maturidade tanto da turma da MPG quanto da galera do *rock* gaúcho. Esta maturidade de trajetória apresentava estofo suficiente para solidificar uma poderosa e multifacetada canção porto-alegrense, agora já desapegada de rótulos específicos (MPG, Samba, *Pop*, Tradicionalismo, Nativismo), cujos expoentes encontravam-se em plena atividade. Se, para Arthur de Faria, a canção porto-alegrense teria alcançado a consolidação de seu sistema, no sentido de Antonio Candido para o termo, com os Almôndegas nos anos 1970, a década de 1990 apontou para a ampliação deste sistema, ao mesmo tempo que a comunicação com outros sistemas parecia se fechar — considerando a inovação tecnológica, a concentração da indústria e dos meios de difusão, a migração LP-CD. Ao mesmo tempo, os novos instrumentos de reconhecimento e fomento artístico evidenciaram novas gerações de compositores surgidas na cidade. Note-se que praticamente todos os artistas recorreram em algum momento de suas carreiras às políticas de fomento. Praticamente todos os artistas se beneficiaram, em muitos trabalhos, de mecanismos públicos como o Fumproarte ou tiveram como reconhecimento troféus do Prêmio Açorianos de Música. Em muitos casos, estes foram os únicos mecanismos de posicionamento, legitimação, reputação e consagração disponíveis.

Dentre outros fatores, é possível identificar a importância destes instrumentos no campo da canção popular, propiciando o delineamento de seus capitais e agentes específicos. Refiro-me à perspectiva de que campos sociais possuem autonomia e apresentam, muitas vezes, uma "economia reversa", como compreende Pierre Bourdieu em seus escritos sobre o campo da produção cultural. Em um cenário como o porto-alegrense, "longe demais das capitais", conformações estéticas podem surgir tanto reproduzindo informações externas, como absorvendo e reformulando novas poéticas.

Os agentes e o campo da música popular

O período dos anos 1990 apresentou, de um lado, a consagração de nomes como Vitor Ramil, Bebeto Alves, Nei Lisboa, Nelson Coelho de Castro, Gelson Oliveira, Antonio Villeroy, Cláudio Levitan, Nico Nicolaiewsky, Zé Caradípia, Fernando Corona, Giba Giba e Hique Gomez. Por outro lado, compositores já reconhecidos e consagrados da geração anterior, em particular da Frente Gaúcha da Música Brasileira, tiveram suas obras revisitadas por intérpretes e seguiram suas produções com parceiros da mesma geração ou mais jovens. Assim, artistas como Jerônimo Jardim, Sérgio Napp, Mário Barbará, Geraldo Flach, José Fogaça, Kleiton & Kledir, Pery Souza e Raul Ellwanger, que tiveram suas produções lançadas anteriormente predominantemente em coletâneas e festivais, passam a ter suas obras reunidas, reeditadas ou reinterpretadas por nomes como Loma, Ângela Jobim, Luciah Helena, Victor Hugo, Nancy Araújo, Paulo Gaiger e Isabela Fogaça, através da edição de discos e espetáculos financiados por mecanismos públicos, incluindo Fumproarte, LIC e Lei Rouanet, incluindo patrocínio incentivado de empresas estatais e privadas.

Como marco de transição dos 1980 aos 1990, poderíamos mencionar o LP-espetáculo *Coompor Canta Lupi*, promovido pela Cooperativa Mista de Músicos de Porto Alegre, cujas apresentações estenderam-se, pelo menos, até 1991. O trabalho foi um tributo a Lupicínio Rodrigues feito por Bebeto Alves, Paulo Gaiger, Neusa Ávila, Pery Souza, Nelson Coelho de Castro, Nanci Araújo e Gelson Oliveira, acompanhados pelo Quinteto Sotaque, formado por Fernando Corona, Pedro Figueiredo, Everson Vargas, Jua Ferreira e Edilson Ávila.

É interessante identificar que é a partir desta década que ocorre maior integração entre os universos urbano e regional, em trabalhos em parceria de Bebeto Alves, Mauro Moraes e José Cláudio Machado. Vitor Ramil publica suas incursões sobre Simões Lopes Neto, João da Cunha Vargas e Jorge Luis Borges. Artistas ligados ao grupo Tambo do Bando, como Sérgio Metz, Leandro Cachoeira, Vinícius Brum, Beto Bollo, Marcelo Lehmann e Texo Cabral, fizeram a ponte entre a canção urbana, o movimento sindical, os festivais e a matriz nativista não aferrada à tradição.

A equação campo-cidade passa a se equilibrar sobre novos patamares. A trilogia de Bebeto Alves sobre canções de Mauro Morais, além de sua própria *Milonga nova*, ao lado de Vitor Ramil, com sua antológica *Ramilonga: a estética do frio* —, transcendem e conciliam campo, cidade, *rock*, MPB e regionalismo. São obras de síntese sobre identidade gaúcha, brasileira e latino-americana, alçando o *sul generis* a um novo regional-universal. Vitor Ramil, sobretudo, parece ressignificar o conceito de tradição — palavra tão poluída no Rio Grande do Sul — da milonga e das formas platinas. Nelson Coelho de Castro retoma a tradição do samba, sempre presente em sua obra. Gelson Oliveira usa e abusa das matrizes africanas e sua voz única, passando pelo ijexá e outros ritmos brasileiros. Antonio "Totonho" Villeroy funde o *pop*, o samba e outras tradições em interações com artistas do centro do país e seus parceiros em Porto Alegre. Nos anos dois mil, Gelson, Nelson, Totonho e Bebeto integrariam o núcleo *Juntos*, em *shows* e discos coletivos.

Para fins de sistematização, propõe-se pensar a produção musical dos 1990 a partir do exercício de agrupamento de artistas em obras em coletivos diversos, que denominaremos núcleos. Alguns, explicitamente autodenominados, tais como bandas, conjuntos ou movimentos. É o caso de Juntos, Tambo do Bando, ou Bando Barato pra Cachorro. Outros são agrupados com certa arbitrariedade, a partir da relação dos agentes conforme interesses ou circuitos comuns, como Odomodê ou Subvertendo.

Cláudio Levitan, um dos compositores do Musical Saracura (1970–1980), revisita os ritmos de matriz judaica e eslava, de forma festiva e intensa, fundindo-os com outros ritmos mais tradicionais da matriz gaúcha como o xote, a vanera e a milonga. Cláudio integra, por exemplo, o núcleo *Tangos & tragédias*, com Nico Nicolaiewsky e Hique Gomez. Este núcleo atua em interação com músicos e parceiros que incluem Fernando Pezão, Sílvio Marques, Fábio Mentz, Júlio Rizzo, Clóvis Boca Freire, Guenther Andreas, Arthur de Faria, entre outros, que fazem importante visitação às fusões gaúchas e brasileiras com ritmos de matriz balcânica e orientalismos diversos. Este núcleo produziu de invenção e memória, tais como *Minha longa milonga: doze canções para Keidânia* (2000), de Cláudio Levitan.

Giba Giba, por extenso Gilberto Amaro do Nascimento, vindo de Pelotas com seu sopapo, habita Porto Alegre e introduz importante movimento de resgate da linhagem afro-gaúcha. Estas tradições são também reforçadas pelos compositores e artistas que celebram o maçambique, os tambores praieiros, a negritude, o *reggae* e o samba-*rock*. Poderíamos denominar de "núcleo Odomodê" artistas como Bedeu, Luis Vagner, Paulo Romeu, Marietti Fialho, a banda Motivos Óbvios, Paulo Dionísio, a banda Produto Nacional, Melô Machado e o coletivo Coisa Preta, Marcelo Kará. Outros criadores como Kako Xavier, Marcelo Kará e projeto *Afro Tchê*, assim como Gilberto Oliveira, também merecem menção nesse movimento. É também deste período o surgimento de trabalhos referência do rap, como o grupo Da Guedes, formado em 1993. É deste ano, por exemplo, o primeiro lançamento do grupo Pagode do Dorinho em LP, CD e fita cassete pela gravadora ACIT, grupo surgido nos anos 1980. Alexandre Silva "Xandele", jovem cantor e guitarrista participante do núcleo Pau Brasil, de Bedeu e Luiz Vagner, conquistou o 1º Festival de Música de Porto Alegre, em 1988, promovido pela Descentralização da Cultura/Secretaria Municipal da Cultura de Porto Alegre (SMC), outro importante eixo de política cultural.

Enquanto as novas práticas e políticas contribuíam para consolidar memórias e consagrar artistas atuantes no período, novas gerações emergiam em suas primeiras gravações em disco (CD, via de regra). Surgem novas propostas estéticas *sul generis* e o diálogo com outras matrizes e influências, incluindo Luiz Tatit e Vanguarda Paulista. Nesta vertente, poderíamos mencionar diversos núcleos criativos, ou coletivos de artistas que interagiam entre várias formações colaborativas e também carreira solo, canção e música instrumental. Um desses núcleos foi o Quebra-Cabeça, de música instrumental, que produziu disco homônimo. Formado por Geraldo Fischer, Marcelo Delacroix, Simone Rasslan, Kitty Santos, Giovanni Berti e Jorge Matte, num disco com direção musical de Pedrinho Figueiredo e colaboração de Paulo Dorfman, o Quebra-Cabeça gravou apenas este trabalho, mas reuniu artistas que viriam a ocupar lugar importante no cenário da música do Rio Grande do Sul nos anos seguintes.

Outro núcleo, o Cuidado que Mancha, com Gustavo Finkler, Jackson Zambelli e Raquel Grabauska, também contou com colaborações diversas, entre eles Fábio Mentz e Arthur de Faria, o qual iniciou seu trabalho no Bando Barato pra Cachorro, liderado por Adriana Marques, com a presença de Julio Rizzo, Amauri Iablonovski, Sérgio Karam e Marcelo Piraíno. Também atuaram no Bando músicos vinculados aos núcleos Quebra-Cabeça e

Cuidado que Mancha. Adriana Marques, cantora do Bando, futuramente comporia duo com a cantora e pianista Simone Rasslan, do Quebra, denominado Rádio Esmeralda. Outro núcleo, que poderíamos chamar de Subvertendo, também gerou diversos trabalhos partir da gravação do CD de Carlos Patrício, que reuniu cantautores de diversas influências como Alexandre Vieira, Mário Falcão e Johann Alex de Souza, em colaboração com artistas como o cantor e cantor Zé da Terreira, que também retornava ao Rio Grande do Sul.

O que praticamente todos estes núcleos — Cuidado, Bando, Quebra-Cabeça e Subvertendo — tinham em comum? Além da peculiaridade de uma produção independente e das características mencionadas, tais como a canção urbana de matizes regionais (milonga, xote, chamamé, vanera) fundidos ao *rock*, *pop* e ritmos brasileiros, vinculada a um mercado fonográfico de limitada circulação e distribuição, estes artistas e núcleos dos 1990 atuavam significativamente na criação de trilhas para teatro, dança e audiovisual. E isto não era por acaso: a produção teatral, assim como as demais linguagens, encontrava suporte e dava as linhas da política cultural, ocupando os espaços culturais da cidade, atuando junto a projetos como a Descentralização da Cultura/SMC nas dezesseis regiões do Orçamento Participativo, que possibilitava também postos de trabalho em oficinas, montagens e circulação de espetáculos. Assim ocorreu com grupos de teatro como A Tribo de Atuadores Ói Nóis Aqui Traveiz (Terreira da Tribo), o Depósito de Teatro, o Teatro Escola de Porto Alegre (TEPA), a Caixa do Elefante Teatro de Bonecos, o Grupo Oigalê Teatro de Rua, a Usina de Trabalho do Ator (UTA), entre outros.

Ainda no âmbito da canção urbana, é na década de 1990 que as bandas pop-*rock* em fusões com *funk*, *hip-hop*, *swing* e samba-*rock* surgem e se estabelecem com força e impacto de público. Bandas como Ultramen, Acústicos e Valvulados, Papas da Língua, Bidê ou Balde, Cachorro Grande, Cidadão Quem apontam para novas fusões e abordagens entre letra e música. Outros coletivos surgem a partir do Festival de Música de Porto Alegre/Descentralização, na virada dos anos 1990 para 2000, tais como o Bataclã F. C, a Banda Cidade Baixa e o quinteto popular de câmara Café Acústico. Um destaque da década é a banda Graforréia Xilarmônica, iniciada em 1987, cujo hino "Amigo *punk*" emerge em 1995.

O grupo Nenhum de Nós segue firme e forte, com público fiel e renovado. Humberto Gessinger faz novas incursões com os Engenheiros da Hawaii até se dedicar inteiramente à carreira solo e outras parcerias. Aqui vale identificar quão representativa é a parceria, digamos, tardia e não menos *sul generis* entre Bebeto Alves e Humberto Gessinger em "Milonga orientao", de 2014:

> Só depois de muito chão
> De galho em galho
> De grão em grão
> Degrau retalho
> Quando larguei de mão
> Qualquer atalho
> Só então
> Cheguei aqui e descobri
> Que sempre estive aqui[3]

Novas sínteses na virada

Veja como são as coisas, companheiro.[4] Sem querer forçar a barra, é interessante identificar o quanto os próprios artistas vão tecendo suas canções e interações retratando novas relações simbólicas, num cenário que antes era de fragmentação e dispersão. A nova parceria entre Bebeto e Gessinger, com produção de Marcelo Corsetti, parece virar definitivamente a

3. Bebeto Alves y los blackbagualnegovéio, "Milonga orientao".
4. Trecho do refrão de "Milonga orientao", de Bebeto Alves e Humberto Gessinger.

página para novas sínteses possíveis.[5] Antes disso, Gessinger já havia retomado suas conexões sulistas com Duca Leindecker no trabalho *Pouca vogal*.

Esses compositores vão interagindo com outras gerações ou gêneros. Nelson Coelho de Castro interage com Marcelo Delacroix e Monica Tomasi. Gelson Oliveira colabora com Juliano Barreto em suas revisitações do ijexá. Na década seguinte, a partir dos anos 2000, projetos estéticos de gerações distintas apontam novas sínteses.

O disco *Amém* (1993), de Nei Lisboa, é um trabalho que merece menção, ao se aproximar do candombe e outras latinidades:

> Andava ouvindo Fito Paez
> De férias em Botucatu
> Quando esse cha cha cha moderno me agarrou.[6]

Na música instrumental, vale ainda destacar a internacionalização da carreira de Renato Borghetti e seu incansável núcleo criativo e de produção, formado por Pedrinho Figueiredo, Daniel Sá, Hilton Vaccari, Vitor Peixoto, em interações com Geraldo Flach, Chico Saratt, Gilberto Monteiro, entre outros. Em outros pagos musicais, para citarmos alguns nomes, Frank Solari, James Liberato, Julio Herrlein, Michel Dorfman e Paulinho Fagundes solidificam suas carreiras solo e em núcleos específicos, com especial destaque ao baterista Kiko Freitas, que fará carreira de instrumentista em nível nacional e internacional. A partir dos anos 2000, surge com força o nome de Yamandú Costa, autodeclarado herdeiro de Lúcio Yanel e da forte tradição do violão gaúcho. Neste período, artistas do núcleo Raiz de Pedra, como

5. Na temporada de Bebeto Alves nos dias 21 a 23 de julho 2014 de Bebeto Alves no Teatro Renascença, o compositor revelou que a aproximação com Gessinger se deu a partir do cineasta Renê Goya, da Estação Elétrica Filmes, responsável por grande parte do registro audiovisual de Música no Rio Grande do Sul.

6. Nei Lisboa, "Cha cha cha moderno".

Pedro Tagliani, Márcio Tubino e César Audi, encontravam-se na Europa, assim como o guitarrista e compositor Alegre Corrêa.

Retomando o foco *circum-navegação sul generis* nos anos 1990, com o surgimento do Prêmio Açorianos de Música e o Fumproarte é possível observar em maior detalhe alguns elementos da década, ano a ano, a seguir. Vale ressaltar que as regras e critérios do Prêmio Açorianos de Música foram se modificando no decorrer do tempo, apresentando maior número de troféus, menções e categorias. Observa-se, a partir do ano 1998, a fragmentação do Prêmio em diversos subgrupos, o que pode representar um reflexo desta própria produção, que passa a se ramificar, além do próprio exercício do corpo de jurados — formado por artistas, jornalistas, críticos e nomes indicados pelo poder público municipal —, na tentativa de atualizar o surgimento e o desaparecimento de determinados gêneros e estilos musicais. Neste sentido, vale destacar que a produção da canção popular urbana sempre esteve em grande número e qualidade. Vejamos em maior detalhe os anos 1990, período em que se consagram nomes como Vitor Ramil, Nelson Coelho de Castro, Adriana Calcanhotto, Gelson Oliveira, Bebeto Alves, Cláudio Levitan, Antonio Villeroy, Nei Lisboa, Hique Gomez, Giba Giba e Nico Nicolaiewsky:

1990

- Gelson Oliveira recebe o Prêmio Fiat de Música Nacional.
- Após o grande impacto junto aos festivais nativistas como o Musicanto, o grupo Tambo do Bando lança seu primeiro álbum *Ingênuos malditos*.
- Adriana Calcanhotto lança *Enguiço* (CBS/Columbia Records), seu primeiro disco. Dentre as canções, "Naquela estação", de Caetano Veloso, entra na trilha sonora da novela *Rainha da sucata*.

1991

• Criação, pela Coordenação de Música da Secretaria Municipal de Cultura de Porto Alegre, do Prêmio Açorianos de Música, maior premiação do setor no âmbito do sul do Brasil.

• A cantora Loma lança o disco *Um mate por ti*, indicado ao Prêmio Açorianos de Música nas categorias melhor disco e melhor cantora.

• Antonio Villeroy lança *Totonho Villeroy*, Prêmio Açorianos de Música de Melhor Disco, também Prêmio Sharp de Revelação da Música Brasileira.

• A cantora Lucia Helenah recebe indicação de Melhor Cantora ao Prêmio Sharp de Música Brasileira. Em 1995 receberia o Prêmio Açorianos de Melhor Cantora.

• Adriana Calcanhotto recebe o Prêmio Sharp de Revelação da Música Brasileira.

1992

• Nei Lisboa lança a coletânea *Eu visito estrelas*, pelo selo ACIT, com o qual recebe Prêmio Açorianos de Música de Melhor Letrista.

• Giba Giba lança *Outro um*. Prêmio Açorianos de Música de Melhor Disco e Compositor.

• Gelson Oliveira lança *Imagem das pedras*, com participação de Gilberto Gil, e conquista o Prêmio Sharp de Música Brasileira, como Revelação (1993) e recebe indicação ao Prêmio Açorianos de Música de Melhor Cantor.

• Marcelo Corsetti recebe o Prêmio Açorianos de Música de Revelação pelo álbum de estreia *Marcelo Corsetti*, além de menção honrosa pelo *Projeto Guitarra Instrumental*.

• A tradição afro-gaúcha finalmente passa a ser reconhecida, sobretudo através do empenho de nomes como Giba Giba e suas futuras interações com as novas gerações dos anos 2000, como

Bataclã FC, Richard Serraria, Serrote Preto, Alabê Ôni e outros grupos que se dedicam a difundir a cultura do Sopapo, tambor proveniente da cultura das charqueadas, sobretudo em Rio Grande e Pelotas. Ritmos e manifestações como o Maçambique e as manifestações litorâneas afro-açorianas em suas interações com outros ritmos como *reggae* e ijexá aparecerão fortemente na canção popular a partir dos trabalhos de Kako Xavier, Ivo Ladislau, Clea Gomes e Carlos Catuípe e também em palcos de linha aberta, tais como a Moenda da Canção, a Tafona, Canto da Lagoa e o Musicanto.

1993

• Início do Projeto "Sarau no Solar" da Assembleia Legislativa do Estado do Rio Grande do Sul, que ocorre até os dias atuais, consagrando-se como espaço de público fiel e interação com a rádio e televisão do poder legislativo.

• Bebeto Alves lança o álbum *Paisagem* e recebe o Prêmio Açorianos de Música de Melhor Letrista.

• É lançado o CD do grupo Quebra-Cabeça. Prêmio Açorianos de Música de Melhor Grupo e Arranjador para Paulo Dorfman, indicação a Melhor Disco.

• Nei Lisboa lança o disco *Amém* dedicado ao ritmo afro-uruguaio Candombe — contando com a presença de músicos da banda oriental como Maurício Trobo e Lobo Núñez, este último nome fundamental da cultura dos tambores no país vizinho.

Vale notar que, a partir dos anos 2000, o Candombe — ritmo *sul generis* por excelência — será difundido no Rio Grande do Sul por artistas uruguaios em Porto Alegre, como os irmãos Carlos e Omar Aguirre, da OSPA, o maestro Túlio Belardi, o luthier

Alejandro Villano e os músicos *doble-chapas*[7], como Alejandro Massiotti, Miguel Tejera e Mimmo Ferreira. Outros dedicaram--se ao gênero candombe e outras aproximações platinas, tais como Dúnia Elias, Pirisca Grecco, Jorge Herrmann, Alexandre Vieira, Mário Falcão, Richard Serraria, Lucas Kinochita, Marcelo Delacroix, Arthur de Faria e Demétrio Xavier. É possível considerar o fato de a maior aproximação dos músicos gaúchos e uruguaios nos últimos anos ter-se dado a partir da difusão do ritmo no Rio Grande do Sul, e ainda o mútuo interesse dos uruguaios por música brasileira.[8] Vale lembrar que, antes disso, compositores como Raul Ellwanger e Leonardo Ribeiro já demonstravam grande interlocução com o gênero. A presença dos maestros *tangueros* Carlos Garofali e Carlitos Magallanes vale, também, ser lembrada e reverenciada.

1994

• Hique Gomez lança seu disco solo e espetáculo *Teatro do disco solar*, vencedor do Prêmio Açorianos de Música de Melhor Compositor.

• Bebeto Alves lança, com José Cláudio Machado e Mauro Moraes, *Milongueando uns troço*, Prêmio Açorianos de Música de melhor cantor para Bebeto Alves e indicação de compositor para Mauro Moraes. O álbum inaugura a célebre trilogia ao lado de *Mandando lenha* (1997) e *Milongamento* (1999).

• Implementação do Fundo Municipal de Apoio à Cultura, o Fumproarte, importante mecanismo de fomento à economia da cultura e indústria criativa de Porto Alegre.

---

7. A expressão *doble-chapa* remete aos cidadãos nascidos nas cidades de fronteira do Rio Grande do Sul com Uruguai e Argentina, no tempo em que os carros de fronteira eram obrigados a ter duas placas, ou "chapas"

8. Exemplo deste mútuo interesse é o programa radiofônico *Otro Rollo*, produzido pelo saudoso ativista Atílio Perez, o Macu, que dedica grande parte de sua programação à música popular urbana produzida no Rio Grande do Sul.

• Antonio Villeroy (então Totonho Villeroy) relança o primeiro disco e inicia a produção do segundo álbum. Fumproarte.

• Paulo Gaiger realiza o espetáculo *Paixão dos mendigos* no Salão de Atos da UFRGS, com músicas autorais e em parceria com Sérgio Napp, além de obras de Nico Nicolaiewsky e de outros autores.

1995

• Lançamento do primeiro disco do grupo Cuidado que Mancha, pelo Fumproarte. O trabalho recebe quatro indicações ao Prêmio Açorianos de Música, incluindo de Melhor Grupo de MPB, Melhor Cantora (Adriana Marques), Melhor Disco e Menção Honrosa para Gustavo Finkler/Jackson Zambelli.

• Lançamento do primeiro disco solo de Zé Caradípia, *Nova onda*, pelo Fumproarte. Indicado ao Prêmio Açorianos de Melhor Compositor.

• Vitor Ramil lança À beça, vencedor do Prêmio Açorianos de Música de Melhor Compositor e indicação de Melhor Disco.

• Totonho Villeroy lança *Trânsito*, vencedor do Prêmio Açorianos de Música de Melhor Disco e indicação de Melhor Compositor.

• Carlos Patrício lança seu primeiro álbum *Subvertendo*, independente, incluindo parcerias com Alexandre Vieira, Mário Falcão, Johann Alex de Souza, entre outros.

• Papas da Língua lança o disco *Papas da Língua*, Prêmio Açorianos de Música Melhor Grupo, Melhor Cantor para Serginho Moah e indicação de Melhor Compositor para Léo Henkin.

• Kako Xavier lança seu primeiro disco *Pagapravê*, Prêmio Açorianos de Música de Revelação e indicação de Melhor Cantor.

1996

• Peri Souza lança *Milonga do pendular encontro*, pelo Fumproarte.

• Nelson Coelho de Castro lança *Verniz da madrugada*, Prêmio Açorianos de Música de Melhor Compositor e Melhor Disco.

• Nico Nicolaiewsky lança seu primeiro disco solo *Nico Nicolaiewsky*, com o hino "Feito um picolé no sol".

• Arthur de Faria lança seu *Música pra gente grande*, Prêmio Açorianos de Música de Melhor Compositor.

1997

• Cláudio Levitan lança *O primeiro disco*, Prêmio Açorianos de Música de Melhor Disco.

• Vitor Ramil lança *Ramilonga: a estética do frio*, com grande repercussão. Fumproarte. Prêmio Açorianos de Música de Melhor Disco de... MPB.

• Adriana Marques lança seu *Adriana Marques e o Bando Barato pra Cachorro*, pelo Fumproarte. Prêmio Açorianos de Música de Melhor Cantora.

• Paulo Gaiger lança seu o disco *Armazém*, pelo Fumproarte.

• Nancy Araújo lança *Velha guerreira: canta samba em Poa*, pelo Fumproarte.

• Gelson Oliveira lança *Tempo ao tempo*, pelo Fumproarte.

• Yamandú Costa recebe o Prêmio Açorianos de Música de Revelação.

1998

• É criado o Festival de Música de Porto Alegre, originalmente com eliminatórias descentralizadas em todas as regiões da cidade e grande final do Auditório Araújo Vianna. O festival teve treze edições em diversos formatos, sendo a última em 2010.

• Pedrinho Figueiredo lança o disco *Primeira impressão*, pelo Fumproarte.

• Dúnia Elias e Alejandro Massiotti lançam *Ao Sul*, pelo Fumproarte.

• Lançamento do primeiro CD solo de *Lúcio do Cavaquinho*, importante nome do choro e seresta de Porto Alegre ao lado de Túlio Piva, Plauto Cruz e Prof. Darcy Alves. Fumproarte.

• Prof. Darcy Alves lança *Um olhar para a musicalidade brasileira*, pelo Fumproarte.

• Felipe Azevedo estreia seu trabalho autoral com *Cimbalê*, pelo Fumproarte.

O Prêmio Açorianos de Música de 1998 passa a apresentar as premiações por segmento. Naquele ano, os jurados do Prêmio destacaram no âmbito de trabalhos relacionados à produção cancional.

• O álbum *Juntos ao vivo* retoma a MPG com a reunião de Bebeto Alves, Nelson Coelho de Castro, Gelson Oliveira e Antonio Villeroy. Prêmio Açorianos de Música de Melhor Disco de MPB.

• Banda Cidadão Quem lança *Spermatozoom* e conquista o Prêmio Açorianos de Música de Melhor Grupo Musical.

• Juli Manzi lança *340 exigências de camarim*. Prêmio Açorianos de Música de Revelação.

• Nei Lisboa lança o disco e o espetáculo *Hi-fi*, que recebe o Prêmio Açorianos de Música de Melhor Espetáculo e indicação de Melhor Cantor e de Compositor.

• Ângela Jobim lança *Corpo de paliçada*, seu primeiro disco solo, pelo Fumproarte. Prêmio Açorianos de Música de Melhor Cantora.

• Frank Jorge recebe o Prêmio Açorianos de Música de Melhor Compositor pelo disco *Chapinhas de ouro*, do grupo Graforréia Xilarmônica.

• O cantor Bedeu (Jorge Moacyr da Silva), precursor do *swing*/samba-*rock* porto-alegrense recebe Menção Especial do Prêmio Açorianos de Música pelo conjunto da obra.

• É realizada a I Mostra de Música Independente, idealizada e produzida por Nancy Araújo, Márcio Celli e Flora Almeida, Menção Honrosa do Prêmio Açorianos de Música. O trio, na década seguinte, lideraria a Associação Gaúcha de Discos Independentes (AGADISC).

1999

Prêmio Açorianos de Música, no âmbito dos trabalhos relacionados à canção:

• Nei Lisboa recebe Destaque Especial no Prêmio Açorianos de Música pelo conjunto da obra.

• Mauro Moraes recebe o Prêmio Açorianos de Melhor Compositor Regional por *Milongamento*.

• Totonho Villeroy é premiado como Melhor Compositor de MPB.

• Jupiter Apple, ou Júpiter Maçã, recebe o Prêmio Açorianos de Música de Melhor Compositor *pop*/*rock*, por *Plastic Soda*.

• *Buenos Aires Blues*, de Sérgio Rojas, recebeu o Prêmio Açorianos de Música de Melhor Canção.

2000

• Marcelo Delacroix lança seu primeiro disco *Marcelo Delacroix*, em parcerias com Arthur de Faria, Ronald Augusto, além de releituras de Elomar e Caymmi. Fumproarte. Prêmio Açorianos de Música de Melhor Disco de MPB e indicação ao de Compositor.

• No âmbito da música regional, o já consagrado Telmo de Lima Freitas recebia o Prêmio Açorianos de Música de Melhor Disco e de Melhor Compositor Regional, pelo álbum *Mesma fuça*.

• Vitor Ramil recebe o Prêmio Açorianos de Música de Melhor Compositor MPB pelo disco *Tambong*.

• A cantora Muni lança o disco *De quatro*, com financiamento do Fumproarte. Prêmio Açorianos de Música de Melhor Intérprete e indicação de Melhor Arranjador para Arthur de Faria.

• É fundada a AGADISC, com a participação de artistas como Nancy Araújo, Henrique Mann, Márcio Celli, Flora Almeida e outros artistas. A associação chegou a contar com loja no viaduto Otávio Rocha em parceria com a SMC/PMPA.

• O grupo Ultramen recebe o Prêmio Açorianos de Música de Melhor Grupo, Melhor Disco, por *Olelê*, e Melhor Canção, "Peleia".

• Bebeto Alves lança *La milonga nova*.

• Cláudio Levitan lança *Minha longa milonga*.

• *Tangos & tragédias* recebe Menção Especial pelo Conjunto da Obra no Prêmio Açorianos de Música.

• Arthur de Faria lança *Meu conjunto tem concerto*. Fumproarte/Barulhinho.

• O grupo D'Quina pra lua, mais tarde Maria vai com as outras, formado por Cláudia Braga, Vanessa Longoni, Karine Cunha, Priscila Ribas, Débora Dreyer e Regina Machado recebe o Prêmio Açorianos de Música de Revelação MPB.

E paremos no ano 2000. Mas já é possível adiantar que os anos 2001 a 2010 marcam o surgimento e a consolidação de novas gerações de cancionistas, com álbuns realizados quase predominantemente de forma independente ou com o apoio do Fumproarte. É neste período que são retomadas iniciativas coletivas e novas tentativas de fortalecimento de mercado e difusão da música local, tais como a II Mostra de Música Independente e rádio *web* Buzina do Gasômetro. Artistas passam a contar de forma sistemática com a ferramenta da internet para divulgação, captação e distribuição de seus trabalhos.

É o período em que compositores já consagrados como Zé Caradípia, Leonardo Ribeiro, Raul Ellwanger, Jerônimo Jardim e Sérgio Napp recebem prêmios e menções como melhores compositores ou pelo conjunto da obra. É também o relançamento, em CD duplo, de *Paralelo 30 – Ontem e hoje*, idealizado pelo maestro José Pedro Boéssio e pela Orquestra UNISINOS, produzido por Vagner Cunha, recebendo o Prêmio Açorianos de Música de Melhor disco de MPB. O trabalho serve como um balanço e a celebração da coletânea, bem como para marcar a lembrança de Carlinhos Hartlieb, Menção Honrosa do Prêmio Açorianos de Música em 2001.

Para fecharmos este breve inventário *sul generis*, algumas considerações finais sobre esta canção urbana que tudo aproveita e se vale de todas as formas possíveis: *rock*, *reggae*, chá-chá-chá, samba, maçambique, sopapo, candombe, *rap*, samba-*rock*, *blues*, música judaica, tablas indianas e instrumentos árabes e, sem dúvida, a milonga, talvez a mais revisitada e ressignificada forma desde então. Interessante perceber que, mesmo num processo de circum-navegação, portos e mares apresentam comunicações e interações surpreendentes com outras culturas. Portos, sobretudo musicais, sempre são janelas para o mundo. O olhar é *sul generis*.

Vale ressaltar que, no âmbito dos estudos acadêmicos que buscam o aprofundamento da pesquisa em música popular, *A estética do frio* passou a ser uma das obras mais revisitadas, isto porque representou um movimento de "síntese característica"[9], em que o cancionista consolidou a reflexão estética sobre seu próprio trabalho. Isto contagiou toda uma geração de cancionistas, além de possibilitar o *crossover* em áreas como a música erudita contemporânea, a literatura, a geografia, as artes visuais, o cinema e outras áreas.

---

9. Paráfrase de "síncope característica", expressão utilizada por Mário de Andrade para descrever a música brasileira e latino-americana.

Se, de um lado a milonga e A *estética do frio*, de Vitor Ramil, como reflexões íntimas, estão impossibilitadas de representar a totalidade da produção cancional no Rio Grande do Sul, tão complexa e diversificada, de outro lado apresenta absoluta ressonância e abrangência nunca vistas anteriormente. É como se as ilhas açorianas que ainda temos internamente agora se comunicassem em arquipélago, muito mais amplo e cheio de matrizes. Ilhas *Almôndegas*, Ilhas *Paralelo 30*, Ilhas *Pentagrama*, Ilhas *Tangos & tragédias*, Ilhas *Cuidado que mancha*, Ilhas *Samba-rock*, Ilhas *Sopapo*, Ilhas *Maçambique*, Ilhas *Missioneiras*, Ilhas *Rock gaúcho*, entre outras, perpassando os núcleos e coletivos mencionados ao longo do trabalho.[10]

É como se, ao cantar sua aldeia e a si mesmo, os cancionistas gaúchos desta geração resolvessem o problema da equação do seu lugar no Brasil, no Cone Sul e no Sul Global. Passam de periferia de uma história própria, fruto de uma circum-navegação em outros eixos.

Referências

AGOSTINI, Agostinho Luís. O *Pampa na cidade*: o imaginário social da música popular gaúcha. 2014. Dissertação (Mestrado em Literatura) – Universidade de Caxias do Sul, Caxias do Sul, 2014.

AZEVEDO, Luiz Felipe Cardoso. A *(des) fronteirização cultural na obra do músico Bebeto Alves*: um estudo de caso. 2010. Monografia (Especialização em Pedagogia da Arte) – Universidade Federal do Rio Grande do Sul, Porto Alegre, 2010.

BARCELOS, Helen Piegas; LISBÔA FILHO, Flavi Ferreira. As marcas de regionalismo no discurso televisual de Histórias Curtas. *In*: CONGRESSO DE CIÊNCIAS DA COMUNICAÇÃO NA

10. Sim, trata-se de pensar a *circum-navegação sul generis* como arquipélago cultural, ao estilo Vianna Moog.

REGIÃO SUL, XIII, 2012, Chapecó. *Anais* [...]. Chapecó: Intercom, 2012.

BRUM, Letícia Morales. *Juntos*, o primeiro disco gaúcho independente. *In*: ENCONTRO ESTADUAL DE HISTÓRIA – HISTÓRIA, MEMÓRIA, PATRIMÔNIO, XI, 2012, Rio Grande. *Anais* [...]. Rio Grande: ANPUH-RS, 2012.

CAVALCANTE, Rita de Cássia. *Porto Alegre em canto e verso*: vinte e poucos anos de canção popular urbana. 2004. Dissertação (Mestrado em Literatura Brasileira) – Universidade Federal do Rio Grande do Sul, Porto Alegre, 2004.

CHAVES, Celso Loureiro. *Memórias do pierrô lunar e outras histórias musicais*. Porto Alegre: L&PM, 2006.

DI FANTI, Maria da Glória Corrêa. Identidade, alteridade e cultura regional: a construção do *ethos* milongueiro gaúcho. *ALFA – Revista de Linguística*, v. 53. n. 1, 2009.

ENDLER, Sergio Francisco. *Rádio Continental AM*: história e narrativas, em Porto Alegre, de 1971 a 1981. 2004. Tese (Doutorado em Ciências da Comunicação) – Universidade do Vale dos Sinos, São Leopoldo, 2004.

FRANZ, Jaqueline Pricila dos Reis. *Mapas do acaso*: as canções de Humberto Gessinger sob a ótica contemporânea. 2007. Dissertação (Mestrado em Literatura Brasileira, Portuguesa e Luso-Africanas) – Universidade Federal do Rio Grande do Sul, Porto Alegre, 2007.

FISCHER, Luís Augusto. *Contra o esquecimento*: crônicas de ideias. Porto Alegre: Artes e Ofícios, 2001.

GONZAGA, Sergius; FISCHER, Luís Augusto. *Nós, os gaúchos*. Porto Alegre: Ed. da Universidade/UFRGS, 1992.

KUSCHICK, Mateus Berger. *Suingueiros do sul do Brasil*: uma etnografia musical nos "becos, guetos, bibocas" e bares de dondocas de Porto Alegre. 2011. Dissertação (Mestrado em Música) – Universidade Federal do Rio Grande do Sul, Porto Alegre, 2011.

MARGARITES, Gustavo Conde. *Comunidades de políticas, sistemas de crenças e novas políticas públicas*: o caso Fumproarte. 2011. Trabalho de Conclusão de Curso (Graduação em Ciências Sociais) – Universidade Federal do Rio Grande do Sul, Porto Alegre, 2011.

MANN, Henrique. *Carlinhos Hartlieb e Hermes Aquino*. Porto Alegre: Alcance, 2002. (CEEE/Som do Sul. v. 13).

MOOG, Clodomir Vianna. *Uma interpretação da literatura brasileira*: um arquipélago cultural. Rio de Janeiro: Antares; Brasília: Instituto Nacional do Livro; Fundação Nacional Pró-Memória, 1983.

PANITZ, Lucas Manassi. *Música popular e (re)composições territoriais*: uma discussão teórica a partir do exemplo platino. AUGM, 2015. Disponível em: http://www.augm-cadr.org.ar/archivos/8va-bienal/rm6_rm15i.html. Acesso em: 3 out. 2024.

PAZ, Angelo. *Dicção de Mauro Moraes*. 2012. Trabalho de Conclusão de Curso (Graduação em Letras) – Universidade Federal do Rio Grande do Sul, Porto Alegre, 2012.

REIS, Nicole Isabel dos; ROCHA, Ana Luiza Carvalho da. *Deu pra ti anos 70*: rede social e movimento cultural em Porto Alegre sob uma perspectiva de memória e geração. *Iluminuras*, Porto Alegre, v. 8, n. 18, 2007.

SANTI, Álvaro. Fumproarte: 15 anos de um modelo brasileiro de fomento à cultura. *Fumproarte*, v. 15, 2009.

Carlo Pianta

5.9

A canção urbana a partir do rock

Do início ao rock gaúcho (1960–1980)

O *rock* gaúcho e brasileiro foi e continua sendo produzido e consumido basicamente por jovens de classe média e alta, brancos e urbanos. A expressão *rock gaúcho* passou a ser empregada nacionalmente como representando um conjunto específico de músicos que passaram de atuantes na desestruturada cena local a protagonistas da cena nacional, consolidando no processo um mercado local a partir de uma tradição estabelecida, constituindo assim um *sistema*[1], o que ocorreu em torno de 1985.

O *rock* nasceu nos EUA, e suas raízes musicais estão no *blues*, em especial no gênero *rhythm & blues* (R&B), e também na música *country*. Ao ultrapassar os limites do mercado de música negra, o R&B passou a ser escutado e executado também por músicos brancos, também de classes média e baixa, e ficou conhecido como *rock'n'roll*.

Na primeira metade da década de 1960, o *rock* vai se consolidar internacionalmente, com Elvis Presley e a seguir os Beatles quebrando recordes de mercado. No Brasil, o ápice desse período é a estreia do programa televisivo *Jovem Guarda* (1965), apresentado por Roberto Carlos, Erasmo Carlos e Wanderléa. Por todo o país, a versão brasileira do *rock* abriu um novo mercado, com uma demanda crescente por músicos alinhados com o novo estilo. Parte importante desse estilo era uma nova instrumentação: guitarras elétricas, contrabaixo elétrico e bateria. No Rio Grande do Sul, na primeira metade dos 1960, o sucesso da Jovem Guarda e do *rock* alimentaria um mercado regional integrado ao mercado nacional, com grupos tocando os novos instrumentos e os novos sucessos.

Com a consolidação da fase "madura" dos Beatles como grande referência do *rock* internacional, na segunda metade da

1. Conceito desenvolvido por Antonio Candido em *Formação da literatura brasileira*, o sistema se constitui quando uma relação ativa entre autor, obra e público transmite-se no tempo, criando uma tradição com novos autores, obras e público.

década de 60 o *rock* ampliou suas temáticas lírica e musical para além do entretenimento juvenil, com uma crescente preocupação com os aspectos autorais e artísticos. Jimi Hendrix consolidou e ampliou as novas fronteiras do *blues-rock*-Beatles levando-as até os limites do *jazz*, música eletroacústica e *pop*, trazendo os aspectos instrumentais do novo *rock* para o primeiro plano.

No estado, a banda mais representativa desse período é o Liverpool. Nascido no bairro IAPI, um conjunto habitacional de classe média em Porto Alegre, o grupo atingiu um nível técnico e musical ímpar para os padrões nacionais. Com Mimi Lessa (Milton Lessa, 1950, guitarra), Wilmar "Pekos" Santana, baixo, Edinho Espíndola (Edison de Lima Espíndola, 1951), bateria, e Fughetti Luz (Marco Antonio de Figueiredo Luz, 1947–2023), iniciando sua trajetória como um dos grandes cantores de *rock* nacionais, a banda venceu a fase regional no II Festival Universitário da Música Popular com a música "Por favor, sucesso", de Carlinhos Hartlieb (Carlos Alberto Weyrauch Hartlieb, 1947–1984) e gravou um LP com o mesmo título da canção, lançado em 1969.

Nos primeiros anos 1970, em meio às trevas da ditadura, num panorama cultural deteriorado e censurado, consolidou-se uma cena local. Esse circuito incluiu a nova Rádio Continental, com o programa e os *shows* coletivos *Vivendo a vida de Lee*, as rodas de som organizadas por Hartlieb no Teatro de Arena, as edições dos festivais Musipuc, os *shows* em teatros e outros poucos locais e também aos espaços nos jornais diários, com destaque para Juarez Fonseca (1946). A rádio passou a gravar, em seu próprio estúdio, os artistas locais que surgiram no pequeno circuito que se formou. Essas gravações passariam a ser veiculadas na própria rádio. A partir dessa movimentação, artistas locais como Os Almôndegas, Hermes Aquino (1949) e Fernando Ribeiro (1949–2006) foram lançados nacionalmente, marcando o início do que viria a ser chamado de Música Popular Gaúcha (MPG).

No entanto, fora alguma veiculação local e alguns *shows*, o circuito roqueiro permaneceu restrito a aguerridos fãs do estilo.

Alguns roqueiros locais estavam entre os artistas que gravaram e/ou participaram dos *shows* da Continental, como os grupos Byzarro, Mantra e Bobo da Corte, que já vinham realizando *shows* em locais como o Clube de Cultura, um pequeno teatro no bairro Bonfim. O *rock* local ganhou então alguma projeção, e as gravações da Continental constituem um registro único do *rock* gaúcho no período. O *rock* não tinha força então para a formação de um mercado local de *shows* e gravações, e mesmo seu maior representante, o Bixo da Seda, fez poucas apresentações na década, e sempre com condições no máximo aceitáveis.

A exceção da década é o disco *Estação elétrica* (1976), do Bixo da Seda, em essência o Liverpool rebatizado, sem o baixista Pekos, substituído por Marcos Lessa (1948), e com os teclados de Renato Ladeira (1952–2015). O lançamento é um fato isolado, com a banda vivendo no Rio e Porto Alegre vendo sua incipiente cena roqueira reduzida a quase zero com o fim da Continental "clássica" e dos concertos Lee. Ainda assim, é o registro único da banda mais marcante do *rock* gaúcho dos 70 e também um dos principais discos do *rock* brasileiro da década. As músicas "Já brilhou" (M. Lessa/F. Luz) e "Bixo da seda" (P. Buffara/Bixo da Seda) são exemplos de um espírito roqueiro de periferia que vai permanecer no *rock* gaúcho até hoje. Em "Bixo da seda" ouvimos o que chamaremos neste capítulo de *rock stones*, uma denominação genérica que, aludindo aos Rolling Stones propriamente ditos, vai ligar as bandas "herdeiras" de Liverpool/Bixo na importante figura de Fughetti Luz (Taranatiriça, Bandaliera) e é a marca do *rock'n'roll* dos Garotos da Rua e boa parte do *rock* gaúcho até hoje.

Pouco a pouco, a transformação do mercado internacional do *rock* representada pelo *punk* e a *new wave*, que se iniciara em 1977, chegou ao Brasil — e com a nova onda, a definitiva assimilação pelo *rock* do *funk*, *soul*, *reggae*, *disco* e também a valorização do *rock* como algo simples e dançante, em contraste com a valorização de uma "seriedade" que predominava nos anos 1970. Com a abertura política e o abrandamento da censura oficial, inclusive no que se referia aos costumes, a cena roqueira nacional teve seu maior momento. A partir do sucesso da Blitz (1982), o *rock* apareceu como opção comercial das grandes gravadoras. O programa A *Fábrica do Som* (TV Cultura SP, 1983–1984) colocou a nova cena roqueira no ar para quase todo o país.

No final da década de 1970 o *rock* gaúcho apenas sobrevivia em bandas isoladas e *shows* eventuais, com os músicos pressionados pela falta de espaços, público, dinheiro, meios de divulgação, e enfrentando preços altíssimos dos instrumentos e custos impossíveis para fazer gravações de qualidade.

Anos 1980

Em 1979, Julio Reny (1959) tinha vinte anos e, a despeito das impossibilidades, produziu seu primeiro *show*[2], para pequeno público, mas já com a semente de toda a obra de Julio e de sua posição central na geração que marcaria a década seguinte. No repertório, as canções que em 1982 comporiam seu primeiro "disco" (na verdade foi lançado em K-7), Último verão, do qual sairia o primeiro sucesso local de *rock* gaúcho em uma rádio: "Cine Marabá", um *folk-rock* que se tornou popular entre os ouvintes da ainda Bandeirantes FM. Mauro Borba conta que quando

> [...] Julio Reny gravou "Cine Marabá", a Bandeirantes FM tinha o estúdio na José Bonifácio e o Júlio morava na Santana, bem pertinho. Ele foi lá e me deixou a fita, achei bem interessante. Aí rodei a música e comentei no

2. *Show* com produção independente, no Anfiteatro da Faculdade de Medicina da UFRGS, com estreia em novembro de 1979. Ver Cristiano Bastos, *Julio Reny*: histórias de amor & morte.

> ar que tinha achado muito legal, que gostaria de ter um contato com o autor. E dez minutos depois o Julio Reny chegou, porque ele morava ali na esquina.[3]

Na canção, memórias juvenis em torno do antigo Cinema Marabá, no bairro Partenon, na década de 1960: "Quando o lanterninha se lembrava que a gente tinha / quebrado o pau na primeira sessão / e despachava nossa turma pro meio da rua / No Cine Marabá / Com meus bolsos cheios de balas / E a minha inseparável funda calibre 32 / eu era o pistoleiro mais rápido da cidade / Os duelos do Marabá / Oiga tchê!". O *rock* gaúcho traz Porto Alegre e a urbanidade para o centro da questão do ser gaúcho, ou ser músico gaúcho. "Cine Marabá" é uma lenda local, é o Julio sendo o *cowboy* urbano que sempre foi, assim como o sultão "Maomé". Assim como em "Anita", Julio teve o poder de moldar uma nostalgia forjada pela força criativa que funde cowboys, sábios orientais e a classe média brasileira/porto-alegrense.

O sistema foi se consolidando. No rádio, a renovada Rádio Bandeirantes FM começou a veicular gravações de músicos locais. Ricardo Barão abriu oficialmente o primeiro espaço fixo para o *rock* numa rádio da cidade (o Studio 576, em 1981) — tudo isso ainda antes da Bandeirantes se transformar na Ipanema FM, a grande rádio *rock* de Porto Alegre nos anos 1980-1990 e certamente o principal veículo de divulgação dessa geração. Em 1983, Mutuca (Carlos Eduardo Weyrauch, 1946–2018), um dos pioneiros do *rock* autoral no estado, inaugurou um bar de *rock*, o primeiro da cidade que se tem registro com "banda da casa" oficial, fixa e paga, chamado Rocket 88; a banda da casa, os Garotos da Rua. A TV Educativa, com o programa *Pra Começo de Conversa* (1982), proporcionou a divulgação em tempo real, em vídeo, da emergente cena de novas bandas em Porto Alegre e no interior. Para a abertura do programa foi escolhida "Reverber próprio", uma música do Taranatiriça de sua primeira formação

3. Mauro Borba, *Prezados Ouvintes!*.

ainda com Miranda (Carlos Eduardo Miranda, 1962–2018), e de sua autoria. Miranda seria o elo entre diversos músicos conectados por uma relação com o pós-*punk* (aquilo que nasceu influenciado pelo *punk* e *new wave* iniciais), e que representaram os trabalhos mais radicais no *rock* gaúcho naquela década. Em 1984, Julio Reny & Km 0 e Engenheiros do Hawaii dividiam os palcos em *shows* em bares e universidades, com o público local cantando suas músicas ouvidas na Ipanema FM. O Bar Ocidente se consolidou como o principal palco de lançamento dos novos roqueiros, especialmente os ligados ao chamado *rock* alternativo, independente, *indie* ou *underground*.

Com espaço na programação da Ipanema FM, algumas bandas passaram a consolidar um mercado. Houve uma verdadeira conquista do público jovem estadual: havendo uma festa, havia uma (pelo menos!) banda tocando. Diversas bandas de *rock*, a partir do sucesso na Ipanema, estavam com uma forte agenda de *shows* pelo estado. O padrão de festa jovem com bandas de *rock* gerou um mercado interno que, *mutatis mutandis*, está vivo até hoje, ainda que jamais tenha atingido a dimensão da segunda metade da década de 1980.

Paralelamente surgiu a produção discográfica, na forma de compactos e coletâneas. A primeira coletânea de bandas de *rock* gaúcho da história, *Rock Garagem*, foi lançada em 1984 pela gravadora local ACIT, e é bastante representativa. O Taranatiriça, já com sua formação clássica — Marcelo Truda (1961), guitarra; Alemão Ronaldo (Ronaldo Leonardo, 1954), voz; Paulo Mello (1959), baixo; e Cau Hafner (1959–1999), bateria — e um repertório bem roqueiro, renovou a tradição do IAPI junto ao público, com sua canção "Rockinho" (F. Luz/M. Lessa), que impulsionou o grande sucesso local da banda. Os Replicantes viriam a ser a banda mais bem-sucedida comercialmente entre os "radicais". "Nicotina" (C. Heinz) fez sucesso na rádio e também na TV (leia-se TVE). As bandas de *heavy metal* Astaroth (que tinha em sua formação o guitarrista Marcelo "4Nazzo" Fornazier, 1971), Valhala e Leviaethan, cantando em português, representaram honrosamente uma tendência que se enfraqueceu no metal local (exceto pelo sucesso do Rosa Tattooada alguns anos depois).[4] Participaram desse disco ainda as bandas Urubu Rei (com Miranda e parte do futuro DeFalla), Fluxo (com outra parte do futuro DeFalla), Moreirinha e Seus Suspiram Blues (com parte da futura Bandaliera) e Frutos da Crise.

Um grande símbolo da consagração do *rock* local foram as edições do Festival Rock Unificado, uma sequência de *shows* históricos no Gigantinho. Este, que sempre fora o palco tradicional de grandes nomes nacionais e internacionais, viu-se lotado nas edições de 1985, 1986 e 1987, consolidando para o "grande público local" o sucesso do *rock* feito nos pagos. A movimentação local despertou executivos do centro do país, e a então BMG/Ariola (antiga RCA) prospectou artistas para aquela que seria a primeira coletânea de *rock* gaúcho lançada por uma grande gravadora nacional.

As cinco bandas que comporiam o *Rock Grande do Sul* (1985) viriam a definir a consolidação do *rock* gaúcho no cenário nacional e também revelariam tendências que seguiriam vivas até hoje no cenário local. Às raízes do *rock* dos anos 1960 e 1970, o pós-*punk* vai se somar decisivamente. Trazendo, entre outras coisas, uma revalorização da simplicidade *pop* do *rock*, a poética *punk* e *new wave* vai influenciar diretamente TNT, DeFalla, Replicantes e Engenheiros. Somente os Garotos da Rua faziam

---

4. O metal gaúcho a partir dos 1990 consolidou-se cantado em inglês e, dessa forma, escapa a esta história da literatura. Representando o *rock* pesado cantado em português, a Rosa Tattooada surgiu em 1988, com Jacques Maciel (1969), vocal e guitarra; Paulo Cássio (1968), guitarra; Eduardo "Rod" Rodrigues (1971), baixo; e Gilberto Garcia "Beat" Barea (1971), bateria. Em 1990, lançaram seu primeiro álbum, *Rosa Tattooada* (Nova Ideia). A canção "O inferno vai ter que esperar", parceria de Jacques Maciel e Thedy Corrêa, se tornou um *hit* regional, caso único entre as bandas de *hard rock* que cantam em português. Jacques segue em atividade com a banda, junto a Dalis Trugillo (1972), bateria, e Valdi Dalla Rosa (Valdinei Cemin, 1972), baixo.

um som "setentista", especificamente algo que foi anteriormente definido como *rock stones*, característico de importante parte do *rock* gaúcho até hoje.

Garotos da Rua, além de ser a única banda da coletânea a ter raízes diretas na geração setentista do *rock* gaúcho, era a única a contar com músicos experientes. Faziam um *rock* com temática roqueiro jovem, ainda que escritas por roqueiros já na casa dos trinta: "Lá em casa continuam os mesmos problemas / lá em casa continuam enchendo o saco / Não deixam eu escutar meu som mais alto" ("Tô de saco cheio", Garcia/Caramez). Bebeco Garcia (José Francisco Mello Garcia, 1953–2010) e Edinho Galhardi vieram da banda de Carlinhos Hartlieb e do *show Óculos escuros II*, do Mutuca (Teatro de Câmara, 1979), formaram um trio com Mitch Marini, que depois foi substituído por Geraldo Freitas, somaram King Jim (Ricardo Cordeiro, 1957) no sax e Justin Vasconcelos (1962) na guitarra e, com essa formação, a partir do *Rock Grande do Sul*, se estabeleceram no mercado nacional.

Os Engenheiros do Hawaii, começando a carreira de maior sucesso nacional de qualquer artista gaúcho de todos os tempos, apresentam nessa primeira fase a influência do *reggae* inglês como o suporte para letras sobre relacionamentos e reflexões juvenis. As canções de Humberto Gessinger (1963) se estabeleceram no imaginário nacional num nível próximo ao das de Renato Russo e Cazuza. Na formação original, Humberto na guitarra, Carlos Maltz (1962) na bateria e Marcelo "Pitz" Fagundes (1963) no baixo. Com o tempo, Humberto demite sucessivamente os integrantes da banda para ser a força de mercado que é até hoje, ainda que a maior parte daqueles que gostam de "*rock* gaúcho" recusem uma identificação com a banda. Apesar disso, suas canções atingiram um nível de comunicação ímpar com o público nacional, consagrando expressões como "o Papa é *pop*" e "a juventude é uma banda numa propaganda de refrigerantes" ("O Papa é *pop*" e "Terra de gigantes", ambas de Gessinger).

O TNT iniciou sua longa carreira de sucesso no estado e com boa repercussão nacional com duas canções que assustam e impressionam por sua honestidade em relação à própria imaturidade: "Quando a lua caiu no telhado / Outra menina já foi me chamar / Quando você for falar comigo / Eu só quero amar você" ("Estou na mão", C. Master/F. Basso). Como os Garotos, tem uma temática juvenil, mas nesse caso feita por adolescentes, com eficiência instrumental e canções que transmitem uma autenticidade que é uma das características que fez o *rock* gaúcho ser respeitado. A sonoridade do primeiro disco, seca, com uma sólida referência ao *rock* "original", diferenciou a banda no contexto nacional. Com referência direta no *rock* da primeira metade dos anos 60 e uma eficiência ímpar em letras com temas simples e adolescentes, a banda definiria uma tendência que perdura, inclusive porque a banda viria a se desdobrar em duas, o novo TNT e Os Cascavelletes e, na década de 1990, ainda traria a carreira solo de Flávio Basso (1968–2015), como Júpiter Maçã. A formação do *Rock Grande do Sul* conta com Flávio Basso, voz e guitarra; Nei Van Soria (1968), guitarra; Charles Master (1967), voz e baixo; e Felipe Jotz, bateria. Ainda antes do lançamento do primeiro LP, Flávio e Nei saem da banda para formar Os Cascavelletes, enquanto Charles e Felipe se juntam a Márcio Petracco (1968), guitarra, e Luís Henrique "Tchê" Gomes (1967), guitarra e vocais, para compor a formação clássica da banda, que ainda contaria futuramente com João Maldonado (1964), teclados; Fábio Ly (1968), bateria; e Paulo Arcari (1968), bateria.

Os Replicantes já haviam lançado um compacto de grande repercussão, e após o contrato com a BMG, lançaram o seu primeiro LP, *O futuro é vórtex*, que os consolidou como uma das grandes bandas e um dos grandes *shows* do *rock* nacional. Identificados com o *punk*, os musicalmente inexperientes Claudio Heinz (1964), guitarra; Heron Heinz (1957), baixo; Carlos Gerbase (1959), bateria; e Wander Wildner (Wanderley Luiz

Wildner, 1959), voz, construíram uma música direta, forte e eficaz, com letras rimadas e irônicas, abordando diversas temáticas relacionadas ao universo local. Momento ímpar da história do *rock*, a tosqueira musical ganhou relevância. Em seu repertório inicial, encontra-se a iconoclastia em relação aos músicos consagrados de "Por que não" (H. Heinz/C. Heinz/C. Gerbase): "Os baianos nos trovaram que o amor tinha futuro / Quis transar com uma mina que mordeu o meu pau duro / Agora eu sei qual é a deles / Já peguei no pé do Gil / Eu quero que o Caetano vá pra puta que o pariu". Algumas canções são características do *punk*, com sentido apocalíptico, como "Boy de subterrâneo" (H. Heinz/C. Gerbase): "Mas na virada de uma esquina eu encontrei / Uma menina toda linda que eu parei / [...] Mas nossos filhos serão mutantes / Queria tudo como era antes / O sol nunca mais vai brilhar / Aqui dentro do abrigo nuclear".

E também encontramos o humor irônico característico do *rock* gaúcho — bem diferente do besteirol escrachado que os Mamonas Assassinas consagrariam tempos depois no mercado — em "Surfista calhorda" (H. Heinz/C. Gerbase): "Tem duas surf shops que só abrem ao meio-dia / Vive da herança milionária de uma tia / Vai pra Nova York estudar advocacia / É, mas quando entra na água / É, na primeira braçada / É, ele não vale uma naba / Ele não surfa nada, ele não surfa nada". Luciana Tomasi (1959), teclados, passa a integrar a banda a partir do segundo disco. Com a saída de Wander, em 1989, Gerbase assume os vocais e Cleber Andrade (1965) entra na banda como baterista. Em 2002, Gerbase sai da banda, e em 2006, Julia Barth (1982) se tornou a vocalista, na formação que segue hoje fazendo música.

O DeFalla estreou em Porto Alegre em 1985. A primeira formação tinha Edu K (Eduardo Martins Dornelles, 1968), voz e guitarra; Carlo Pianta (1967), baixo; e Biba Meira (Ana Isabel Goelzer Meira, 1963), bateria, a única mulher presente na coletânea e, desde então, referência feminina no *rock* gaúcho e nacional, predominantemente masculino e fortemente machista. A banda apresentou a única música da coletânea com uma parte instrumental em compasso irregular (5/4) e também dissonâncias incomuns no universo *pop*, "Instinto sexual" (Edu K/Jimi Joe). Na canção, o sexo é o tema: "Serpente, sexo, tesão / teu seio em minha mão / Dente no ventre, arrepio / Deixa que eu entre: é o frio". Não por acaso, foi a banda da coletânea que menor repercussão comercial teve. Antes da gravação do primeiro disco, Carlo deixou a banda (indo integrar a segunda formação da Julio Reny & Expresso Oriente e também a Graforréia Xilarmônica) e é substituído por Flávio "Flu" Santos (1962) e Carlo "Castor" Daudt (1962), que completaram a troca deixando a primeira formação da Julio Reny & Expresso Oriente. Mesmo não tendo alcançando as vendagens e a penetração das outras bandas da coletânea, os dois primeiros discos, *Papaparty* (1987) e *It's fuckin' borin' to death* (1988), ambos lançados pela BMG/Ariola), fizeram dela talvez a mais influente e respeitada nacionalmente por músicos de *rock* alinhados com uma abordagem musical mais radical, como Nação Zumbi, Planet Hemp e muitas outras. Com o tempo, a banda passou por diversos estilos e formações, acompanhando as metamorfoses visuais e de referências musicais de Edu K, que passou a ser o diretor da banda, com destaque para o disco *Kingzobullshitbackinfulleffect*92, de 1992, com Edu K, Flávio, Castor e Marcelo "4Nazzo" Fornazier.

A segunda metade da década de 1980 foi o auge do movimento roqueiro local, e muitas outras bandas ainda surgiriam nesse período. Segundo o levantamento de Katia Suman[5], entre 1987 e 1992, o número de referências a artistas locais supera o de referências a artistas nacionais nos "cadernos" internos da Ipanema FM, uma evidência de um período único na história do *rock* gaúcho.

5. Katia Suman, *Katia Suman e os diários secretos da rádio Ipanema FM*.

Ainda antes do lançamento de seu primeiro disco, o TNT se dividiu, como visto acima, e gerou Os Cascavelletes, com Flávio Basso, guitarra, baixo e voz; Frank Jorge (Jorge Otávio Pinto Pouey de Oliveira, 1966), guitarra e baixo; Nei Van Soria, guitarra; e Alexandre Barea (1967), bateria, na formação original, já em 1985. Tocando de forma mais *punk*, rápida e carregada que o TNT, e também com uma temática com uma "sacanagem de guri" beirando a obscenidade, a banda se tornou um fenômeno absoluto, um raro caso de excelência cancionística, energia juvenil roqueira e integração catártica e musical entre a performance e o público. "Morte por tesão" (F. Basso/N. V. Soria) é um bom exemplo: "Eu queria ser um vampiro, pra chupar o sangue da gata / Eu queria fazer vodu, pra conquistar tu / Eu queria ser um demônio e te derreter no meu inferno / Eu queria que ela morresse de tanta satisfação / Eu queria que ela morresse, morte por tesão". A própria radicalidade da banda também foi responsável por sua fraca penetração no mercado nacional, além do fato de, quando a banda investiu numa carreira no centro do país, já com Luciano Albo (1968) no baixo (no lugar de Frank) e Humberto "Cokeyne Bluesman" Petinelli (1964) nos teclados, o *rock* já estava em baixa no Brasil.

Como os Cascavelletes, a Bandaliera fez uma das maiores carreiras em palcos gaúchos, e uma ausência no grande mercado nacional, que talvez tenha "decidido" que o Barão Vermelho era mais que suficiente como banda *stones* brasileira. De qualquer forma, deu suporte à carreira de grandes músicos, como os guitarristas Marcinho Ramos (1962–1994) e Duca Leindecker (1970), os bateristas Bebeto Mohr (1952) e Fábio Ly, e o baixista João Guedes (1952). Com o ex-Taranatiriça Alemão Ronaldo como vocalista, levou a tradição do IAPI/Fughetti Luz para uma nova fase, atingindo um mercado bem mais amplo que Liverpool e Bixo da Seda jamais tiveram.

A banda Nenhum de Nós, descoberta pelo fundamental produtor Antônio Meira (1959) (que já havia lançado o DeFalla, Raiz de Pedra e seria responsável pela volta de Nei Lisboa à estrada), foi a última banda gaúcha a fazer verdadeiro sucesso nacional, com a música "Camila, Camila" do primeiro disco (*Nenhum de Nós*, 1987, BMG/Ariola). O segundo álbum, *Cardume* (1989, BMG/Ariola) vendeu 250.000 cópias. À formação original, o trio Thedy Corrêa (1963), vocal e baixo; Carlos Stein (1963), guitarra; e Sady Homrich (1964), bateria, vieram a se somar Veco Marques (1964), guitarra; Nico Bueno (1968), baixo; e João Vicente (1965–2024), gaita e teclados.

A partir daí, todas as bandas de *rock* gaúcho de maior sucesso foram, efetivamente, sucesso no mercado regional. Com o fim da década de 80, tornou-se muito difícil para as bandas gaúchas entrarem no grande circuito nacional, exceção feita à Fresno no âmbito *pop* — mas que poderia ser uma banda de qualquer estado brasileiro por estar dentro de um estilo bem definido — e, num âmbito mais limitado, à Cachorro Grande, essa sim, uma banda de *rock* gaúcho.

Várias bandas vão ainda conquistar espaço na virada da década dentro desse sistema local. A Barata Oriental surgiu em 1986, em Novo Hamburgo. Como praticamente todos os trabalhos locais entre 1985 e 1992, alcançou o público estadual a partir de sucessos na Ipanema FM. Em torno de Luís Fernando "Nenung" Kirsch (1966), posteriormente membro da dupla Os The Darma Lóvers, nos vocais e letras, e o guitarrista Carlos Panzenhagen (1962), a banda apresentava um *rock* básico oitentista, com o humor e a temática "liberdade do indivíduo" características do *rock* gaúcho, como em "Dançar direito" (do LP homônimo, 1988): "Pare de dançar direito / pare de olhar pro lado / Pare de dançar direito / dançar direito é que é dançar errado".

Com o fechamento da década, duas poéticas ficam claras, e seguem marcando o *rock* gaúcho até hoje: por um lado, as bandas que tem um perfil que se enquadra num mercado mais amplo, com *shows* regulares e de alto nível técnico, e por outro as bandas mais radicais, com temáticas e sonoridades que não são, na prática, dirigidas à grande mídia, algumas eventualmente furando o bloqueio, outras correndo no chamado circuito independente. No primeiro grupo, Garotos, Engenheiros, TNT, Nenhum, Cidadão, Bandaliera. No segundo, DeFalla, Replicantes, Graforréia, Colarinhos, Atahualpa, Júpiter e todo o universo que se chamava *underground* e hoje é também conhecido como *indie*. Embora atinja um público mais reduzido, o segundo grupo tem uma importante penetração entre outros artistas do resto do país, constituindo o centro do que é conhecido como *rock gaúcho* entre o público roqueiro – um público muito específico quando o *rock* está fora das paradas! — e músicos. Mas é importante considerar que mesmo entre as bandas gaúchas com perfil mais comercial, encontram-se usualmente características peculiares e também mais radicais do que o padrão "normal" do *pop* brasileiro.

Nesse sentido, nada melhor do que a banda Atahualpa y us Panquis para exemplificar a radicalidade musical porto-alegrense na transição das décadas. Tendo como formação básica Carlos Eduardo Miranda (1962–2018), voz e teclados; Jimi Joe (Arzelindo Ferreira Neto, 1955), guitarra; Paulo Mello, baixo; Flávio Santos, baixo e guitarra; e Castor Daudt, bateria, a banda marcou época com diversos absurdos e radicalismos suas performances e gravações, sempre com grande intensidade e sentido em seu *nonsense*. Canções como "Todo mundo saca" (J. Joe), "A escola da maldade" e "Shoobidabiduba Porto Alegre é meu lar" (ambas de C. Miranda) são um exemplo de músicas que, ao menos naquele período, somente poderiam ter sido feitas em Porto Alegre.

Elemento central do Atahualpa, tendo integrado diversas bandas como a Expresso Oriente, Miguel & Almas, Darma Lóvers, Jimi Joe é presença constante no cenário roqueiro local.

Além de seu trabalho solo e sua carreira como radialista, Jimi foi autor de diversas canções importantes, como "Sandina", gravada por Julio Reny e Replicantes e um clássico do *rock* gaúcho: "Sábado todo / Eu chorei de mágoa / Minha garota / Foi pra Manágua / Lutar pela revolução / Todo mundo vai embora / Todo mundo tem sua hora / Ela me deixou / Ela me trocou / Por um sandinista especialista / Em granada de mão".

Houve também um consistente movimento *punk/hardcore* local, com bandas como Atraque, O.R.T.N. e 3D. A Pupilas Dilatadas foi fundada em agosto de 1984 e sua formação mais significativa foi em 1987 com Gustavo Brum (1964), voz; Eduardo Branca (1964), guitarra; Phillip Ness (Felipe Messa, 1962), baixo; e Duda Boeckel (1965), bateria. Com a saída de Eduardo Branca, Phillip Ness foi para a guitarra e César Benites (1961) para o baixo. O primeiro lançamento foi a música "Planeta estranho", na coletânea em vinil *Porto Alegre Rock* (Pialo/85): "Planeta estranho / coberto de gente / que fala que mente / sobre nosso futuro / que num segundo destrói o mundo / nos tira a razão com um cheque sem fundo / urubus a nos secar / urubus a nos sangrar" (F. Messa/G. Brum). Lançou em 1987 o compacto em vinil *Experience* (Sulcos Suicidas), produzido por Miranda. Com sua temática *punk* contestatória, a banda permanece na ativa até hoje, com Felipe Messa na guitarra e vocais.

Anos 1990

No setor de bandas gaúchas com apelo comercial mais claro, que se comunica com um público mais amplo que o dos roqueiros radicais, o principal exemplo da década de 1990 é a Cidadão Quem. Formada em 1990 por Duca Leindecker, que já havia tocado nas bandas Prize e Bandaliera, nos vocais e guitarra; seu irmão Luciano Leindecker (1972–2014) e o ex-Taranatiriça Cau Hafner, a banda teve uma carreira de grande sucesso regional, além de razoável alcance nacional, que durou até 2014. Com uma sonoridade bem *pop* (mas ainda dentro do universo roqueiro) e *shows* de alto nível técnico, a banda se consagrou com letras simples, leves e otimistas, como "Amanhã colorido" (D. Leindecker): "Olha a luz que brilha de manhã / Saiba quanto tempo estive aqui / Esperando para te ver sorrir / [...] / Lembre que hoje vai ter pôr de sol / [...] / Corra muito além da escuridão".

Egisto Dal Santo (1964) esteve ligado a boa parte da produção independente no início da década de 1990. Foi fundador e condutor da banda Colarinhos Caóticos através de diversas formações. A banda surgiu em 1988, com o lançamento de *Introdução*, que obteve boa repercussão na crítica do centro do país. Egisto produziu entre 1990 e 1997 (nos quatro primeiros anos no Porto de Elis, principal casa de espetáculos de *rock* em Porto Alegre na década) o projeto *Segunda sem ley*, *shows* coletivos (usualmente temáticos e com seis bandas) que marcaram época e foram o grande espaço para diversas bandas do circuito alternativo local. Extremamente prolífico, como músico e produtor, sua carreira inclui uma longa associação com Bebeco Garcia, inclusive como baixista, que durou até a morte deste, em 2010. Tanto no Colarinhos como em sua carreira solo, a temática da luta do artista contra um meio adverso à autenticidade é constante. Seu primeiro disco solo, *Máquina de destruir dinheiro* (1994), já no título remete à própria carreira artística como inviável no mundo convencional. Na canção "Q nem eu", trata também da luta da criatividade individual contra o meio: "Você pensa que eu penso, eu não penso / pelo menos não desse jeito / dessa maneira xcrôta / passo o tempo todo / jogando bola contra o vento / sair da pedreira".

No mesmo Porto de Elis, Julio Reny & Guitar Band batiam os recordes de público com *shows* baseados num novo repertório, em que Julio exibiu uma nova leva de canções. A formação contava com Carlo Pianta (baixo) e Frank Jorge (guitarra), da

Graforréia Xilarmônica, e também Vilson Picco (1967), também da Smog Fog, bateria, que depois seria substituído por Sérgio "Bolada" Rodrigues (1969), também da Père Lachaise. Canções como "Café Marrakesh", "Mil noites", "Tomás e a lagoa" foram gravadas pela banda. Entre elas, "Madri Motel" é um exemplo da riqueza de imagens, metáforas e do romantismo de Julio. Sobre uma estrutura formal e melódica mais elaborada que o usual no *rock*, Julio parte de um quadro barato na parede de um motel (que realmente existe) e pinta um quadro bem mais amplo:

> Na noite de seus cabelos eu me perdia
> E estar entre seus braços
> Era tudo o que eu queria
> Nossos momentos eram tão poucos
> Que eu amava feito um louco
> E sonhava com dia ela só pra mim
> E na parede do quarto do Madri Motel
> Tinha um quadro com dois alazões
> Que pareciam tão longe dali
> Mas galopavam tão perto do céu

O circuito *underground* porto-alegrense estava então em intensa atividade, com Smog Fog, Père Lachaise, Plastic Dream, Nada Público, Space Rave e muitas outras marcando presença no cenário local. O bar Garagem Hermética foi o principal palco desse circuito na década de 90.

No âmbito nacional, a década roqueira seria marcada por um gaúcho. Em São Paulo, onde residia desde o final da década de 1980, Carlos Eduardo Miranda se associou aos Titãs para criar um selo dedicado ao novo *rock* nacional dentro da Warner, o Banguela. Miranda, que jamais parou de criar, fomentar e apoiar criações até a sua morte em 2018, fez pelo Brasil o que fez por Porto Alegre, centralizando com seu ouvido inteligentíssimo novas tendências que agregam autêntica criatividade e potencial comercial — além de ajudar sempre que podia qualquer trabalho interessante, mesmo que não rentável. Direta ou indiretamente, Raimundos, Skank, Maskavo, Otto, Acabou la Tequila, Mundo Livre S.A., Graforréia e muitas outras bandas viriam a público com sua interferência. Sua influência avançou além do *rock*, para chegar, por exemplo, à recente divulgação da música do Pará.

Para o *rock* gaúcho dos 1990, Miranda fez o possível: lançou as bandas Maria do Relento, Doiseu Mindoisema (trabalho de Diego Medina, 1974, que depois faria a Video Hits) e trouxe à cena nacional a Graforréia Xilarmônica, banda formada em 1986, mas que só em 1993 atingiria um público maior que músicos e intelectuais pós-*punks* porto-alegrenses.

A Graforréia surgiu em 1986, tendo como núcleo os irmãos Alexandre "Alemão" Birck (1967), bateria, e Marcelo Birck (1965), guitarra e voz, e teve diversos integrantes em sua fase inicial "caseira" até a formação "original", com Frank Jorge, baixo e voz, paralelamente aos Cascavelletes, e Carlo Pianta, guitarra e voz, após sua saída do DeFalla. O quarteto gravou pelo selo Vórtex a fita K-7 *Com amor e com carinho* (1988), que foi "ressuscitada" por Miranda em 1993, quando a banda voltou à ativa com sua formação definitiva, Alemão, Carlo e Frank, que gravou o primeiro CD oficial, *Coisa de louco II* (Banguela, 1994), co-produzido por Miranda e a banda. Foi a primeira banda *underground* local a entrar no circuito nacional nos anos 90, e se tornou uma influência direta não apenas para as bandas gaúchas mais radicais que vieram depois, mas também para músicos de outros estados, como Los Hermanos e Pato Fu. A partir de seu contrato com o Banguela atingiu o circuito alternativo nacional, mas no *underground* permaneceu, com canções cheias de radicalismos musicais — dissonâncias, politonalidades, compassos irregulares, desafinações — e letras que incorporam temáticas diversas, como o romantismo "sincero" de "Nunca diga" (F. Jorge), a associação desenfreada de ideias de "Eu digo 7" (F. Jorge/M. Birck), a conexão milonga/*punk* urbano porto-alegrense de "Amigo *punk*" (F. Jorge/M. Birck) – que se tornou uma espécie de segundo hino gaúcho, e uma música mais famosa que a própria banda — e o clássico individualismo *rock* gaúcho de "Eu" (F. Jorge/C. Pianta/A. Birck/M. Birck): "Eu queria tanto encontrar / uma pessoa como eu / a quem eu possa confessar / alguma coisa sobre mim".

Outro trabalho referencial para as bandas vindouras e com ligação direta com a década anterior é a carreira de Flávio Basso após o TNT e os Cascavelletes. Autorrebatizado — com muita propriedade — como Júpiter Maçã, o notável compositor e *frontman* ressurgiu com um novo repertório que marcaria o *rock* gaúcho pela expressividade, novidade e também pela excelência e autenticidade no estilo, sem aquela sensação de falsidade que muitas vezes músicos brasileiros tocando um estilo estrangeiro proporcionam. Magistralmente registrado na demo K-7 *Júpiter Maçã & Os Pereiras Azuiz* (1995) e depois sacramentado no disco *A sétima efervescência* (Antídoto/ACIT 1997), esse repertório inclui as canções "Miss Lexotan 6mg garota" e a referencial "Um lugar do caralho":

> Sozinho pelas ruas de São Paulo
> Eu quero achar alguém pra mim
> Um alguém tipo assim
> Que goste de beber e falar
> LSD queira tomar
> E curta Syd Barrett e os Beatles
> Um lugar e um alguém
> Que tornarão-me mais feliz
> Um lugar onde as pessoas
> Sejam loucas e super chapadas
> Um lugar do caralho
> Lugar do caralho

Até sua morte precoce, mas anunciada por seus notórios excessos, em 2015, Flávio produziu importante obra, numa carreira em que os pontos altos são pontos altos em toda a história do *rock* nacional, como o CD *Plastic soda*, de 1999, com o artista já reautorrenomeado Júpiter Apple. Esteve, em sua trajetória, acompanhado por diversos músicos de peso na cena local, como Marcelo Gross (1973), bateria, e posteriormente guitarrista da Cachorro Grande; Julio Cascaes (1968), baixo e guitarra; Glauco Caruso (1973), bateria; e Emerson Caruso (1971), baixo.

Primeira banda dessa história sem nenhuma conexão individual com os anos 1980, os Acústicos & Valvulados surgiram em 1990, começando como uma banda ligada ao *rockabilly* e evoluindo para uma banda completamente roqueira e gaúcha, um dos grandes *shows* de *rock* até hoje. Da formação original, com Rafael Malenotti (1972), vocais; Alexandre Móica (1970), guitarra; Paulo James (1971), bateria; e Roberto Abreu (1970), contrabaixo acústico, apenas o último não permaneceu, havendo os acréscimos de Daniel Mossmann (1979), guitarra e baixo, também da Pata de Elefante; Diego Lopes (1982), baixo; e Luciano Leães (1977), teclados. O principal compositor, Paulo James, equilibra a força roqueira da banda com letras que prendem o interesse do ouvinte, como em "Remédio": "Esse remédio jamais vai curar / Esse remédio eu conheço, é aspirina / Isso só faz com que a cabeça descanse em paz / Enquanto a confusão contamina", e em "Fim de tarde com você": "Nem penso muito no que pode acontecer. / Enquanto arrumo todas as coisas que eu sinto. / O meu passado e o meu destino. / E espero que o fim da tarde venha com você". A excelência cancionística da banda pode ser verificada nesse verdadeiro hino da liberdade individual juvenil, "Até a hora de parar": "Se eu quero me estragar, me estrago muito bem / se eu quero descansar, descanso e o que é que tem / se eu quero me quebrar, me quebro até cansar / se eu quero me mexer, me mexo até a hora de parar".

Em sua origem essencialmente roqueira, a Ultramen foi agregando em sua trajetória diversas referências sonoras, especialmente no tocante ao *funk*, *soul* e samba-*rock* brasileiro, e essa fusão é o que hoje a caracteriza. Em atividade desde 1991, com Tonho Crocco (1973), voz; Pedro Porto (1972), baixo; Júlio Porto (1975), guitarra; e Zé Darcy (José Darcy Denardin Jr., 1970), bateria, na formação original, a banda incorporou diversos músicos em diferentes formações, especialmente Luciano "Malásia" Lima (1970), percussão; Leonardo Boff (1976), teclados; e Marcito (Márcio Grobocopatel, 1977), percussão. Após o lançamento do primeiro disco homônimo, em 1998, a banda lançou em 2000 o CD *Olelê*, com uma temática bastante centrada na crítica social na linha do *rap* nacional, e frequentemente apontado como um dos mais importantes do *rock* gaúcho, com fortes traços de música brasileira. A música "Dívida" (T. Crocco/ Ultramen), por exemplo, um dos sucessos do disco, aponta para bem mais música carioca dos anos 1970 do que para o *rock*: "Um homem com palavra é um homem da verdade / É requisito básico pra personalidade / Não importa a idade a cidade ou a nação / Respeito é herança da civilização".

Com uma sonoridade bastante ligada aos Ramones mas com peso e temática juvenis mais característicos da década de 1990, a Tequila Baby nasceu em 1994. Lançou em 1996 seu primeiro disco homônimo, pela gravadora Antídoto, firmando-se no mercado regional. A canção "Sexo, algemas e cinta-liga" (Tequila Baby) tornou-se emblemática para a banda: "Não me importa se é Oriental / mas que torça pro Internacional / o meu problema é sexo algemas e cinta-liga". Na formação original, Duda Calvin (Eduardo Soares da Rosa, 1971), voz; James Andrew (James Andrew Fantinel Caldas, 1975), guitarra; Rodrigo Mendonça Gonçalves (1978), baixo; e Didi Gloor (Fabian Pereira Gloor, 1973), bateria, depois substituído por Rafael Heck, (1981).

Formada em 1995, a Comunidade Nin-Jitsu segue uma tradição de temática de humor de guri debochado, sobre uma banda musicalmente forte e autêntica. Construindo canções sobre grooves marcantes, algumas vezes tirados de músicas conhecidas, tiveram em "Detetive" (M. Changes/F. Endres) seu primeiro sucesso, incluído no primeiro disco, *Broncas legais* (1998): "Meu pai é detetive enfrenta broncas legais / Teu pai é despachante e não faz nada de mais / Meu pai é detetive prende bandido e traficante / E teu pai é um cagalhão que se esconde atrás da estante". Na formação original, Mano Changes (1975), voz; Fredi Endres, 1975, guitarra; Nando Endres (1972), baixo; Pancho Santos, bateria; e Sid Poffo, teclados. Com grande eficiência nos palcos, a banda botou a juventude pra cantar versos como "Maconha no almoço, maconha no jantar / maconha tá virando produto alimentar" ("Just", M. Changes/Lucatchotaylor) e "Ah! Eu tô sem erva!" ("Ah! Eu tô sem erva!", M. Changes/F. Endres).

Outra banda que foi levada para o selo Banguela por Miranda foi a Maria do Relento, que lançou seu primeiro disco em 1995. A formação original, que seguiu com algumas variações, tinha Peppe Joe (Cleber Corrêa de Souza, 1976) e Nino Lee (Luiz Leopoldo Corrêa de Souza, 1969) nos vocais, Kako Kanidia (Cláudio Roberto Corrêa de Souza, 1972) e Luciano Loira (Luciano Santini Romero, 1972) nas guitarras, Ricardo Pedo (Vanderlei Ricardo de Oliveira, 1973) no baixo e Jazzner Messa (Gesner Messa Marques, 1971) na bateria. Com uma temática tendendo predominantemente para o humor, a banda destacou-se no mercado local e também no âmbito do público roqueiro MTV, que era um dos eixos do *rock* nos anos 1990.

Em atividade desde 1994 e até hoje uma das principais representantes do *rock* alternativo local, a Walverdes conta com Gustavo "Mini" Bittencourt (1974), guitarra e vocal; Marcos Rubenich (1975), bateria; Patrick Magalhães (1978), baixo e vocal; e Julio Porto, guitarra (também da Ultramen). Não tem um *mercado* mas tem um *alcance*. Com guitarras distorcidas com peso e sonoridade rica em texturas ruidosas, a música título do disco *Anticontrole* (2001) é um exemplo de oitentismo gaúcho pesado: "Então onde é que eu errei? / Será que devo parar? / Eu sei que já me iludi / E não quero voltar lá / Controle é artificial / Saber é superficial / Sentir não é explicar / É sempre recomeçar" (G. Bittencourt/M. Rubenich/B. Badia/G. Morelli).

Uma das principais bandas do final do milênio e que marca a cena musical local até hoje, seja como banda, seja na figura de seu prolífico cantor, Carlinhos Carneiro (Carlos de Mascarenhas Carneiro, 1978), é a Bidê ou Balde. Marcadamente gaúcha na temática sou-o-que-sou, com um romantismo peculiar, letras irônicas e bem construídas, a banda tem uma sonoridade característica, alimentada por um oitentismo B-52's e performances redondas e energéticas. A banda nasceu em 1998, e a formação quando a coisa começou a ficar séria era, além de Carlinhos, Rafael Rossatto (1974), guitarra; André Surkamp (1978), baixo; Leandro Sá (1973), guitarra; Katia Aguiar (1974), teclados; Vivi Peçaibes (1973), voz; e Pedro Hahn (1971), bateria. Com a saída de Rossatto, Rodrigo Pilla (1984) assumiu as guitarras. Após o lançamento do primeiro disco *Se sexo é o que importa, só o rock é sobre amor!* (2000, ACIT/Abril Discos), a banda ainda lançou *Outubro ou nada!* (ACIT, 2002) e foi uma das bandas a integrar o *Acústico MTV: bandas gaúchas* (2005), a última tentativa de recolocar o *rock* gaúcho no mercado nacional. A primeira música da Bidê na coletânea é "Microondas" (C. Carneiro/L. Sá/R. Pilla/K. Aguiar): "Tem coisas lá em casa que eu nem ligo mais, pra não ter que desligar / Pessoas da minha vida parecem sumir, mas insistem em voltar / Amores requentados, feito pão dormido, vêm do micro-ondas / E o bom e velho gosto de romance antigo é sempre bom de recordar".

Anos 2000

Fazendo a ponte entre os 1980 e os 2000 estão duas carreiras solo que se firmaram em um circuito específico, um público roqueiro mais intelectualizado e experiente como ouvinte, aberto a ironias e a um acabamento sonoro mais ligado a um *rock* fora do circuito comercial.

Vocalista original dos Replicantes, Wander Wildner firmou um estilo roqueiro com uma canção mais tosca, uma sonoridade suja sobre ideias simples, tanto musical quanto liricamente, como em "Eu não consigo ser alegre o tempo inteiro" e "Bebendo vinho", de seu primeiro CD *Baladas sangrentas* (Fora da Lei, 1996): "Vou me entorpecer bebendo vinho/ eu sigo só em meu caminho". Numa produção verdadeiramente independente, estabeleceu um público fiel não apenas na cena local, mas em todo o circuito alternativo nacional.

Frank Jorge, por outro lado, apresenta um cancioneiro mais elaborado, com referências como Roberto Carlos e Paul Weller (The Jam) tratadas de forma original. Originalidade que é característica tanto de seu estilo musical, sempre acompanhado de Alexandre Birck (também companheiro na Graforréia), quanto de seu amplo espectro temático, com destaque para seu romantismo peculiar e as crônicas de cotidiano, como em "Cabelos cor de jambo": "Um pouco de talento não faz mal a ninguém / pra se confirmar na vida tem que ter muito amor", e em "Não recebo em dólar": "Não recebo em dólar o que a vida tem pra me dar / mas eu pago bastante, pago pra não me incomodar", canções de seu primeiro disco, *Carteira nacional de apaixonado* (Barulhinho, 2000).

A Cachorro Grande surgiu em 1999, após Marcelo Gross ter deixado o trabalho com Júpiter Maçã. Uma banda completamente filha do sistema *rock* gaúcho, influenciada pela tradição que passa por Cascavelletes, Júpiter, TNT e Graforréia, a banda firmou-se nacionalmente entre o público roqueiro que buscava uma autenticidade que a banda de fato tem, e que é uma das características do *rock* gaúcho. Nesse sentido, é a última banda gaúcha de *rock'n'roll* propriamente dito a se firmar no mercado local e em um setor do mercado nacional. A formação clássica é

Beto Bruno (1974), voz; Marcelo Gross (1973), guitarra; Rodolfo Krieger, baixo; Pedro Pelotas (Pedro Kremer Motta, 1983), teclados; e Gabriel "Boizinho" Azambuja (1979), bateria. A banda lançou seu primeiro disco homônimo em 2001, tendo lançado até 2016 oito álbuns de estúdio, o que por si só já é um feito para uma banda gaúcha. A canção "As próximas horas serão muito boas", do segundo álbum, *As próximas horas serão muito boas* (Novodisc, 2004), é um exemplo da temática roqueira juvenil que a banda encarnou tão adequadamente: "Metade do bar quer me bater / A outra metade quer me dar / Só sei que as próximas horas serão muito boas" (M. Gross/B. Bruno).

Se a Cachorro Grande encarnou o lado *rock'n'roll* do *rock* gaúcho, a Pública é a representante da linha pós-*punk* oitentista. Criada em 2001, a banda desenvolveu um consistente trabalho que lhe rendeu um público local e um alcance nacional dentro do circuito alternativo. O segundo disco da banda, *Como num filme sem um fim* (Olelê Music, 2009), resultou em indicações e premiações no troféu Açorianos, com a formação original: Pedro Metz (1978), voz e guitarra; Alexandre "Guri" Assis Brasil (1986), guitarra; Guilherme Almeida (1988), baixo; João Amaro (1983), piano; e Rogério "Cachaça" Vicari Bento (1968), bateria, este substituído por Alexandre Papel (1972) quando a banda decidiu se mudar para São Paulo. O cuidado com as letras é uma das muitas qualidades da banda, como em "Quarto das armas" (P. Metz), que reafirma a temática existencial oitentista característica de parte do *rock* gaúcho, que inclui uma convicção em "ser o que sou": "Guardei as armas / Num lugar onde você pode alcançar / Tranquei as portas em silêncio / E fiz a mesa de jantar / Quando criança eu tinha / Medo de pessoas como nós / E agora o quarto cinza / É tão pequeno / E mesmo assim não vou mudar / Não vou mudar porque / Eu sempre volto pro lugar / Onde as almas e as crianças / Teimam em brincar".

Anos 2010

É importante destacar que até hoje, no Brasil, em termos de banda de *rock* que permite ao músico viver somente disso com total liberdade criativa e radicalismos, há somente dois casos: Los Hermanos e Pato Fu. Com o mercado definitivamente fechado para o *rock*, e mais ainda para o *rock* gaúcho, os novos trabalhos surgem no setor alternativo. Se por um lado isso limita o alcance em termos de público, por outro isso permite que trabalhos mais elaborados tenham destaque. E as duas bandas destacadas na década de 2010, Apanhador Só e Dingo Bells, vão surpreender por não pertencerem à tradição gaúcha de deboche juvenil, ligando-os mais à tradição de letras maduras, com grandes momentos de intensidade e originalidade que suplantam quaisquer laivos de eventual pieguice, tão comum quando roqueiros resolvem ser "sérios".

A Apanhador Só nasceu em 2006, tendo seu primeiro CD homônimo lançado em 2010 (Fumproarte). Em torno de uma formação roqueira tradicional, a banda propõe também uma busca por novas sonoridades, especialmente com o disco *Acústico-Sucateiro* (K-7 independente, 2011), em que fontes sonoras alternativas são empregadas, conforme o título indica. A canção "Um rei e o Zé" (A. Kumpinski/I. Ramil) é do primeiro disco, com uma temática mais existencial: "E o rei me disse: / 'A pressa esconde o que já é evidente. / Foi do meu lado que eu achei o que me fez assim / Tão diferente' / E eu, que corri assim tão zé, / Deixei que tudo fosse e decidi / mudar de frente, / Mas não vi nada / Não leve a mal, / eu só queria poder ter outra filosofia, / mas não nasci pra conversar com rei". O segundo disco, *Antes que tu conte outra* (Independente, 2013), questiona certezas e confirma o cuidado com as imagens presentes nas letras, como em "Cartão-postal" (A. Kumpinski/F. Zancanaro): "Eu espero a minha janta debaixo da mesa / Parado aqui, calado, me vem a certeza / Que as pernas do meu lado vão envelhecer / E que os sapatos que elas vestem vão perder o verniz / A carne dura menos que qualquer madeira". A Apanhador se consolidou como uma das principais bandas da cena alternativa brasileira. A última formação da banda é Alexandre Kumpinski (1968), voz e guitarra; Fernão Agra (Fernando Morsch, 1986), baixo; e Felipe Zancanaro (1984), guitarra.

A banda Dingo, originalmente Dingo Bells, lançou seu primeiro EP homônimo em 2010, com o trio central, Diogo "Sebo" Brochmann (1988), guitarra e voz; Felipe "Pirula" Kautz (1988), baixo; e Rodrigo "Roger" Fischmann (1988), bateria e voz. Fabricio Gambogi (1983), guitarra, juntou-se à banda a partir do primeiro álbum, *Maravilhas da vida moderna* (Independente, 2015). Com produção de Marcelo Fruet (1978) nas gravações — que tem um papel importante na nova geração, a exemplo de Thomas Dreher (1973) na década de 1990 —, o álbum (bem como as performances precisas e impactantes) colocou a banda numa posição de destaque no cenário nacional, lotando *shows* no estado e também no resto do país. Com uma sonoridade rica em termos de performances instrumentais e vocais, uma presença forte de texturas oitentistas e também referências a um cancioneiro brasileiro que lembra a escola mineira dos anos 1970 em vários momentos, a banda segue arrebanhando admiradores de diversos setores. Do *Maravilhas*, uma das canções mais queridas dos fãs é "Dinossauros" (D. Brochmann/R. Fischmann/F. Kautz): "Hoje eu me sinto / Como decerto se sentiram os dinossauros / Quando de longe lá no alto avistaram / Iluminado no espaço sideral / Vinha de cima / Sobrevoando pelas ruas e telhados / E parecia dar aquilo que esperavam / Bem no início da história ocidental / É, talvez / A sua imaginação / Esteja tão limitada por problemas reais". Com o lançamento do CD *Todo mundo vai mudar* (Independente, 2018), a banda reafirmou seu padrão de originalidade e qualidade musical, centrada em uma sonoridade original que explora em primeiro lugar as possibilidades da instrumentação roqueira básica de quarteto com guitarras. As letras, sempre bem elaboradas, acompanham com adultice — mas sem pieguice — questões atuais, como em "Ser incapaz" (D. Brochmann/R. Fischmann/F. Kautz/F. Gambogi): "As palavras saem decodificadas / Todo seu discurso não vai dar em nada / Se o silêncio é tenso, pensamento trava / Na compreensão de tudo que é estranho / Em que momento / Não percebemos surgir / Um ser humano / Tão incapaz de ouvir".

Referências

O ponto de partida da cronologia, especialmente o período anterior aos anos 1980, e um grande número de importantes informações foram obtidos nas anotações de Arthur de Faria, gentilmente cedidas pelo autor, ao qual agradeço especialmente. Registro também um agradecimento às pessoas que foram consultadas durante a elaboração do texto e contribuíram pessoalmente com informações: Ricardo "King Jim" Cordeiro, Carlos Gerbase, Luís "Nenung" Kirsh, Jimi Joe, Felipe Messa, Egisto Dal Santo, Cristiano Bastos, Paulo James, Frank Jorge, Gustavo "Mini" Bittencourt, Pedro Porto, Fernando Endres, Duda Calvin, Diego Medina, Luciano "Loira" Santini Romero, Carlinhos Carneiro, Alexandre Kumpinski, Felipe Zancanaro e Diogo Brochmann.

Muitas informações foram obtidas na internet e posteriormente verificadas, muitas vezes por indicação dos próprios músicos consultados, sendo impossível relacionar todos os sítios pesquisados, mas certamente a Wikipédia merece destaque.

BASTOS, Cristiano. *Julio Reny*: histórias de amor & morte. Porto Alegre: Artes e Ofícios, 2015.

BORBA, Mauro. *Prezados ouvintes!* Porto Alegre: Artes e Ofícios, 1996.

CANDIDO, Antonio. *Formação da literatura brasileira*: momentos decisivos. São Paulo: Martins, s.d.

EITELVEIN, Gilmar. O *rock*, da série A *Música de Porto Alegre* (CD e fascículo). Porto Alegre: SMC, 1993.

ENDLER, Sergio Francisco. *Rádio Continental AM*: história e narrativas, em Porto Alegre, de 1971 a 1981. 2004. Tese (Doutorado em Ciências da Comunicação) – Universidade do Vale dos Sinos, São Leopoldo, 2004.

SOUZA, Marilene N. de. *Longe demais das capitais* – Musipuc: um novo movimento musical em Porto Alegre na década de 1970. 2006. Dissertação (Mestrado em História) – Pontifícia Universidade Católica do Rio Grande do Sul, Porto Alegre, 2006.

SUMAN, Katia. *Katia Suman e os diários secretos da rádio Ipanema FM*. Porto Alegre: BesouroBox, 2018.

Diego Grando
Katia Suman

5.10

Festivais, festas e feiras: literatura ao vivo

O brasileiro lê 4,96 livros por ano, de acordo com os resultados da quarta edição da pesquisa Retratos da Leitura no Brasil, realizada em 2015.[1] O certo seria dizer "começa a ler", porque a mesma pesquisa aponta que o brasileiro só acaba de ler a metade, ou seja, 2,43 livros por ano. Independente do parâmetro que se queira adotar, é pouco. Estamos falando dos 56% da população que, pelos critérios da pesquisa, são considerados "leitores". Estamos falando de um país que não lê.

Não deixa de ser surpreendente que, nesse contexto, esteja crescendo e se consolidando uma cena de eventos em torno do livro e da literatura, sejam eles festas, feiras, festivais, bienais, salões ou jornadas. Em 2013, o Ministério da Cultura listava 257 eventos; em 2014, foram pelo menos 320, de acordo com levantamento feito pelo jornal *O Globo*.[2] "Em algumas regiões, esses eventos estão substituindo as bibliotecas públicas no papel de juntar o leitor com os livros e os escritores, porque têm um poder maior de comunicação e interação com a comunidade",

---

1. Conforme a pesquisa *Retratos da Leitura no Brasil*, 4ª edição, 2015, realizada pelo IBOPE por encomenda do Instituto Pró-Livro, entidade mantida pelo Sindicato Nacional dos Editores de Livros (Snel), Câmara Brasileira do Livro (CBL) e Associação Brasileira de Editores de Livros Escolares (Abrelivros), disponível em: https://snel.org.br/wp/wp-content/uploads/2018/02/1-Pesquisa_Retratos_da_Leitura_no_Brasil_-_4.pdf. Acesso em: 7 out. 2024.

2. Mariana Filgueiras, "A explosão de eventos literários no Brasil: em 2015, serão mais de 300".

observa o escritor Carlos Henrique Schroeder em entrevista a Mariana Filgueiras, na mesma matéria.

Trata-se, portanto, de um fenômeno que não pode ser desconsiderado no sistema literário brasileiro: a literatura feita ao vivo, ou a presença da literatura ao vivo, isto é, fora de sua forma de apreciação tradicional, o livro impresso e a leitura individual e silenciosa. Declamação, oralização, leitura em voz alta, sarau, roda de leitura, performance, *happening*, *slam*, enfim, vários são os nomes, tanto quanto os formatos dos acontecimentos, autônomos ou incluídos nas programações de eventos maiores, que colocam alguém, seja ou não o autor, diante de um público, para realizar oralmente um texto literário.

Na ausência de um estudo que conte, de maneira ampla e sistemática, uma história da presença da literatura ao vivo no Brasil, vale, ao menos, a tentativa de pontuar alguns momentos em que manifestações dessa ordem se fizeram notar. Não se quer, contudo, forçar a percepção de uma continuidade, muito menos inventar uma tradição que parece não existir, mas, antes, encontrar indícios muito vagos dos fenômenos que se consolidaram na virada do século XX para o XXI, reunindo em si boa parte das características de seus predecessores.

Uma tentativa, ainda que mal-ajambrada, de linha do tempo

Sem contar as reuniões de literatos nas Academias e agrupações ainda no século XVIII, há um certo consenso que os saraus chegam ao Brasil junto com a Corte de D. João, em 1808. De inspiração francesa, reproduzem a lógica dos *salons*: eventos de ordem privada, nos quais a presença de músicos e poetas ajuda a conferir ares de requinte e delicadeza a um seleto público com pretensões aristocráticas. São acontecimentos acanhados, que dizem mais respeito a uma tentativa de vida mundana do que literária. Ainda assim, expandem-se, ao longo do período imperial, para além do Rio de Janeiro: primeiro São Paulo, pelo desejo de afrancesamento de alguns fazendeiros, em seguida outras capitais de províncias.

A promoção de saraus também esteve entre as atividades da pioneira Sociedade Partenon Literário, fundada em 1868, em Porto Alegre. Abertos aos associados e ao público geral, esses saraus mesclavam números musicais e leituras de textos poéticos a discussões sobre temas variados, tais como religião, ciência e política.[3] Levando em conta o conjunto das atividades propostas pela sociedade, que incluíam cursos noturnos e apoio à criação de bibliotecas, ao lado de sua *Revista Mensal*, de distribuição gratuita, no seio de uma agremiação de tendência abertamente republicana e abolicionista, pode-se falar de uma verdadeira preocupação com a criação de políticas culturais. E, nesse sentido, o espaço dado à literatura ao vivo surge como uma das ações em busca do estabelecimento e da ampliação de um sistema literário local ainda incipiente, partindo do reconhecimento da necessidade de se formar um público para isso, informando-o, sensibilizando-o.

Outra agremiação que incluiu manifestações de literatura ao vivo em sua rotina foi a Padaria Espiritual, fundada em Fortaleza/CE, em 1892. De caráter mais despojado, promovendo encontros diários no Café Java ou nas casas de seus integrantes, o movimento tinha, no primeiro item de seu estatuto, o objetivo de "fornecer pão de espírito aos sócios em particular, e aos povos, em geral".[4] Apesar de sua existência efêmera (até 1898), a sociedade foi o embrião do Centro Literário, que teve uma existência ativa entre 1895 e 1905.[5]

---

3. Carlos Alexandre Baumgarten, *A crítica literária no Rio Grande do Sul*: do Romantismo ao Modernismo, p. 70.
4. Leila Nobre, "Padaria Espiritual".
5. Brito Broca, *A vida literária no Brasil*: 1900, p. 98.

Em São Luís/MA, em 1901, foi criada a Oficina dos Novos, que realizava saraus literoteatrais para angariar fundos a fim de viabilizar a edição das obras de seus membros.[6] O início do século XX marca o período da *Belle Époque* do Rio de Janeiro, capital do país. Há uma intensa movimentação dos escritores e de gente em torno deles, seja em cafés, livrarias e salões privados, em sua maioria acontecimentos de cunho mundano, nos quais a literatura em si passava tangencialmente. Ainda assim, há ao menos dois fatos a destacar, um de ordem privada e outro, pública.

Primeiro, o salão de Coelho Neto, de clima mais descontraído e receptivo (aberto mesmo aos novatos vindos da província, desde que munidos de uma carta de apresentação) em relação aos demais salões, em cujas reuniões, aos sábados, afluíam músicos, artistas plásticos e, evidentemente, escritores.[7] Segundo, a moda das conferências literárias. Embora haja registros de manifestações do tipo ainda na década de 1870, algumas promovidas pelo próprio imperador, é na primeira década do século XX que se estabelecem como opção de atividade cultural inscrita na agenda da cidade. Essa moda se espalhou pelas cidades do país; valha o exemplo do Simões Lopes Neto, que chegou a publicar textos de algumas das conferências que proferiu, em Pelotas e noutras cidades da região.

Num salto para São Paulo, é num momento de ruptura estética que diversas manifestações anteriores parecem se reunir: a Semana de Arte Moderna de 1922. Realizada no Theatro Municipal, com programação exclusivamente artística divulgada nos jornais, incluindo, ao lado de música, dança, pintura e escultura, tanto conferências quanto leituras de obras literárias, entre as quais a do poema "Os sapos", de Manuel Bandeira, por Ronald de Carvalho. A Semana dá vários indícios de uma busca da autonomia do campo artístico: cobrança de ingresso, divulgação da imprensa,

6. *Ibid.*, p. 109.

7. *Ibid.*, p. 62-63.

busca de uma certa polêmica, que gerasse repercussão. Ou seja, nem encontro mundano, nem agremiação fechada; parece, enfim, ser um dos primeiros acontecimentos em torno da literatura a trazer o caráter de evento organizado, de ato artístico em sua totalidade (a Semana, aliás, também se autodeclarava um "festival").

Os salões continuaram em voga aos longos das décadas de 1910 a 1930, mas a movimentação parece se esgotar na década de 1940, fazendo com que saraus e assemelhados saíssem do escopo de atividades das elites letradas. Eis aí um duplo deslocamento: primeiro, coube a jovens escritores, intelectuais e universitários a organização de eventos dos quais a leitura fizesse parte; segundo, e consequência imediata do primeiro, os locais de realização passaram a ser bares, praças, salas de teatro. Ou seja, das elites para o *underground*.

Na década de 1950, um ponto totalmente fora da curva: o Primeiro Festival Brasileiro de Poesia, em Porto Alegre, no ano de 1958. Organizado pelo Grupo Quixote, fundado por jovens intelectuais em 1947, que manteve uma revista homônima até 1952, o festival foi realizado nas dependências da Universidade do Rio Grande do Sul e atraiu um público de mais de 4.500 pessoas, sobretudo jovens artistas, estudantes universitários e secundaristas.[8] Entre as atividades estavam as "revistas orais de poesia", dentro de um evento que, propondo-se a buscar novos modos de divulgação e veiculação da poesia, tinha em seu *slogan* algo de ato político: "O povo tem direito à poesia".[9] Esse mesmo mote foi mantido, nos anos seguintes, para eventos de menor porte promovidos pelo grupo, como a Mostra de Poesia Ilustrada e o Volante de Poesia, espécies de *happenings* realizados nas praças de Porto Alegre.[10]

8. Soraya Patrícia Rossi Bragança, *Pedro Geraldo Escosteguy*: a poética que ultrapassa fronteiras, p. 52.

9. *Ibid.*, p. 53.

10. *Ibid.*, p. 53.

Uma dessas praças, a da Alfândega, já era palco da Feira do Livro de Porto Alegre, desde 1954. A Feira, que surgiu voltada para venda de livros, demorou a incluir atividades paralelas em sua programação, tais como palestras, bate-papos, horas-do-conto e leituras. Quando o fez, contudo, foi incontornável: a partir de 1994, essas atividades "se tornaram parte absolutamente central da Feira, a cada ano ganhando mais nitidez e qualidade e tornando-a uma espécie de universidade aberta a cada ano".[11] É, talvez, um dos primeiros sintomas do modelo que viria a se firmar nos anos seguintes, o dos festivais, festas e feiras literárias, em que a literatura ao vivo surge como espinha dorsal e, simultaneamente, estratégia de divulgação do próprio evento.

De maneira análoga, a Jornada Nacional de Literatura de Passo Fundo, criada em 1981, também encontrou na presença de escritores e no clima festivo o seu equilíbrio. Afinal, um evento surgido no seio de uma universidade teria tudo para ser apenas sério, carrancudo e, portanto, de pouco apelo para o público geral. Todavia, o contato próximo com os escritores, de maneira quase horizontal, num tom de informalidade, não só garante a presença de espectadores, mas aponta para a concretização do principal objetivo da Jornada: a formação de leitores.[12]

É justamente nos anos 1990 que ocorre um ressurgimento dos saraus, agora sob outras roupagens: no Rio de Janeiro nasce o CEP 20.000, idealizado por Chacal, poeta da Geração Mimeógrafo dos anos 1970, e Guilherme Zarvos; em São Paulo, o escritor e professor Alberico Rodrigues cria o Sarau do Alberico e Alessandro Azevedo organiza o Sarau do Charles.

O Sarau da Cooperifa, a Cooperativa dos Artistas da Periferia, foi criado em 2001, em São Paulo, pelo poeta e ativista Sérgio Vaz. Todas as quartas-feiras, no Bar do Zé Batidão, alternam-se no

11. Luís Augusto Fischer, *50 anos de Feira do Livro*: vida cultural em Porto Alegre: 1954–2004, p. 99-100.

12. Portal Jornadas Literárias UPF. Disponível em: http://jornadasliterarias.upf.br/verConteudo.php?cod=346. Acesso em: 17 set. 2024.

microfone uma média de cinquenta poetas lendo ou declamados suas produções para um público de 200 pessoas. O Sarau da Cooperifa realiza um trabalho de construção de uma base cultural, em um contexto em que as opções são escassas, como relata Vaz:

> Na periferia não tem teatro, não tem museu, não tem biblioteca, não tem cinema, não tem nada. Então, fizemos um movimento dos sem-palco. Tem empregados, operários, músicos, office-boys, atores, atrizes, poetas, pintores, advogados, professores, escritores. Tiramos a literatura da casa grande e levamos para a senzala porque o conhecimento tem que ser de acesso de todo mundo.[13]

Além de gerar retornos para além do evento, como a criação de uma pequena biblioteca ali mesmo, a visibilidade do Sarau da Cooperifa serviu de inspiração para a criação de uma série de eventos similares em outras regiões periféricas, tanto em São Paulo quanto em outras localidades, como são os casos do Sarau do Povo, em Diadema, o Coletivoz, em Belo Horizonte, e o Sarau do Bezerra, em Porto Alegre.

O diálogo com a periferia, com as questões raciais, o feminismo, as minorias e a política, somado à influência do *rap* e do *hip-hop*, abriram espaço para a chegada do *slam*, gênero poético surgido nos Estados Unidos na década de 1980, uma competição de poesia falada, na qual os *slammers* dizem textos de até três minutos, ao final das quais um júri popular, formado no início do evento por integrantes do público, atribui uma nota. Assim, no término da noite, há sempre um vencedor.

O primeiro *slam* a surgir no Brasil foi o ZAP – Zona Autônoma da Palavra, em 2008, em São Paulo.[14] A partir de 2014, e sobretudo pela visibilidade conquistada pelo Slam da Resistência, graças ao compartilhamento de vídeos das performances realizadas, algumas dezenas de *slams* surgiram, espalhados pelo

13. Sérgio Vaz *apud* Andrade Jorge, "Saraus sua origem".
14. "Campeonato de poesia incentiva surgimento de novos artistas".

país, em bares, estações de metrô, parques, praças, pistas de skate, onde proliferam textos sobre racismo, violência policial, violência contra a mulher, desigualdades de gênero, entre outros temas. Em Porto Alegre, em 2017, havia pelo menos três grupos que promoviam encontros mensais de *slam*, geralmente nas ruas: Slam das Mina RS, Slam Peleia e Slam RS.

Mais próximos da grande mídia e das leis de incentivo, portanto do poder econômico, os festivais e festas literárias aparecem como as manifestações mais abrangentes, ao menos em termos de público, em torno da literatura, neste início de século XXI. Em 2003, realiza-se a primeira edição da FLIP, Festa Literária Internacional de Paraty, que desde então trouxe grandes nomes da literatura mundial, como Margaret Atwood, Salman Rushdie, Enrique Villa-Matas, Don DeLillo, Isabel Allende, Orhan Pamuk, Neil Gaiman, Christopher Hitchens, Toni Morrison, Amos Oz, J. M. Coetzee, António Lobo Antunes e Karl Ove Knausgård. Atraindo um público de mais de 20 mil pessoas nas edições mais recentes, a Flip tornou-se, além de uma celebração bastante midiatizada da literatura (ou da vida literária), ou justamente por conta disso, um modelo para uma série de eventos literários por todo o país, notadamente em cidades interioranas: "depois da Flip, já surgiram a Fliporto, em Porto de Galinhas (desde 2014, ela se mudou para Olinda), Pernambuco; a Fliparanapiacaba, em Santo André, São Paulo; e outras tantas, como a Fliro, em Ariquemes, Rondônia; a Flimar, em Marechal Deodoro, Alagoas; a Flivima, em Visconde de Mauá, Rio de Janeiro; a Flimt, em Cuiabá, Mato Grosso; a Flap, em Calçoene, Amapá; a Flipipa, em Pipa, Rio Grande do Norte; e a Flaq, em Aquiraz, Ceará".[15]

Em Porto Alegre, a Festipoa Literária, idealizada e organizada por Fernando Ramos, teve sua primeira edição em 2008,

15. Mariana Filgueiras, "A explosão de eventos literários no Brasil: em 2015, serão mais de 300".

de maneira totalmente independente. Inspirada no Londrix, Festival Literário de Londrina, nascido em 2005, e na Balada Literária, surgida em São Paulo em 2006, a Festipoa promove leituras, bate-papos, palestras, oficinas, apresentações teatrais, sessões de cinema e *shows*, na maioria dos casos, sem cobrança de ingresso. Os locais variam, de salas de espetáculo e centros culturais a bares e casas noturnas, passando por livrarias de rua, as quais também viraram símbolos de resistência e mereceriam um capítulo à parte, entre elas a Bamboletras, a Palavraria, que encerrou as atividades no final de 2006, a Taverna e a Baleia. Também vale destacar os saraus comprometidos com o movimento negro, pontos de convergência de poetas negros de várias gerações, como o Sopapo Poético, atuando desde 2012, e o Sambarau.

É dentro desse quadro da literatura ao vivo que se tentou apresentar, ainda que de modo impreciso, quadro complexo e heterogêneo no qual a literatura deixa de ser um objeto bem delimitado, categorizável, estável, e passa a ser um mote para o encontro de pessoas em torno de um mesmo e rumoroso ideal, o compartilhamento de histórias, ideias, sensações, sonhos e experiências, que, em 2024, o Sarau Elétrico, em Porto Alegre, completou vinte e cinco anos de existência, sobressaindo-se como um dos eventos literários mais longevos (dada, sobretudo, sua periodicidade semanal) e reconhecidos do país.

Referências

BAUMGARTEN, Carlos Alexandre. *A crítica literária no Rio Grande do Sul*: do Romantismo ao Modernismo. Porto Alegre: IEL, 1997

BRAGANÇA, Soraya Patrícia Rossi. *Pedro Geraldo Escosteguy*: a poética que ultrapassa fronteiras. Porto Alegre: EDIPUCRS, 2022.

BROCA, Brito. A *vida literária no Brasil*: 1900. São Paulo: José Olympio, 2005.

CAMPEONATO de poesia incentiva surgimento de novos artistas. *Blog da Redação*, 4 set. 2013. Disponível em: https://outraspalavras.net/blog/campeonato-de-poesia-incentiva-surgimento-de-novos-artistas/#more-6806. Acesso em: 17 set. 2024.

FILGUEIRAS, Mariana. A explosão de eventos literários no Brasil: em 2015, serão mais de 300. *O Globo*, 30 jan. 2025. Disponível em: https://oglobo.globo.com/cultura/livros/a-explosao-de-eventos-literarios-no-brasil-em-2015-serao-mais-de-300-15192839. Acesso em: 17 set. 2024.

FISCHER, Luís Augusto. *50 anos de Feira do Livro*: vida cultural em Porto Alegre: 1954–2004. Porto Alegre: L&PM, 2004.

NOBRE, Leila. Padaria Espiritual. *Fortaleza Nobre*, 29 out. 2009. Disponível em: http://www.fortalezanobre.com.br/2009/10/padaria-espiritual.html. Acesso em; 17 set. 2024.

Katia Suman

5.10.1

A experiência do Sarau Elétrico

Ninguém sabia direito como a coisa iria acontecer, sequer se iria funcionar. A ideia era simples: juntar pessoas em um bar para uma sessão de leituras com um pequeno *show* de música ao final, aquilo que chamamos de "canja".

A inspiração foi um disco que eu tinha ouvido na época, em 1999, um registro de uma leitura em um bar nos Estados Unidos, muito sintonizada com o espírito dos poetas da geração beat, que costumavam ler seus poemas em noitadas regadas a *jazz* e álcool. Era definitivamente uma leitura quente e dava pra sentir que havia muita gente atenta, acompanhando a voz que lia textos de Jack Kerouac, uma voz forte e marcante de mulher. Como era em um bar, os ruídos do ambiente também apareciam. A sensação é de que a gravação havia sido feita da plateia. Esse conjunto de sons — uma pessoa lendo em voz alta, o barulho de copos, gente falando baixo, gente caminhando, portas abrindo e fechando, risadas e aplausos — criava uma atmosfera irresistível, e eu queria definitivamente estar naquele lugar.

Não posso deixar de pensar que a mesma leitura gravada sem ruídos de ambiente, num silêncio de estúdio por exemplo, teria uma enorme probabilidade de soar solene. E distante. E chata. Não quero dizer com isso que para uma leitura ser interessante seja necessário haver ruídos variados no entorno. O que sei é que aquele disco registrava uma leitura quente, cheia de vida, e acho que parte do encanto vinha desse flagrante de 'vida real ao vivo', um recorte de realidade que trazia uma intensidade quase palpável.

Eu nem sabia, mas o que me atraiu realmente foi um conjunto de percepções sensoriais que está associado à ideia de performance e diz respeito ao tempo, ao lugar, à ação de quem fala e à ação de quem ouve, à presença física dos corpos, ao momento único que nunca mais se repetirá:

> [...] em situação de oralidade pura, se mantém, de momento a momento, uma unidade muito forte, da ordem da percepção. Todas as funções desta (ouvido, vista, tato...), a intelecção, a emoção se acham misturadas simultaneamente em jogo, de maneira dramática, que vem da presença comum do emissor da voz e do receptor auditivo, no seio de um complexo sociológico e circunstancial único.[1]

Quando o Sarau Elétrico começou, em 1999, eu trabalhava na rádio Ipanema FM e com alguma regularidade fazia leituras no ar, especialmente de crônicas (na verdade, eu fazia leitura de crônicas no ar desde que comecei em rádio). Nessa época eu tinha chamado o músico Frank Jorge para fazer uma pequena intervenção diária na rádio, a que demos o nome de "Crônicas Frankeanas": um breve texto que ele escrevia especialmente para ler no ar. Era um exercício livre de estilo e concisão que o Frank desempenhou com muita crocância, para usar uma expressão dele.

Nessa mesma época eu entrevistei o professor Luís Augusto Fischer, e a conversa, que deveria ter sido sobre o *Dicionário de porto-alegrês*[2], livro que ele estava por lançar, acabou se alongando e enveredando por vários assuntos e passamos um longo tempo conversando no ar. Detalhe: eu havia conhecido o

1. Paul Zumthor, *Performance, recepção, leitura*, p. 16.

2. O *Dicionário de porto-alegrês*, de Luís Augusto Fischer, foi lançado com grande sucesso pela editora Artes e Ofícios em 1999.

Fischer alguns dias antes, num evento em homenagem ao Caio Fernando Abreu, dirigido por Luciano Alabarse. O evento consistia em uma série de leituras de pequenos contos do Caio, por um grupo muito heterogêneo de pessoas, empresários, políticos, artistas, professores, gente de profissões, estilos e idades bem diferentes. Essa diversidade de vozes e a disposição genuína da plateia para ouvir criaram no ambiente uma espécie de tensão delicada, um lugar muito bom de estar.

Quando me ocorreu a ideia de um evento de leituras, acho que o nome "sarau" já veio junto. Usei o adjetivo "elétrico" porque gosto da sonoridade e do sentido, e gosto do efeito que produz junto com "sarau", uma palavra que remete a um tempo anterior à eletricidade (na época eu tinha um programa na rádio Ipanema que se chamava Elétrica Ótica, e em 2010 criei uma rádio *web* chamada Rádio Elétrica).

O que eu sabia: eu queria fazer um evento público em um bar, alguma coisa que fosse tão agradável quanto aquela leitura que eu ouvi no disco e com aquele grau de atenção que eu senti na homenagem ao Caio.

Junto com a ideia e o nome, imediatamente pensei no Fischer e no Frank, com a certeza de que a mistura daria a mesma liga do nome, o professor, intelectual e cabeção, e o músico, irreverente e imprevisível. Falei com cada um por telefone, explicando meio sem jeito a proposta, era só uma ideia, um desejo de criar um encontro semanal de leituras e tal. Para minha total alegria, mesmo sem saber direito o que seria, eles imediatamente toparam.

Me senti confiante para ir ao bar Ocidente falar com meu querido e saudoso amigo Fonso, então um dos sócios. O Ocidente é um lugar importante da cena cultural de Porto Alegre desde a sua inauguração, em 1980. O casarão colonial da Avenida Osvaldo Aranha já foi palco de incontáveis *shows*, espetáculos de teatro, performances e festas do balacobaco. Expliquei que era um encontro de leituras, que deveria ser semanal, que encerraria com um pequena canja musical, que deveria haver mesas e que eu colocaria velas nas mesas para criar uma atmosfera especial, um clima diferente. Perguntei o que ele achava da ideia e a resposta veio em forma de pergunta: "Quando tu quer começar?". Aquilo foi um estímulo e tanto. Como o bar abria de quarta a sábado, concordamos que o dia ideal seria terça-feira, e o Fonso se dispôs a abrir o bar especialmente para o evento.

O primeiro Sarau Elétrico aconteceu no dia 6 de julho de 1999 e reuniu, além do trio Fischer, Frank e eu, o convidado Ricardo Silvestrin, para leituras em torno do tema "haicais". A canja foi da B. Bossa Trio, do Carlo Pianta e da Biba Meira.

Ao longo dos anos, houve algumas mudanças na formação do Sarau. O trio se transformou em quarteto em 2000, com a entrada do professor Cláudio Moreno, e assim permanecemos até 2006, quando o Frank saiu. No ano seguinte, a escritora Claudia Tajes passou a fazer parte do grupo e ficou até 2013, quando se mudou para o Rio de Janeiro. No final de 2013, o poeta Diego Grando entrou para a formação, e no final de 2015 o Moreno resolveu sair, o que nos fez retomar o formato de trio da estreia.

Desde aquela primeira noite até hoje, vinte e cinco anos depois, há sempre um tema para dar norte às escolhas das leituras. Evidentemente, não há nenhum rigor em relação a essas escolhas, o clima é de liberdade, irreverência e, não raro, total desrespeito ao tema proposto (o Frank Jorge era mestre nisso, é preciso dar o crédito). A leitura pode ser escolhida por afinidade, contraste, simetria, oposição ou qualquer outra relação possível com o tema. Resulta que a seleção do que será lido passa por filtros muito pessoais, e o que acontece naturalmente é que cada um faz uma pequeníssima introdução para explicar as razões de sua escolha. E essa breve fala, que pode parecer sem importância, acaba por revelar um pouco de cada um, humaniza e pessoaliza de alguma forma o Sarau, ao contrário de eventos literários, que geralmente incorporam uma certa assepsia comum ao ambiente acadêmico.

Ao longo dessa história, o Sarau visitou temas variadíssimos. Podem ser genéricos sentimentos como nostalgia, amor ou tristeza; podem ser gêneros literários, como poesia, romance ou letra da canção; ou, ainda, recortes geográficos, como literatura francesa ou literatura gaúcha; também podem estar atrelados à pauta do momento, como feminismo, revoluções ou homofobia; ou, certas vezes, o sarau inteiro é dedicado a um só autor, como já fizemos com todos os grandes, como Machado de Assis, Guimarães Rosa, Shakespeare, Bob Dylan, Drummond, Borges e tantos outros.

Para dar uma melhor noção da abrangência do Sarau Elétrico, organizei duas listas com os temas, convidados e canjas, uma do ano de 1999, ano em que o Sarau iniciou, e outra de 2017, ano em que completamos dezoito anos.

30 temas de 1999	**Convidado**	**Canja**
Haicais	Ricardo Silvestrin	B. Bossa Trio
Manoel de Barros	Luiz Carlos Borges	Luiz Carlos Borges
Fernando Pessoa	Paula Taitelbaum	Antônio Carlos Falcão
Música brasileira	Arthur de Faria	Arthur de Faria
Poesia erótica	Patsy Ceccato	2 Stupid Dogz
Modernismo	Zé Adão Barbosa	Quinteto de Cordas Oriente
Jorge Luis Borges	Lya Luft	Marcelo Fornasier
Literatura *beat*	Claudio Cunha e Wander Wildner	Hique Gomez
Literatura infantil	Carlos Urbim, Ricardo Silvestrin e Marcelo Carneiro da Cunha	Nelson Coelho de Castro
Filosofia	Sérgio Sardi e Marcelo Pelizzoli	Les Johnson
Literatura norte-americana	Peninha, Tina Schumacher e Jimi Joe	Marcio Petracco e os Buscapé
Crônica	Ruy Carlos Ostermann	Frank Jorge
Mulheres	Martha Medeiros	Dolly

Literatura inglesa	José Carlos Volcato	Luciano Albo e Vasco Piva
Tradução	Donaldo Schüler e Márcia Schmaltz	Solon Fishbone
A poesia e a prosa de Porto Alegre	Edson Guedes e Eleonora Rizzo	Tom Bloch
Os irônicos	Luis Fernando Verissimo	Kabongo Latino Jazz Combo
Os brasileiros	Tarso Genro	Flu
Caio Fernando Abreu	Luciano Alabarse, Gorda e Amanda Costa	She's OK
Nelson Rodrigues	Falcão	Bataclã FC
Contracultura	Sylvio Ayala	Rafael Malenotti e Paulo James (Acústicos e Valvulados)
Gay pride	Arlete Cunha e Grace Gianoukas	Muni e João de Deus
Chico Buarque	Paulo Moreira	Grupo vocal Paralelo 30
Saudade	Giba Assis Brasil	Jimi Joe e Astronauta Pinguim
Mau humor	Cláudio Levitan	Cláudio Levitan
Machado de Assis	Duda Calvin	Duda Calvin (Tequila Baby)
Futebol	David Coimbra	Muni
Concretismo	Felipe Elizalde	Felipe Elizalde
Contos	Cíntia Moscovich	Carlos Badia
A cidade	Sérgio Jockymann	Duca Leindecker

30 temas de 2017	**Convidado**	**Canja**
Thoreau & outros libertários	Eduardo Vicentini de Medeiros	Melina Jazz
Viagem	Martha Medeiros	Frank Jorge
Vai ter feminismo no CTG, sim!	Shana Müller	Shana Müller
Grandes personagens femininas	Leticia Wierzchowski	Ian Ramil
Sexo, paixão & amores	Claudia Tajes	João Ortácio

Vida real	Ana Luiza Azevedo e Giba Assis Brasil	João Maldonado Trio (João Maldonado, Claudinho Calcanhoto e Marcio Bolzan)
Onde está a alegria?	Paula Taitelbaum	Bianca Obino
Revoluções	Ismael Caneppele	Valéria Houston
Legalidade	Luciana Tomasi e Wanda Capeller	Angélica Rizzi
Paulistas	Maurício Pereira e Arthur de Faria	Maurício Pereira e Arthur de Faria
Quixote & outros sonhadores	José Francisco Botelho	Nenung
Kafka, Beckett & outros absurdos	Francisco Gick	Marcio Petracco
Canção popular	Guto Leite	Guto Leite
Poesia para gente pequena, média e grande	Dilan Camargo e Alexandre Brito	Eduardo Vincent
Tradutores & traduzido	Mele Pesti e Daniel Galera	Diego Garcia
Estrangeiros	Ida Celina, Mirna Spritzer, Valquiria Cardoso, Omar Giammarco e Arthur de Faria	Omar Giammarco e Arthur de Faria
Memória	Eliana Mara Chiossi	Quarteto das Marés
Mulheres	Fernanda Melchionna, Manuela d'Ávila e Sofia Cavedon	Marisa Rotenberg
Gessinger	Humberto Gessinger	Humberto Gessinger
Divas	Zeca Kiechaloski	Rosana Marques e Robson Serafini
I will survive	Fabrício Carpinejar	DNZL e Banda Madame Cardoso
Latinos	Karina Lucena e Sérgio Karam	Carlos Villalba, Nahuel Carfi, Lautaro Matute e Nicolás Rallis
Contra a burrice	Francisco Marshall e Ricardo Silvestrin	Luciano Leães

Literatura ao vivo	Renato Del Campão e Cia. Teatrofídico	Queijo Com Goiabada (Alexandre Missel e Antônio Carlos Falcão)
Bob Dylan	Diego Garcia e Ismael Caneppele	Diego Garcia
Erotismo e feminismo	Clara Corleone	LG Lopes
Biografias & autobiografias	Alexandre Lucchese	Serginho Moah
Crônicas	Moisés Mendes	Raul Ellwanger
Porto Alegre dos livros	Nelson Coelho de Castro	Diego Lopes
Verissimo 80 anos	Luis Fernando Verissimo	Vladimir Soares

Desde o começo adotamos a máxima do Fischer, estabelecida quando o Sarau Elétrico ainda era uma ideia: "tem que ter hora para acabar". Desde 2024, iniciamos a função às 20 horas (em 1999, iniciávamos às 21h30), a sessão de leituras dura aproximadamente uma hora, talvez um pouquinho mais, mas nunca muito mais, e imediatamente chamamos a canja musical da noite, que em geral dura trinta ou quarenta minutos.

A ideia de ter hora para acabar faz muito sentido, porque mesmo sendo entretenimento o Sarau é uma atividade que exige atenção, requer da plateia um esforço de concentração para acompanhar o que está sendo lido. O fato de acontecer em um bar, que é um lugar de sociabilidade, em que as pessoas em geral bebem um pouco e obviamente querem conversar, faz com que esse esforço de atenção seja ainda maior, portanto cansativo.

A dinâmica é sempre a mesma: depois das saudações entramos no tema, o Fischer faz sua primeira leitura, em seguida eu passo para o convidado da noite, depois o Diego, e eu leio por último, fechando a primeira, digamos assim, rodada. E assim vamos indo, passando a bola um para o outro.

Na verdade, existe uma outra tradição do Sarau Elétrico, que também começou espontaneamente e que se mantém, que é o aplauso ao final de cada leitura. Só depois me dei conta da importância desse gesto, dessa vibração entre uma leitura e outra, uma necessária pausa para respirar e processar o que foi lido. Num ritual de degustação de vinhos, todos sabemos, a água é importantíssima entre um e outro, para não misturar sabores, para "limpar" o paladar. Pois o aplauso ao final de cada leitura no Sarau é o gole de água entre um vinho e outro. Necessário.

Acho que parte do encanto da coisa toda tem a ver com o clima que permeia as leituras, a passagem de um para outro, a maneira pessoal e intransferível com que cada um expõe as motivações de suas escolhas. Mostrar o sentido que um texto faz para cada um cria uma empatia, uma espécie de ponte que pode aproximar as pessoas de um texto ou autor.

Fazendo as contas, ao completarmos vinte e cinco anos de existência, em julho de 2024, chegamos a aproximadamente 1.125 saraus. Isso significa, em termos de público bruto, que mais de 56 mil pessoas já se deslocaram até o Ocidente nas noites de terça-feira para ouvir literatura. E as estatísticas aumentam um pouco mais se levarmos em conta o fato de recebermos, com alguma frequência, convites para participar de festas e feiras literárias, ou mesmo para fazer apresentações exclusivas, em cidades do interior e de fora do estado. Na estrada, o Sarau Elétrico já passou por Brasília e Rio de Janeiro, e no interior do Rio Grande do Sul, em cidades como Rio Grande, Pelotas, Lajeado, Gramado, Novo Hamburgo, São Leopoldo, Canoas, Alvorada, Caxias do Sul, Igrejinha, Estância Velha etc.

Nossa longevidade é surpreendente para muita gente (para nós, inclusive). Mas, mais do que isso, é também incentivadora para outro tanto: diversos são os saraus ou outros eventos literários que surgiram inspirados no Sarau Elétrico, na mistura de profundidade e descontração, leveza e comprometimento.

Desde a pandemia da Covid, período em que seguimos fazendo nossos encontros semanais, porém no formato virtual, cada um falando de sua casa, inauguramos o Sarau Elétrico nas plataformas de *streaming*. Desde março de 2020, o Sarau é transmitido em seu canal no YouTube e também fica disponível como *podcast* no Spotify. O programa conta com uma audiência cativa e possui uma média de mil acessos por episódio.

Gosto de pensar que, na contramão do ritmo acelerado, da tensão, do stress e de todos os excessos de todas as tecnologias, da falta de tempo para ler e ouvir, nós estamos lá, toda terça, no Ocidente, para fazer e curtir o Sarau Elétrico. Lendo em voz alta e compartilhando nosso gosto pela literatura. E sempre tem gente para assistir. E isso, por si só, já é incrível.

Simone Saueressig

5.11
O fantástico nos pampas

Falar sobre literatura fantástica é abrir uma discussão sobre um gênero amplo e com defensores ferrenhos que o dividem em subgêneros sempre mais específicos. Mas de modo geral, e em largas pinceladas, se pode reconhecer nele quatro grandes grupos de narrativas.

Lá estão a ficção científica, que, de acordo com Louis Vincent Thomas[1], é "uma combinação entre a representação fantasmática da ciência, a tradição do fantástico e o imaginário social através do qual pode se ver o desejo de cada período"; também o terror, que busca causar no leitor o desconforto que pode levar ao medo; a fantasia, onde a realidade é recriada pelo autor que manipula as leis naturais que regem o mundo de acordo com as necessidades de sua narrativa; e o próprio fantástico, que, de acordo com Tzvetan Todorov[2], "dura o tempo de uma hesitação: hesitação comum ao leitor e à personagem, que devem decidir se aquilo que percepcionam pertence ou não à realidade".

E todos eles interagem livremente entre si.

Escrever sobre a literatura fantástica no Rio Grande do Sul é puxar o fio de uma grande e emaranhada meada. Parte da dificuldade está no rastreamento das obras: nem todas foram apresentadas ao público, ou mesmo classificadas, como obras do

1. Adriana Amaral, *Visões perigosas*: uma arque-genealogia do *cyberpunk*, p. 61.
2. Tzvetan Todorov, *Introdução à literatura fantástica*, p. 41.

gênero — fato que apresenta uma tendência de mudança, com a acertada definição do gênero. Também há uma tendência a direcionar essa literatura para leitores adolescentes e jovens, o que a faz se confundir, muitas vezes, com a literatura infantojuvenil, e ser classificada exclusivamente como tal. Como aponta o professor sul-mato-grossense Arnaldo Pinheiro Mont'Alvão Júnior[3], comentando a dissertação da carioca Fabiana Pereira, *Fantástica margem: o cânone e a ficção científica brasileira* (2005): "devido à marginalidade do gênero no país, as grandes editoras brasileiras evitam a classificação *ficção científica*, preferindo termos mais abrangentes como *literatura brasileira* ou *literatura infantojuvenil*". E segue lembrando como exemplo disso o livro de Erico Verissimo, *Viagem à aurora do mundo*: ele "faz parte da *Série Paradidática Globo*, sendo classificado pela editora como romance didático".

Assim sendo, títulos como *Lendas do Sul*, de Simões Lopes Neto, clássico da literatura do Rio Grande do Sul, ou *Rodeio dos ventos*, de Barbosa Lessa, são identificados como obras regionalistas, e o conteúdo fantástico que nelas reside é ignorado. Por isso tentaremos nos ater às obras que assumem a sua condição dentro do gênero, procurando traçar um cenário aproximado de autores e/ou eventos gaúchos que celebram a literatura fantástica.

Por outro lado, temos a questão da origem dos agentes dessa produção. Assim, quando não dito, deixemos subentendido que o autor ou editora citados são gaúchos. Outro ponto a destacar é o advento da internet, quando o gênero ganhou força entre fãs e produtores brasileiros — o *fandom*, grupo de pessoas que compartilham gostos em comum. Com isso, houve um incremento na produção e visibilidade desse gênero, alavancando a edição de obras que antes seriam descartadas ou identificadas com outro segmento literário, como já comentado, e impulsionando

3. Arnaldo Pinheiro Mont'Alvão Júnior, "As definições de ficção científica da crítica brasileira contemporânea", p. 385.

sua relevância em concursos específicos e do *mainstream*, local e nacional, como se verá mais ao final do capítulo.

A primeira obra assumidamente inserida no gênero e, no caso, identificada como ficção científica, publicada no Rio Grande do Sul, aparece em 1922. Trata-se do romance *A guerra dos planetas*, ou *Liga dos planetas*, escrito por Albino Coutinho. Em 1937, surge *As aventuras de Tibicuera*, de Erico Verissimo, que se vale de elementos fantásticos para contar uma versão da história brasileira, ao criar um indígena dotado de juventude eterna, que vivenciará diferentes eventos que marcam a construção do Brasil.

Em 1944, é publicado *O rei do mundo perdido*, de Hamilcar de Garcia, pela Globo. Já em 1947, a mesma casa edita o romance de Jerônimo Monteiro, *Três meses no século XXI*. Paulista, Monteiro é o autor de obras de referência da ficção científica nacional e viria a ter um importante papel na história do gênero no Brasil, a partir do Rio Grande do Sul. Enquanto isso, a ficção científica só voltaria a ser visitada em 1964 com *O dia em que o mundo encolheu (Kern)*, de Christian Kirby. Em 1967, aparece *O mundo ideal (um governo mundial)*, de Humberto Canarim, editado em Pelotas pelo próprio autor, prática que se tornaria corriqueira entre os autores no início do século XXI.

Em 1970, Jerônimo Monteiro, junto com José Bertaso Filho, cria e edita o *Magazine de Ficção Científica*, publicado pela Livraria Globo, de Porto Alegre. O *Magazine* durou vinte números, que, além de autores estrangeiros, sempre traziam o trabalho de um escritor nacional. Após a morte de Monteiro, no mesmo ano de 1970, a publicação continuou sua trajetória por ainda um ano, com a mesma proposta, acusando em sua seção de cartas o recebimento de correspondência de todo o Brasil.

O desaparecimento do *Magazine de Ficção Científica* marcou um hiato de onze anos na existência de algum espaço para a publicação de contos do gênero. Essa ausência só foi parcialmente suprida com o aparecimento dos fanzines, publicações amadoras produzidas por fãs, que utilizavam formas baratas de reprodução, como o mimeógrafo e, mais tarde, a cópia heliográfica. O formato seria atualizado décadas mais tarde, com o desenvolvimento da internet, ganhando contornos mais abrangentes, com texto escrito e entrevistas em formato de áudio e vídeo. Mas, em seu início, o primeiro fanzine a surgir no Rio Grande do Sul foi o periódico do Clube de Ficção Científica Antares, de Porto Alegre, fundado em 1982, o *Boletim Antares*. Junto com a Sociedade Astronômica Star Trek, o *Antares* é reconhecido como um dos primeiros clubes voltados para o gênero no país. Além de proporcionar um espaço para a publicação de novos autores, o boletim também realizou concursos literários, cujos prêmios mais cobiçados eram a participação na antologia dos vencedores. Dessa forma surgiu em 1986 a *Antologia de ficção científica – Antares*, organizada pela presidente do clube, Jane Terezinha Mondello de Souza.

Contudo, os anos 1970 não estão desprovidos de títulos isolados. *Incidente em Antares*, de Erico Verissimo, é publicado em 1974, e apesar de não ser ofertado como um exemplo de ficção fantástica, é impossível ignorar seu teor fantasioso. Em 1976, Maria Alice Barroso publica *Um dia vamos rir disso tudo*. No ano seguinte, 1977, Hélio Calandrino Kuele lança *No estranho mundo da imaginação*. Em 1980, Moacyr Scliar se destaca no gênero com *O centauro no jardim*. O livro viria a se tornar um dos títulos mais vendidos e traduzidos do autor.

Em 1988, o fantástico volta à cena editorial gaúcha com a ficção científica *Mergulho no céu*, livro independente de Marco Fontoura. Também nesse ano, Simone Saueressig faz sua estreia no mercado com a novela infantojuvenil de fantasia *A noite da grande magia branca*. A autora toma como base para suas narrativas cenários e personagens do folclore gaúcho. Em 1989, é lançado *Confissão do Minotauro*, do porto-alegrense Max Mallmann, livro editado em conjunto com o Instituto Estadual do Livro (IEL).

1991 é marcado por várias publicações: é nesse ano que aparecem *Cenas da vida minúscula*, de Moacyr Scliar; a coletânea *Contos do além-tempo*, de Liti Belinha, e o romance *Escorpião*, de Celso Júnior, em uma edição própria. Também é nesse ano que Ruby Filisbino Medeiros inicia em Porto Alegre a publicação do fanzine *Notícias... do Fim do Nada*, que seguirá até 2009. Em 1996, José Coiro lança *O hidronauta e outros contos de ficção científica*, e Max Mallmann volta, desta vez com *Mundo bizarro*.

Observando estas primeiras décadas, percebe-se que há uma predileção pela ficção científica por parte dos escritores e das editoras envolvidas nos projetos. Narrativas de cunho fantástico são mais raras, e ainda menos conhecidas, as de terror. Esse espaço começa a ser ocupado em 1997, quando Tabajara Ruas publica *O fascínio*. Também nesse ano um autor muito jovem ganha o Prêmio Açorianos de Literatura na categoria Autor Revelação Infantojuvenil: com apenas dez anos de idade, Athos Beuren fazia sua estreia no mundo da escrita através do livro-jogo de fantasia *Viver ou morrer*.

Já no ano seguinte, em 1998, Leon Hernandes Dzienkaniak lança *Histórias para arrepiar*. Esta pequena coletânea de contos reúne histórias de terror e suspense, utilizando personagens do folclore gaúcho como centro das narrativas e dando roupagem nova a lendas urbanas e rurais do interior do estado.

Saindo do terror e divertindo-se com a fantasia e o absurdo, Max Mallmann volta em 2000 com *Síndrome de quimera*. Menos humorístico, Charles Kiefer, autor premiado com três Jabutis e que tem várias obras publicadas fora do país, publica em 2001 *Nós, os que inventamos a eternidade & outras histórias*.

2002 é marcado pela entrada no mercado da Editora Jambô, que no primeiro momento especializou-se em RPG (*role-playing game*, jogo em que os jogadores assumem papéis no enredo e criam coletivamente a narrativa). A empresa iniciou suas atividades como livraria em 1990. Ademais, é importante que se anote a presença de diversos autores gaúchos do gênero nas inúmeras coletâneas de contos fantásticos lançadas por todo o país, desde o início dos anos 2000. A lista se tornaria demasiado extensa para o presente texto, mas se pode citar autores como A. Z. Cordenonzi, Bruno Mattos e Leon Nunes, entre muitos outros.

Autor que não é tão conhecido no fantástico, Caio Ritter aparece no gênero em 2003 com *A cor das coisas findas*. Ritter é um premiado escritor de livros infantis e infantojuvenis, que voltaria ao gênero no ano seguinte, 2004, com *Atrás da porta azul*, através da mesma editora.

Já em 2006, Christian David nos traz *O rei e o camaleão*, um compêndio de duas novelas curtas, uma de fantasia e outra de ficção científica, publicado graças ao Fumproarte[4]. Outro nome forte que entra em cena é o de Leonel Caldela, que publica seu primeiro romance de fantasia, *O inimigo do mundo*. Esta obra também marca o início das atividades da Jambô como editora, atuando para além da produção e comercialização de jogos. A partir deste ano, também, surge na internet o aplicativo de compartilhamento de histórias Wattpad, que promove um aumento na produção e na visibilidade do gênero.

A Não Editora deu início, em 2007, à publicação de *Ficção de polpa*, uma série de coletâneas que reuniriam contos de diferentes gêneros. A editora lançou um volume por ano, dando-lhes caráter temático e granjeando o elogio da crítica especializada do centro do país. Os volumes publicados enfocaram horror, ficção científica, fantasia, crime e aventura, com edição de Samir Machado de Machado. Neste mesmo 2007, Tabajara Ruas voltou ao fantástico, desta vez acompanhado por Nei Duclós, para contar as fantásticas aventuras de dois adolescentes em uma série intitulada "Diogo e Diana". O primeiro volume tem como título *Meu vizinho tem um rottweiler (e jura que ele é manso)*.

4. Fundo Municipal de Apoio à Produção Artística e Cultural, criado em Porto Alegre, em 1993.

O ano seguinte, 2008, não é muito pródigo, mas é quando aparece a ficção científica infantojuvenil *Binno OXZ*, de Fábio Henckel, além do elogiado *Areia nos dentes*, de Antônio Xerxenesky, finalista do Prêmio Açorianos de Narrativa Longa no ano seguinte.

A partir de 2009, o cenário editorial, que já assinalava uma abertura de espaço para os autores brasileiros da literatura fantástica, vê sua produção fortalecida. Vários títulos dentro do gênero foram lançados, fossem coletâneas ou narrativas mais longas, entre livros publicados por editoras profissionais e autores independentes. A Não Editora publicou *Fora do lugar*, com narrativas de Rodrigo Rosp. Ricardo Silvestrin, embora não seja conhecido como um autor do fantástico, lançou a alegoria *O videogame do rei*.

Duas edições desse ano se destacaram, mas apenas dois anos mais tarde. Ambas participaram da edição de 2011 do Campeonato Gaúcho de Literatura, torneio em que obras eram lidas e analisadas, aos pares, por críticos e editores. Da leitura resultava o descarte de um dos títulos. O Gauchão expunha as qualidades e carências dos livros, colocando a discussão em fórum aberto. Uma destas obras foi *Imortal*, de Anderson Santos, e a outra *Pegasus: sangue de dragão*, de Rosane Inês da Silva. Este último título protagonizou uma discussão em relação à crítica feita pelo “juiz” da “partida”, Gustavo Faraon, que praticamente não resenhou o livro de Rosane, descartando-o da competição[5]. Ao longo de quarenta e nove *posts* relacionados ao episódio, muito se falou sobre a qualidade literária muitas vezes duvidosa dos textos inseridos na temática do fantástico. Outro participante da mesma edição do Gauchão de Literatura foi *Doença e cura*, de Fabian Balbinot, publicado em 2010.

Um detalhe interessante é que a partir desta época, com o barateamento do processo editorial e a facilidade cada vez maior

5. Gustava Faraon, “Jogo 9 – *O gato diz adeus* x *Pegasus*: sangue de dragão”.

para a publicação independente, com a rede de computadores servindo de canal de contato entre autores, ilustradores, revisores e demais agentes do processo de produção do livro e de *e-book*, muitos autores passam a produzir de maneira independente um material que busca rivalizar com livros produzidos por casas profissionais. Também a chegada da rede Amazon ao Brasil, em 2014, com sua plataforma de publicação *on-line* e sua abertura para a venda de livros físicos, e posterior organização de concursos literários, provoca uma mudança na produção e na visibilidade do gênero, como veremos.

Ainda em 2010, surgem na cena do fantástico gaúcho vários atores importantes. Um deles é o escritor norte-americano Christopher Kastensmidt, radicado no Brasil e atualmente morando em Porto Alegre. Kastensmidt publicou "The fortuitous meeting of Gerard van Oost and Oludara" ("O encontro fortuito de Gerard van Oost e Oludara") na revista norte-americana *Realms of Fantasy*, em 2010, sendo considerada pelos leitores como a melhor história publicada na revista naquele ano, quando também tornou-se finalista do Prêmio Nebula.[6] O conto foi reimpresso em português na coleção "Asas do Vento", no volume *Duplo fantasia heroica*. A história de Christopher traz as aventuras da Bandeira do Elefante e da Arara, formada pelos dois personagens citados no título, e usa como cenário o Brasil do século XVI, enfocando criaturas do folclore local como personagens do fantástico. Com os destaques, Kastensmidt chamou a atenção de leitores internacionais para a produção do gênero no país e da mídia brasileira sobre o gênero e as possibilidades do fantástico nacional. Além disso, o conto inaugurou uma série de relatos que culminaram no romance *A Bandeira do Elefante e da Arara*, em 2016, num volume *fix-up*, que reúne todas as

6. Prêmio norte-americano concedido pela Science Fiction and Fantasy Writers of America (SFWA) para a literatura de Ficção Científica publicada em inglês.

histórias da dupla de protagonistas. O romance recebeu várias distinções no país e ganhou publicações no exterior.

O outro elemento importante da época é a Editora Argonautas, de Porto Alegre, comandada por Cesar Alcázar e Duda Falcão. A editora surge em 2010, quando ambos publicam os primeiros exemplares de uma série chamada "Sagas", que chegaria ao quarto volume em 2013. Os livros também chamam a atenção da crítica especializada do centro do país, recebendo destaque na publicação mais importante da pesquisa do gênero no Brasil, o *Anuário brasileiro de literatura fantástica*, editado desde 2004, pelos jornalistas César Silva e Marcello Simão Branco. Cabe registrar, ainda, a novela fantástica *As luas de Vindor*, e a de terror *Maria Degolada: santa assombrada*, ambas de Caio Ritter, e publicadas pela Edelbra. No terreno da internet, surge a *Revista Fantástica*, criada por Luiz Ehlers. A publicação apresentava-se como uma revista virtual com atualização a cada dois meses. Em 2011, o *site* transformou-se em um portal virtual, com artigos semanais, dicas de escrita e espaço para novos autores.

2011 também é marcado por inúmeros novos títulos de todas as procedências. Duas estreias de peso acontecem neste ano: José Francisco Botelho, com a pequena e excelente coletânea *A árvore que falava aramaico*, finalista do Prêmio Açorianos no ano seguinte, e Gustavo Czekster, com outra coletânea de muita qualidade, *O homem despedaçado*. Também temos a volta da série "Diogo e Diana", de Tabajara Ruas e Nei Duclós, com o segundo volume, *A trilha da lua cheia*. Simone Saueressig edita o romance de ficção científica *B9*, finalista do Prêmio Argos de Ficção Científica[7], em 2012. Já durante a Feira do Livro de Porto Alegre, no mesmo ano, acontece o lançamento do primeiro volume do *Assombros juvenis*. O livro reuniu os melhores trabalhos apresentados no concurso homônimo, realizado ao

7. O prêmio é organizado pelo Clube de Leitores de Ficção Científica, de São Paulo, que destaca a produção do ano anterior à premiação.

longo do ano pela Confraria Reinações, grupo que reúne escritores, professores e profissionais do livro de todo o Brasil, com encontros mensais para discutir obras literárias infantis e juvenis. O *Assombros juvenis* foi publicado com o apoio da Câmara Rio-Grandense do Livro e da CORAG, com organização de Elaine Maritza. Também em 2011, Christopher Kastensmidt realiza a primeira edição do concurso de contos Hydra, com resultado anunciado em 2012. O prêmio foi a edição do conto vencedor em inglês, em uma revista profissional americana, criando uma possibilidade de autores brasileiros publicarem no exterior. O concurso se realizou ainda em 2013 e 2016.

2012 é marcado pela quase exclusividade das coletâneas. Simone Saueressig publica de maneira independente a coletânea de contos de terror baseados em personagens folclóricos, *Contos do Sul*, finalista do Prêmio da Associação Gaúcha de Escritores (AGES) do ano seguinte. Aparece a coletânea *Autores fantásticos*, com uma temática interessante: os autores dos textos escolheram um autor clássico do gênero de sua preferência, e criaram suas histórias enfocando estes autores como personagens. Os editores Cesar Alcázar e Duda Falcão também lançaram, no mesmo ano, mais uma coletânea: *Bazar pulp: histórias de fantasia*. Já a narrativa longa é marcada pela publicação de *Territórios invisíveis* de Nikelen Witter, que se tornou finalista do Prêmio Argos em 2013.

O ano de 2012 também é marcado pelo aparecimento de um dos mais importantes eventos literários do gênero no país. Trata-se da Odisseia de Literatura Fantástica, no início organizada por Christopher Kastensmidt, Cesar Alcázar e Duda Falcão, equipe que, nas próximas edições, recebeu o reforço de Christian David e Artur Vecchi. A proposta do trio foi reunir amantes de histórias do fantástico de todo o país, oferecendo palestras, mesas-redondas e uma feira de livros específicos sobre o tema. Já nessa primeira edição o público surpreendeu seus organizadores, superando a expectativa inicial e chegando a mais de 500 visitantes, número que dobraria na edição seguinte, de 2013, e triplicaria em 2014, atraindo mais de 1.500 pessoas depois da Odisseia estender suas datas e abrir suas portas para escolas, focando não apenas no público consumidor do gênero, mas, também, na formação de leitores. Hoje, a Odisseia é o evento de literatura fantástica mais importante do Brasil e completará, em 2024, dez edições, depois de ter algumas delas canceladas, inclusive por conta da pandemia de Covid-19, em 2020. Nos dois anos seguintes o encontro passou para o formato *on-line*, antes de retornar ao presencial, em 2023.

2013 é o ano de estreia de Antônio Schimeneck na área do fantástico com *7 histórias de gelar o sangue*, que foi selecionado para o Projeto Biblioteca Itaú Jovens, 2015. Duda Falcão lança *Protetores*, voltado para o público infantojuvenil e adolescente, além da coletânea *Mausoléu*, que reúne vários contos do autor publicados entre 2009 e 2012. Por seu lado, Samir Machado de Machado traz à luz o excelente *Quatro soldados*, oferecendo um romance de muita fantasia e aventura, com criaturas do folclore brasileiro em um cenário gaúcho do século XVIII.

2013 ainda é marcado por outro importante evento literário do gênero, durante a 59ª Feira do Livro de Porto Alegre. Trata-se do Desafio Lord Byron – Tu, Frankenstein – II, organizado por Duda Falcão. Além de palestras e mesas-redondas enfocando diferentes aspectos da criação literária dentro do gênero do fantástico, todas inseridas na programação oficial da Feira do Livro, dezoito escritores foram convidados a passar uma noite no prédio em reformas da Biblioteca Pública do Estado, em Porto Alegre. A tarefa dos autores era criar histórias de terror e suspense que enfocassem a biblioteca em suas narrativas. O resultado do encontro pode ser conferido no ano seguinte, com o lançamento da coletânea *Tu, Frankenstein – II*. A avaliação do evento foi tão positiva, que gerou encontros semelhantes, como Uma Noite Alucinante, realizado na cidade de Santa Maria em 2014. De igual maneira, o Tu, Frankenstein ganhou novas edições até 2016.

2014 também foi marcado pelo surgimento da Avec Editora, em Porto Alegre, comandada pelo carioca Artur Vecchi. A editora lançou a coletânea *Vampiros*, em formato de *e-book*, organizado por Duda Falcão, dando início à formação de um dos melhores catálogos de obras do gênero no país. Lançado neste mesmo ano, a coletânea *Assombros*, da Confraria Reinações, chegou à sua quarta edição. Na área da ficção científica, o destaque vai para o *steampunk* (um dos muitos subgêneros da ficção científica) *A lição de anatomia do temível Dr. Louison*, de Enéias Tavares. Já Simone Saueressig lança a ficção científica *Padrão 20: a ameaça do espaço-tempo*, com o qual também chega à finalista do Prêmio AGES, na categoria Infantojuvenil.

No ano seguinte entra na cena literária de Porto Alegre a Metamorfose, sob a batuta de Marcelo Spalding. Inicialmente apresentando-se como editora, a empresa, hoje, ministra cursos voltados para a produção literária, reunindo um time de autores/professores que já rendeu bons frutos à literatura gaúcha, em todos os gêneros. Antônio Schimeneck volta à cena com *A verdade em preto e branco*, que foi selecionado para o Catálogo de Bolonha e para compor o Acervo Básico da Fundação Nacional do Livro Infantil e Juvenil (FNLIJ), ambos em 2016, ano em que Daniel Gruber torna-se finalista nos prêmios SESC e Minuano, com o conto que dá título ao livro *O jardim das hespérides*.

Em 2017, surgiram várias obras que foram finalistas de importantes concursos literários de nível nacional. Pode-se destacar o *Dicionário de línguas imaginárias*, de Olavo Amaral, finalista do Prêmio Jabuti no ano seguinte. Também aparece *Guanabara real: a alcova da morte*, *steampunk* que inaugura a colaboração de três autores do gênero: Enéias Tavares, Nikelen Witter e A. Z. Cordenonzi. A obra recebeu o I Prêmio Le Blanc de Arte

Sequencial, na categoria Romance. E não se pode deixar de citar a nova coletânea de Gustavo Czekster, *Não há amanhã*, que recebe merecidos prêmios na categoria Contos: o Açorianos de 2017, dois prêmios da AGES (livro de contos e livro do ano) e o Minuano, além de se colocar como finalista no Prêmio Jabuti, no ano seguinte.

Aliás, é em 2018 que Samir Machado de Machado publica o exitoso *Tupinilândia*, romance que conquistará nos anos seguintes uma edição em francês através da editora parisiense Metailié. *Cavalos de cronos* é o novo trabalho de José Francisco Botelho, que lhe rende, inclusive, o Prêmio Minuano e, no ano seguinte, dois prêmios da AGES, o Livro de Contos e Livro do Ano. Já Duda Falcão traz *O estranho Oeste de Kane Blackmoon*. O livro se insere na tradição da *Weird West*, subgênero que se distingue por mesclar relatos de faroeste com diferentes gêneros do fantástico. Antônio Schimeneck traz para seus leitores *Horas mortas*; ao longo de sua trajetória, Schimeneck se focou na literatura para adolescentes, e esse título foi escolhido para compor o Catálogo de Bolonha 2018, além de receber o Selo Altamente Recomendável FNLIJ, o Prêmio AGES de Livro do Ano, o Selo Cátedra e ainda chegar a finalista do Prêmio Jabuti, tudo em 2019. Na atualidade, o autor trabalha os *Diários perdidos dos jovens deuses*, uma série de livros infantojuvenis de fantasia, em parceria com a autora paulista Rosana Rios, enfocando em cada um dos volumes um dos deuses do Olimpo em diferentes aventuras.

2019 inaugura anos muito interessantes para a literatura fantástica gaúcha. Nikelen Witter publica *Viajantes do abismo*, romance distópico que a colocará entre os finalistas da categoria de entretenimento do 62ª Prêmio Jabuti. Já a Odisseia de Literatura Fantástica, em sua sexta edição, promove o I Prêmio Odisseia de Literatura Fantástica. É também nesse ano que Gilson L. Cunha publica de forma independente o romance de ficção científica humorístico *Onde Kombi alguma jamais esteve:*

o taura no fim do universo, além do conto "A mulher que chora", demonstrando a versatilidade de seu trabalho, já que ambos os relatos venceram o Prêmio Argos 2020 em suas categorias. Fora do *fandom*, surge Carmen Seganfredo com *O sumiço da noite raptada pelo dragão*. Carmen já vinha de uma extensa lista de recontos de mitos de diferentes países, e neste título enfoca o folclore brasileiro em uma história infantojuvenil. Também Daniel Gruber retorna à cena como finalista do Prêmio AGES com o livro de contos curtos *Animais diários*.

Em 2020 Daniel Gruber funda sua própria editora, O Grifo, para viabilizar seus títulos pessoais e de outros autores, que também encontram espaço na série de coletâneas organizadas por Duda Falcão. Iniciando com *Multiverso pulp: espada e feitiçaria – v. 1*, e, seguindo nesse mesmo ano com volumes que visitam a ópera espacial e o horror; a série *Multiverso pulp* conta com seis tomos, sendo cada um deles dedicado à um subgênero específico do fantástico. Nesse mesmo ano, o organizador ainda abre espaço para os egressos dos cursos da Metamorfose, na coletânea *Planeta fantástico – v. 2*.

Os autores gaúchos seguem se destacando nos concursos nacionais do gênero ou se colocando com trabalhos do fantástico em concursos abertos a todo tipo de narrativa. No II Prêmio Odisseia de Literatura Fantástica, Otávio Definski, Júlio Ricardo da Rosa e Nikelen Witter vencem nas categorias de Narrativa Longa Juvenil, Horror e Ficção Científica, respectivamente, com obras publicadas em 2019. Outro grande destaque na mídia, nesse ano, é *Corpos secos*, romance distópico escrito em conjunto por quatro autores reconhecidos no leque da literatura contemporânea nacional: Samir Machado de Machado, Luisa Geisler, Natalia Borges Polesso e o paulista Marcelo Ferro. O livro chama a atenção da crítica e dos leitores e conquista o Prêmio Jabuti na categoria Romance de Entretenimento, em 2021.

Aliás, 2021 é um ano de reconhecimento para vários autores. Miriam N. Dohrn se destaca no Prêmio Off Flip, ligado à Festa Literária de Parati; Juliane Vicente e Enéias Tavares vencem nas categorias Conto de Horror e Narrativa Longa de Ficção Científica, na Odisseia de Literatura Fantástica. O maior destaque no gênero, contudo, é Fabio Brust, que recebe o prêmio Glória Pondé da Biblioteca Nacional, com a obra de fantasia *Ex-libris*. Vale ressaltar que os prêmios citados enfocam sempre obras publicadas no ano anterior, no caso, em 2020.

A Odisseia de Literatura Fantástica segue se realizando em Porto Alegre e prossegue com a terceira edição de seu prêmio. Desta vez Irka Barrios e Marina Denser Mainardi são as vencedoras nas categorias de Conto de Horror e Narrativa Longa de Fantasia do concurso. Em 2022, um dos destaques é a ficção científica *O último continente*, edição independente de Simone Saueressig, que, além de receber a Menção Honrosa no prêmio da Associação Brasileira de Escritores de Romance Policial, Suspense e Terror (ABERST), de São Paulo, é finalista do Prêmio Odisseia de Literatura Fantástica e vence o Prêmio AGES na categoria Infantojuvenil e como Livro do Ano. No ano seguinte, a escritora ainda vence na categoria Conto de Ficção Científica, na edição 2023 do prêmio Odisseia. Na mesma ocasião, Lucas de Melo Bonez recebe o prêmio na categoria Narrativa Longa Juvenil com *A morte e a vida dos meninos lobos*.

Nos últimos anos, também surgiram importantes publicações na área da pesquisa referentes ao gênero como *Visões perigosas: uma arque-genealogia do cyberpunk*, de Adriana Amaral; *A fantástica jornada do escritor no Brasil*, de Kátia Regina Souza; e *Fantástico brasileiro: o insólito literário do Romantismo ao Fantasismo*, de Bruno Anselmi Matangrano e Enéias Tavares.

A lista é longa e há inúmeros autores que sequer foram citados, como Milene Barazzetti, Kátia Regina Souza, Dré Santos, Diego Mendonza, Cléo Oliveira, Cláudia Sepé, entre muitos outros, e obras dentro da produção de escritores que não se identificam como autores do gênero, como Dilan Camargo, Luciana Thomé, Rodrigo Rosp, Gustavo Faraon ou Sérgio Napp, por exemplo.

Contudo, apesar de toda essa caminhada e o reconhecimento alcançado dentro e fora dos grupos de leitores do gênero, há muito o que fazer para se conquistar um público maior para as obras do fantástico gaúcho e, por que não, nacional. Para o tanto que é produzido, sobretudo em termos de quantidade, e para os prêmios recebidos de diferentes concursos e críticos, o gênero continua sendo um quase desconhecido do grande público leitor.

Referências

AMARAL, Adriana. *Visões perigosas*: uma arque-genealogia do *cyberpunk*. Porto Alegre: Sulina, 2006.

CAMPEONATO GAÚCHO DE LITERATURA. Gauchão de Literatura em 2012?, 5 abr. 2012. Disponível em: https://gauchaodeliteratura.wordpress.com/. Acesso em: 2 out. 2024.

CAUSO, Roberto. *Ficção científica, fantasia e horror no Brasil de 1875 a 1950*. Belo Horizonte: Ed. da UFMG, 2003.

FANTÁSTICO BRASILEIRO. Coord. Bruno Anselmi Matangrano; Enéias Tavares, 2022-2023. Disponível em: https://fantasticobrasileiro.com.br/. Acesso em: 2 out. 2024.

FARAON, Gustavo. Jogo 9 – *O gato diz adeus* x *Pegasus*: sangue de dragão. *Campeonato Gaúcho de Literatura*, 1º ago. 2011. Disponível em: https://gauchaodeliteratura.wordpress.com/edicao2011-romances/. Acesso em: 2 out. 2024.

GINWAY, Maria Elizabeth. *Ficção científica brasileira*: mitos culturais e nacionalidade no país do futuro. São Paulo: Devir, 2005.

JORGE, Andrade. Saraus sua origem. *Academia Saltense de Letras*, 21 out. 2021. Disponível em: https://www.asle.net.br/saraus-sua-origem/. Acesso em: 2 out. 2024.

MATANGRANO, Bruno Anselmi; TAVARES, Enéias. *Fantástico brasileiro*: o insólito literário do Romantismo aos Fantasismo. Curitiba: Arte & Letra, 2018.

MONT'ALVÃO JÚNIOR, Arnaldo Pinheiro. As definições de ficção científica da crítica brasileira contemporânea. *Estudos Linguísticos*, São Paulo, v. 38, n. 3, p. 381-393, set./dez. 2009.

PEREIRA, Fabiana Camara Gonçalves. *Fantástica margem*: o cânone e a ficção científica brasileira. 2005. Dissertação (Mestrado em Letras) – Pontifícia Universidade Católica do Rio de Janeiro, Rio de Janeiro, 2005.

SILVA, César; BRANCO, Marcello Simão. *Almanaque da arte fantástica brasileira*: segunda década da ficção científica e fantasia: 2011–2020. Porto Alegre: Avec, 2021.

SILVA, César; BRANCO, Marcello Simão. *Anuário brasileiro de literatura fantástica*. São Paulo: Devir, 2013.

SILVA, César; BRANCO, Marcello Simão. *Anuário brasileiro de literatura fantástica*. São Paulo: Devir, 2012.

SILVA, César; BRANCO, Marcello Simão. *Anuário brasileiro de literatura fantástica*. São Paulo: Devir, 2011.

SILVA, César; BRANCO, Marcello Simão. *Anuário brasileiro de literatura fantástica*. São Paulo: Devir, 2009.

SILVA, César; BRANCO, Marcello Simão. *Anuário brasileiro de literatura fantástica*. São Paulo: Tarja, 2007.

SOUZA, Kátia Regina de. *A fantástica jornada do escritor no Brasil*. Porto Alegre: Metamorfose, 2017.

TODOROV, Tzvetan. *Introdução à literatura fantástica*. São Paulo: Moraes, 1970.

Vinicius da Silva Rodrigues

5.12
Histórias em quadrinhos e humor gráfico

Neste capítulo[1], estaremos lidando com várias definições terminológicas que são abarcadas, enfim, por uma linguagem em especial: a linguagem gráfica. *Grosso modo*, nosso tema será o que entendemos genericamente por histórias em quadrinhos (HQs); uma linguagem que, por sua vez, abarca diversos gêneros, como as tiras, as *graphic novels* e as manifestações do humor gráfico.[2] Considerar as manifestações do humor gráfico como parte da formação das histórias em quadrinhos no Brasil é, na verdade, inevitável. O contato com o cotidiano e a sátira política que provêm dessa vertente são parte essencial da historiografia dos quadrinhos em nosso país e, consequentemente, no Rio Grande do Sul. Da mesma forma que essa noção amplia nosso escopo acerca dessa manifestação que une imagem e palavra, também se ampliam os meios nos quais ela surge. Logo, no que diz respeito a suportes, colocaremos em perspectiva, aqui, tanto periódicos quanto publicações em livro.

1. O presente texto é uma síntese de ideias presentes na tese de doutorado do autor, intitulada *Quadrinhos no Rio Grande do Sul*: um momento decisivo – O humor gráfico em debate & as produções de Sampaulo, Santiago e Edgar Vasques na formação de um polissistema, de 2019. Foi produzido a partir de parte do *corpus* de pesquisa da tese e de uma revisão dos seus capítulos referentes à história das histórias em quadrinhos no Rio Grande do Sul; o material de base foi revisado e detalhado.

2. Para um aprofundamento da reflexão acerca dos gêneros constituintes dos quadrinhos, ver o primeiro capítulo da tese de doutorado do autor.

Este capítulo está inserido num segmento que tem como objetivo central conhecer, principalmente, os fenômenos da atualidade, entretanto, dada a especificidade desta seção em relação às demais, convém recuarmos um pouco no tempo. Assim, conseguiremos compreender melhor um processo de formação que tem algumas particularidades importantes.

Da caricatura à modernidade impressa

Manuel de Araújo Porto Alegre, considerado o primeiro caricaturista profissional brasileiro, nasceu no Rio Grande do Sul, mais precisamente na cidade de Rio Pardo. As origens desse grande artista, contudo, não tiveram impacto na história da produção gráfica gaúcha no século XIX, uma vez que sua trajetória profissional se desenvolveu fora do estado, na imprensa da capital do Império. Essa produção, que inicia na década de 1830, fundamentalmente satírica e voltada à caricatura, entretanto, representou uma grande mudança no panorama da imprensa do país, uma vez que as revistas e os suplementos ilustrados passaram a se disseminar, a partir de então, também fora do Rio de Janeiro.

No que diz respeito à produção efetivamente gaúcha, as primeiras publicações regulares voltadas ao desenho e à narrativa gráfica de humor — que viriam a ser a base da produção quadrinística local — só surgem "às vésperas da última trintena do século", como lembra Athos Damasceno.[3] A particularidade geopolítica da província sulina impulsionaria uma produção que não se restringiria tão somente à capital, mas que também viria do interior, especialmente da região de Pelotas — que, à época, representava um polo econômico e cultural do estado.

3. Athos Damasceno Ferreira, *Imprensa caricata do Rio Grande do Sul no século XIX*.

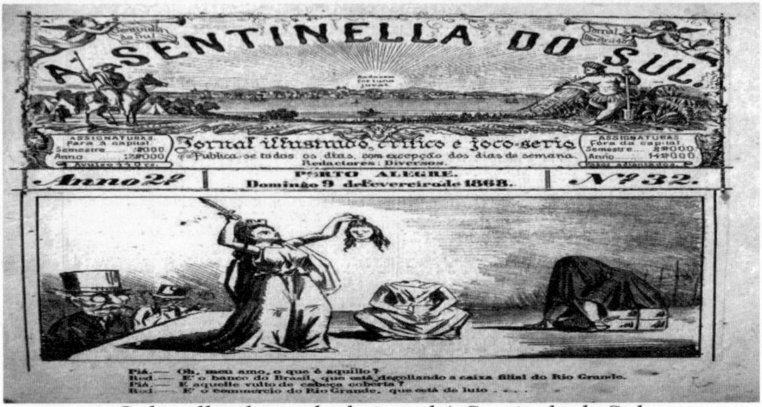

Cabeçalho ilustrado do jornal A Sentinela do Sul, Setembro de 1867. Fonte: Hemeroteca Digital da Fundação Biblioteca Nacional.

O periódico ilustrado pioneiro foi o semanário A *Sentinela do Sul*, publicado em Porto Alegre, jornal que revelara — segundo Athos Damasceno — aquele que seria considerado o primeiro ilustrador profissional voltado à caricatura e ao desenho de humor no estado, Inácio Weingärtner (1845–1908)[4], irmão de Jacob Weingärtner (litógrafo e caricaturista d'A *Sentinela*, como Inácio[5]) e do célebre Pedro Weingärtner (figura que viria a ter destaque na pintura gaúcha na virada do século XIX para o século XX). A *Sentinela do Sul*, editado pela primeira vez em 1867, abriu caminho para outras publicações dentro e fora da capital, como, por exemplo, os jornais O *Amolador*, de Rio Grande (a partir de 1874, com ilustrações de Pedro Mozer), A *Gazetinha*, de Porto Alegre (a partir de 1891), e O *Fígaro*,

4. A partir daqui, fez-se a escolha de apontar, entre parênteses, os anos de nascimento e morte de alguns artistas que exerceram, de fato, protagonismo em relação à história de formação dos quadrinhos no Rio Grande do Sul.

5. Há uma certa imprecisão em relação à autoria das primeiras charges e caricaturas de A *Sentinela do Sul*. Pesquisas de referência, como as de Athos Damasceno Ferreira (1962) e Paula Viviane Ramos (2016), atribuem a Inácio Weingärtner o pioneirismo, enquanto outras, como as de Luciano Magno (2012) e Sandra Pesavento (1993), indicam o nome do irmão Jacob em relação a isso.

também da capital (a partir de 1878), periódico que chegou a ser dirigido por Cândido de Faria (1849–1911), sergipano que também marcara a produção ilustrada da imprensa carioca daquele período.

A então próspera cidade de Pelotas também ganhou significativo destaque no que diz respeito à imprensa caricata do estado em sua fase inicial. Circulavam na cidade três periódicos que se apresentavam como humorísticos e ilustrados: *Cabrion*, publicado entre os anos de 1879 e 1881; *Zé Povinho*, que circulou nos primeiros seis meses de 1883; e A *Ventarola*, jornal mantido de 1887 a 1889. A *Ventarola*, fundado pelo francês Eduardo Chapon, contou com trabalho do próprio e também do alemão Guilherme Stoffel, passando a ser editado após a dissolução da sociedade entre Chapon e Eduardo de Araújo Guerra (? – 1937) que vinha dos tempos de *Cabrion*. Araújo Guerra, por sua vez, trabalharia n'*O Século*, de Porto Alegre, o mais longevo dos jornais locais do segmento naquele período — de propriedade de Miguel de Werna (1836–1896); nesse periódico, Araújo Guerra ainda seria substituído por Joaquim Samaranch (1853–1900), artista natural da Espanha.

O importante trabalho desses periódicos pioneiros disseminaria e dinamizaria a linguagem gráfica na província sulina daí para diante. Nos primeiros anos do século XX, a revista *Kodak*, um marco da imprensa ilustrada no Rio Grande do Sul, apresentaria outros tipos de produção para além da imprensa caricata. Um avanço ainda mais significativo no campo editorial viria por meio da Livraria e Editora Globo, espaço de publicação que abrigaria tanto artistas plásticos que se tornariam expoentes do Modernismo no estado quanto ilustradores e cartunistas que viriam a ser figuras importantíssimas dos quadrinhos gaúchos.

Desde sempre, a *Revista do Globo* abriu espaço para o desenho de humor, com maior ou menor exposição em diferentes momentos, conforme podemos atestar a partir da pesquisa de

Paula Viviane Ramos.[6] No final dos anos 1940, a revista passaria a publicar a seção "Ria Por Favor", de autoria de José Miguel Pereira de Sampaio (1927–2017), o que representaria um novo e importante momento da produção de humor gráfico no Rio Grande do Sul.

Considerado um dos primeiros cartunistas profissionais na imprensa gaúcha, Sampaio construiria como marca os painéis coletivos, contendo várias ações simultâneas e diversos detalhes humorísticos, um tipo de trabalho que anteciparia ideias de cunho semelhante que marcariam as obras de diversos autores do humor gráfico e dos quadrinhos mundiais. Sampaio não foi o único exemplar de autor ligado ao humor gráfico presente na história da *Revista do Globo*. Tanto pela *Revista* quanto pela Editora do Globo, passaram grandes artistas responsáveis por dinamizar a produção gráfica local e divulgar novas tendências do grafismo mundial, impulsionando as artes visuais para além do segmento da imprensa.

Publicada de 1929 a 1967, a *Revista do Globo* foi um marco editorial no estado do Rio Grande do Sul. Um dos momentos em que páginas dedicadas ao humorismo estiveram em destaque no periódico se deu ao longo do período em que Erico Verissimo (1905–1975) foi seu diretor. Ele próprio chegou a escrever e desenhar uma página dedicada ao segmento infantil intitulada *Guri*. Entre outras ações, Verissimo ampliou o espaço para trabalhos como a série *Cartazes de cinema*, assinada por "Peli" (ou "Peli-Kano") — pseudônimo de Francis Pelichek (1896–1937), pintor e artista gráfico tcheco que teve atuação destacada dentro da publicação durante a primeira metade da década de 1930. A série em questão apropriava-se de um formato incomum, o modelo de pôster cinematográfico, tratando o espaço da página como uma "grande avenida" na qual os pôsteres de

6. Paula Viviane Ramos, A *modernidade impressa*: artistas ilustradores da Livraria do Globo – Porto Alegre.

filmes fictícios representariam pequenos quadros internos que destilavam comentários críticos e satíricos sobre temas sociais e episódios da "província".

Cartum de Sampaio, datado da publicação da Revista do Globo, de 26 de junho de 1948. Fonte: José Miguel Pereira Sampaio, "Ria Por Favor", p. 28.

Foi na Editora do Globo que apareceram, pela primeira vez, os trabalhos de outro artista fundamental: João Baptista Mottini (1923–1990), que viria a ser figura emblemática dos quadrinhos dentro e fora do Brasil. Nascido em Sant'Ana do Livramento, Mottini começou a desenvolver seu trabalho na Globo como ilustrador de livros infantojuvenis; já nos anos 1940, Mottini se transferiu para Buenos Aires e lá construiu uma sólida reputação como quadrinista. Na Argentina, acabou fixando, segundo Goida e André Kleinert, "um prestígio inabalado como um dos melhores artistas gráficos do período de ouro dos quadrinhos daquele país (1948–1958)"[7], produzindo histórias em quadrinhos para as célebres publicações de Dante Quinterno intituladas *Patoruzú* e *Patoruzito*. Mesmo publicado fora do seu país, o trabalho de Mottini precisa ser considerado como parte da história dos quadrinhos sul-rio-grandenses, uma vez que sua trajetória o traria novamente ao estado anos depois da experiência argentina. Mottini foi fundamental nesse intercurso entre a produção local de quadrinhos e a produção do Prata e deu à sua obra um tratamento estético precioso a partir de referências importantes e modernas para a época. Esse trânsito de influências claramente serviria de base para os trabalhos posteriores do autor, quando no seu retorno ao Rio Grande do Sul. Entre esses trabalhos, estaria a ousada aventura de uma cooperativa de quadrinistas que impactaria significativamente o cenário local.

Uma cooperativa para os quadrinhos gaúchos

No início dos anos 1960, o sucesso da revista *Pererê* (depois, *A Turma do Pererê*), criada pelo cartunista Ziraldo Alves Pinto, deu impulso no país a uma briga que teria desdobramentos interessantes na história do quadrinho gaúcho, quando cartunistas passaram a reivindicar uma lei de cotas que garantisse a eles reserva de mercado. Para Ziraldo, o mérito de seu trabalho estava em levar a criança a "pensar em brasileiro", enquanto outras revistas estimulavam um olhar absolutamente distante da cultura, dos hábitos e do cotidiano do país.[8] A classe jornalística, em parte, apoiava as iniciativas de grupos de artistas do Rio de Janeiro e São Paulo — como o formado pela Associação Brasileira de Desenho (ABD) — e auxiliava na promoção do debate. A classe política também era, em parte, simpática ao

7. Goida; André Kleinert, *Enciclopédia dos quadrinhos*, p. 333.

8. Gonçalo Junior, A *guerra dos gibis*: a formação do mercado editorial brasileiro e a censura aos quadrinhos – 1933–1964, p. 347.

movimento. Dessa movimentação, brotaria uma das iniciativas mais interessantes da história do quadrinho nacional, gestada, então, no Rio Grande do Sul: uma cooperativa de artistas para garantir uma produção sólida de quadrinhos que poderiam circular em todo o país.

A crise instaurada nas grandes esferas da política brasileira daquele período não permitia que tais discussões tomassem a frente em âmbito nacional. O clima golpista que forçara o presidente João Goulart a acatar um regime parlamentarista lhe tirava atribuições essenciais, logo, a questão da nacionalização dos quadrinhos haveria de esperar. O governador gaúcho Leonel Brizola, todavia, acabou gostando das ideias do presidente da Associação Brasileira de Desenho, José Geraldo Barreto (1924–2014), e tratou de aproveitar: convocou Geraldo e pediu que adaptasse a proposta original destinada à Presidência da República para que o governador agisse no seu estado e assim garantisse um nicho de produção que pudesse ser expandido para o resto do Brasil. Por razões legais e burocráticas, a incapacidade de intervenção nas editoras locais fez com que Barreto sugerisse a criação de uma cooperativa de desenhistas de histórias em quadrinhos. Para justificar a doação de verbas por parte do poder público, a sede da cooperativa deveria funcionar na capital gaúcha e, assim, consequentemente, o que era para ser nacional virou regional: em 1962, estava fundada a Cooperativa Editora de Trabalho de Porto Alegre — a CETPA.

Desde o primeiro momento, era clara a necessidade de trazer artistas de fora do estado para fazer parte de tal empreitada, dada a escassa produção quadrinística local. Assim, o primeiro time de artistas da CETPA passou a contar com o paulista Julio Shimamoto (1939), o argentino Aníbal Bendati (1930–2009) e os cariocas Getúlio Delphim (1938) e Flavio Colin (1930–2002) entre os desenhistas.

As primeiras criações da CETPA ditaram rapidamente o parâmetro de sua produção: Shimamoto, por exemplo, desenhou *Histórias do Rio Grande do Sul em quadrinhos*; Delphim ilustrou as histórias de *Aba larga* — cujas narrativas davam feição heroica à polícia montada gaúcha e eram bastante influenciadas pelos gibis de norte-americanos de *western*; Bendati voltou-se para os quadrinhos de humor e criou Lupinha, detetive gordinho que apreciava um bom chimarrão; Flavio Colin também se inspirava no imaginário local para criar o herói Sepé Tiaraju, baseado na figura do lendário líder indígena do tempo dos Sete Povos das Missões.[9] José Geraldo Barreto assumiu algumas histórias como argumentista e também convocou outros nomes para o mesmo, como o jornalista Hamilton Chaves (1925–1985). Entre todos esses, logo destacaram-se dois talentos locais: um já era conhecido, João Baptista Mottini, trazido de sua produtiva passagem pela Argentina; o segundo era um jovem promissor chamado Renato Canini (1936–2013).

O trabalho promovido por João Mottini a partir de sua vinculação com a CETPA estabeleceria o artista como uma referência na produção de quadrinhos e ilustrações tendo como tema o Rio Grande do Sul: inicialmente, o artista nascido em Livramento assumiria os desenhos de *Aba Larga*; futuramente, após a dissolução da cooperativa, Mottini produziria uma narrativa em capítulos para o jornal Última Hora intitulada *Os crimes que abalaram o Rio Grande*; depois, ilustraria o álbum *No tempo dos farroupilhas*; e faria, ainda, como seu último trabalho, em 1988, *Brigada em revista*, sobre a atuação da Brigada Militar do estado.

9. Colin, que viria a se tornar uma "lenda" dos quadrinhos nacionais, já tinha vínculos com o estado – e ainda acrescentaria outros mais adiante: estudara pintura em Porto Alegre nos anos 1940 e, nos anos 1980, como parte de uma carreira permeada por temas históricos e da cultura brasileira, produziria, com o escritor Tabajara Ruas, A *Guerra dos Farrapos*, a *graphic novel* financiada pelo governo estadual.

Fragmentos de Aba larga. Fonte: Luigi Rocco.

Renato Canini, por sua vez, já havia passado, ainda muito jovem, por uma importante publicação gaúcha: a revista *Cacique*, que promovia ações educativas por meio de quadrinhos, jogos, passatempos e ilustrações e era publicada pela Secretaria de Educação e Cultura do Rio Grande do Sul desde 1954. Devido à circulação da *Cacique* em escolas e demais espaços educativos, pode-se dizer que o artista foi se tornando, aos poucos, uma referência para jovens locais que ensaiavam seus primeiros rabiscos ainda na infância; por tal motivo, algumas criações desse importante autor da história dos quadrinhos gaúchos já eram conhecidas no estado antes mesmo da CETPA. Na Cooperativa, entretanto, o quadrinista passou a ter atuação ainda mais destacada.

A grande criação de Renato Canini na CETPA foi o personagem Zé Candango — concebido em parceria com José Geraldo Barreto. A tira foi "uma das primeiras criações brasileiras a personificar a militância pelos quadrinhos nacionais, com a genial irreverência do autor"[10]; entre todas as criações da cooperativa, Zé Candango foi a que esbarrou em menores dificuldades de aceitação no resto do país, dado seu caráter menos voltado ao

10. Gonçalo Junior, *op. cit.*, p. 353.

regionalismo gaúcho. Foi justamente esse regionalismo que acabou se tornando um dos elementos centrais para o insucesso da entidade liderada por Barreto. Se, inicialmente, "o projeto da CETPA previa a criação de uma editora de revistas em quadrinhos e uma distribuidora nacional de tiras, nos moldes dos *syndicates* norte-americanos"[11], logo depois tais planos esbarrariam na resistência dos editores de jornais Brasil afora, que "alegavam que as histórias traziam temática excessivamente gauchesca" e que os leitores do resto do país, portanto, não as entenderiam.[12] Zé Candango, porém, representava uma tendência mais abrangente: como lembra Eloar Guazzelli, em sua dissertação de mestrado sobre Canini, "o pequeno cangaceiro" articulava "astúcia e coragem, requisitos básicos para enfrentar uma sucessão de 'ataques' de inimigos externos", que envolviam "espiões e agentes tirados do universo multinacional dos quadrinhos."[13] A imagem do cangaceiro como tipo brasileiro logo viria a ecoar em trabalhos de outros artistas a posteriori, ressaltando a importância e a influência de Canini.

Canini tornar-se-ia conhecido, ainda, por ser o artista que "abrasileiraria" o personagem Zé Carioca na sua passagem pelo grupo Abril. Com o fim da cooperativa, o artista migrou para São Paulo e, a partir de 1969, tornou-se ilustrador da importante revista *Recreio*; em 1971, finalmente assumiu as páginas de Zé Carioca, fazendo o roteiro, os desenhos e a arte-final de sua primeira história, *O leão que espirrava*. Com um traço bem menos subserviente ao padrão Disney, Zé Carioca teve sua melhor fase justamente nas mãos de Renato Canini e de outros parceiros seus, como os roteiristas Paulo de Paiva Lima

---

11. *Syndicates* norte-americanos de quadrinhos: articulação entre artistas responsável por desenvolver um sistema de distribuição gerenciado pelos próprios quadrinistas estadunidenses, concebido ainda na primeira metade do século XX.

12. Gonçalo Junior, *op. cit.*, p. 356.

13. Eloar Guazzelli, *Canini e o anti-herói brasileiro*: do Zé do Candango ao Zé — realmente — carioca, p. 104.

e, especialmente, Ivan Saidenberg. O desenhista modificaria o figurino do personagem e daria à ambientação do Rio de Janeiro uma cara mais autêntica e identificável. Assim, surgiu, por exemplo, a Vila Xurupita, bairro fictício que servia de contraponto aos cartões postais do Rio de Janeiro em pleno período de "milagre econômico", durante a ditadura civil-militar. Nas mãos de Canini, as histórias de Zé também ganharam tons mais aventureiros, fazendo surgir, assim, seu alter-ego heroico, o Morcego Verde. O protagonista também passou a receber a visita de outros "Zés", vindos de várias partes do Brasil, assim como ganharam destaque os antagonistas João Ratazana e a Anacozeca (a Associação Nacional dos Cobradores do Zé Carioca). A dupla Canini-Saidenberg, particularmente, produziu algumas das histórias mais brilhantes dessa fase e deu um fôlego novo para um personagem que vinha disputando espaço já havia três décadas. Se até então fora um carisma indiscutível que o sustentara, a partir desse momento Zé passava a ter um protagonismo inédito, que o deslocava da posição de coadjuvante do universo Disney para o colocar, portanto, entre os grandes personagens do estúdio. Canini, nesse caso, não só ajudou a fixar todos os elementos determinantes do contexto e da personalidade de Zé como também tornou seu visual mais despojado e prosaico. Futuramente, Canini também produziria para publicações de humor nacionais como O *Pasquim* e *Ovelha Negra* e criaria outros personagens, como Kactus Kid (que brinca com os clichês do quadrinho de *western*), Dr. Fraud (que satiriza a psicanálise) e o precursor Tibica (indigenazinho frequentemente embasbacado com as agressões à natureza).

Encontro de talentos na Companhia Jornalística Caldas Júnior

A produção quadrinística, que se consolidaria na imprensa gaúcha a partir dos anos 1970, teve uma característica importante: o encontro de gerações. Desse encontro, devem ser citados, pelo menos, três figuras que fizeram parte do epicentro da produção local: Sampaulo (1931–1999), Santiago (1950) e Edgar Vasques (1949). Da mesma forma, é fundamental reconhecer o papel da Companhia Jornalística Caldas Júnior nesse momento — que, não por acaso, teve essas três figuras no seu time de cartunistas. Os jornais da Companhia que circularam simultaneamente na década de 1970 – *Correio do Povo, Folha da Manhã* e *Folha da Tarde* — foram não só espaços de divulgação, mas também o elo fundamental entre esses autores num primeiro momento. Nesse período e nesses mesmos periódicos, também surgiram outras figuras importantes do humorismo local, como José Guaraci Fraga (1946) e Luis Fernando Verissimo (1936), jornalistas que também estiveram muito ligados a Vasques, Sampaulo e Santiago e que estabeleceram um vínculo fundamental com a produção quadrinística e de humor gráfico.

Figura de destaque nesse período, Luis Fernando Verissimo, que viria a ser um cronista conhecido nacionalmente, também foi se tornando, aos poucos, um importante nome da cena de humor daquela época. Jornalista desde os anos 1960, tornou-se colunista da *Folha da Manhã* e conviveu com os cartunistas e chargistas do grupo Caldas Júnior durante os anos 1970. Em 1971, Luis Fernando criou a revista *Pato Macho*, publicação editada por ele e por Sérgio Rosa que, aos moldes do carioca *O Pasquim*, tentava produzir um discurso humorístico levemente anárquico que balançasse as estruturas do Regime Militar. A publicação seria efêmera: duraria quinze edições — de abril a julho do mesmo ano de estreia —, mas marcaria época. O periódico abrigaria jornalistas, cartunistas, humoristas e ilustradores que, em grande parte, conviviam em círculos próximos, como os jornais da Caldas Júnior. Eventualmente comparado em demasia com *O Pasquim*, que era o jornal de referência do segmento na época, o *Pato Macho* ironizava a situação e, fazendo referência ao seu preço de venda, acabaria utilizando o slogan "Imitação, por certo. Mas cara!".

Ícones da imprensa alternativa, *O Pasquim* e o *Pato Macho* claramente inspiraram outras iniciativas que tiveram os quadrinhos e o humor gráfico como parte de seu repertório — como foi o caso do periódico mensal *Coojornal*, em que Verissimo também escrevia. Como cartunista propriamente dito, o trabalho de Verissimo passou a ser mais notado a partir de 1975, com a criação da tira *As Cobras*. Em 1977, ao substituir Henfil no *Jornal do Brasil*, o autor acabou levando a tira para a imprensa do centro do país, tornando-a referência do humorismo nacional a partir de então. Futuramente, ainda, LFV (a sigla com a qual assina suas tiras) ficaria conhecido por outro trabalho no humor gráfico, *As aventuras da Família Brasil*. Além desses trabalhos, Verissimo fez parte de coletâneas e antologias junto a outros artistas gaúchos, como *E o Bento levou...* (1985) e *Separatismo: corta essa!* (1993). Dois dos seus personagens literários mais célebres, o analista de Bagé e o detetive Ed Mort, também foram adaptados das crônicas para as HQs, em parcerias com outros desenhistas, rendendo álbuns e tiras de enorme sucesso.[14]

José Guaraci Fraga foi outro importante nome dessa geração, mais no que diz respeito ao fomento à produção do que, propriamente, à produção em si. Fraga organizou coletâneas de humor nos anos 1970 que reuniram vários talentos regionais e nacionais da charge, da tira e do cartum, como *QI 14* (1975), *14 Bis* (1976) e a célebre *Antologia brasileira de humor* (lançada em 1976 pela editora gaúcha L&PM) — esta última, uma obra

14. Adaptados e ilustrados, respectivamente, por Edgar Vasques e pelo carioca Miguel Paiva.

de pretensões inconcebíveis para a época, contendo quinhentas páginas (divididas em dois volumes) e uma vasta compilação da produção nacional do período. O trabalho de Fraga como autor, nos anos 1970, tem destaque, especialmente, na *Folha da Manhã*, espaço em que apresentava a coluna "Bugigangas", que tinha o espírito do humor promovido por grandes mestres nacionais, como Millôr Fernandes, uma vez que, ali, texto e desenho (numa perspectiva um tanto experimental) se misturavam constantemente e, às vezes, um dava lugar ao outro sem aviso prévio.

Fraga também foi responsável, junto com Edgar Vasques, pelo suplemento "Quadrão", iniciativa absolutamente importante para a formação de uma cena local de quadrinhos. O "Quadrão" foi uma publicação efêmera, encadernada na *Folha da Manhã* e editada ininterruptamente entre 17 de agosto de 1974 e 18 de outubro de 1975 — sempre aos sábados. Ao todo, nesse intervalo de tempo, o espaço teve sessenta e três edições, partindo de apenas uma página e chegando a três. O suplemento contou com diversas seções: uma delas era o espaço para iniciantes intitulado "Santo de casa" – que revelou Santiago e outros nomes como Juska (Francisco Juska Filho, 1956) e Rekern (Renato Kern, 1948). Efetivamente, era para essa seção que eram mobilizados os maiores esforços do "Quadrão", onde ia ficando claro que a geração que começava a surgir nos anos 1970 tinha o intuito consciente de constituir, de fato, um contexto regional de produção. A imprensa regular seria uma plataforma para isso, todavia coletâneas em livro como *QI 14*, *14 Bis* e *O ano pelo avesso*[15], bem como iniciativas posteriores como a criação da GRAFAR (Grafistas Associados do Rio Grande do Sul), também ditavam que um dos caminhos possíveis estava na aglutinação e no encontro de gerações. Novos talentos revelados no "Quadrão"

15. Lançada em 1976, parceria entre os cartunistas Sampaulo, Santiago e Ronaldo (Ronaldo Cunha Dias, 1951).

misturavam-se, então, a figuras já conhecidas regionalmente, como Sampaulo, Canini e Sampaio. Assim, Edgar Vasques, um dos protagonistas desse momento, resume:

> Nos anos 70, começa a minha geração. Começo a trabalhar em 73, na *Folha da Manhã*. Aí chega o Fraga, com uma visão extrovertida, o contrário de mim, e inventa o *Quadrão* [...]. E fomos além: buscamos o Mottini (um dos grandes desenhistas do realismo, esquecido em Porto Alegre, pintando uns quadros maravilhosos para sobreviver) para nos dar aula de modelo vivo. Juntamos gerações e, com isso, geramos circulação de informação, uma corrente de transmissão que estava interrompida. E aí não parou mais. A cada dois, três anos, aparecia mais gente. [...]. Então, o que aconteceu de diferente foi isso: reativamos uma corrente de transmissão de algo que sempre houve e estava meio quebrado. Não sabíamos mais quem eram os velhos, eles não sabiam quem eram os novos. Juntou tudo.[16]

Os grandes nomes desse momento decisivo dos quadrinhos gaúchos são, de fato, Sampaulo, Santiago e Edgar Vasques. Desses, Sampaulo era o mais velho. Nascido Paulo Brasil Gomes de Sampaio, o artista, primeiramente, resolveu dissociar seu nome do irmão, o já referido Sampaio, cartunista da *Revista do Globo* nos anos 1940. Sampaulo já produzia tiras e charges para a imprensa desde os anos 1950, iniciando no jornal *Clarim*, fundado por Leonel Brizola para promover sua campanha para a Prefeitura Municipal de Porto Alegre. É nos anos 1960, no entanto, que a produção de Sampaulo se intensifica, especialmente a partir de sua atuação na *Revista do Globo* e no jornal *Diário de Notícias*. Nessa época, Sampaulo conseguiu o incrível feito de publicar um livro de sua autoria: *Humor do 1º ao 5º*, lançado em 1963, "onde, pela primeira vez, em meio de piadas

16. "O HUMOR mantém a luz acesa. Entrevista com Edgar Vasques", p. 4.

essencialmente urbanas, aparecia também muito do folclore gaúcho, veia depois explorada por Santiago”.[17] *Humor do 1º ao 5º* é, simplesmente, o primeiro livro especificamente voltado à charge e ao cartum publicado no Rio Grande do Sul, o que revela o pioneirismo do trabalho do autor, pioneirismo que se mostraria também em outros quesitos, como num formato de tira que, até os anos 1960, não era tão comum na imprensa gaúcha: a tira cômica (eventualmente seriada) baseada na recorrência de um mesmo personagem. A figura com a qual Sampaulo consolida essa proposta é Sofrenildo, personagem azarado que se tornou o carro-chefe do trabalho do autor a partir de sua transição do *Diário de Notícias* para a Companhia Jornalística Caldas Júnior.

Utilizando a metalinguagem, Sampaulo lembra os leitores de que Sofrenildo já era um personagem da imprensa gaúcha há mais de vinte anos. Fonte: Sampaulo, p. 31-32.

Fora dessas tiras, porém, o trabalho de Sampaulo, dentro do âmbito específico da charge, também esteve muito relacionado à crítica social, especialmente em relação ao cotidiano e ao cenário político brasileiro de diversos tempos — inclusive, tendo como tema a ditadura civil-militar. Sampaulo experimentou a crônica, a ilustração e até a poesia, eventualmente mesclando tais linguagens

17. Goida; Kleinert, *op. cit.*, p. 421.

dentro do jornal, chegando a escrever matérias e buscando possibilidades gráficas em diversos processos, como colagem.

Diferentes de Sampaulo, Santiago e Edgar Vasques surgem efetivamente na cena do humor gráfico gaúcho nos anos 1970. Nesse período, Vasques e Santiago aparecem em publicações universitárias ligadas à Universidade Federal do Rio Grande do Sul (UFRGS), onde têm impacto imediato, com Santiago sofrendo os primeiros golpes da censura ao publicar uma charge satírica no jornal *Construção*, da Faculdade de Engenharia da universidade (satirizando a figura de Dom Pedro I, em meio às comemorações do sesquicentenário da Independência), e com Edgar ensaiando um relativo sucesso que conquistaria anos depois ao criar, em 1970 (para a revista *Grillus*, do curso de Arquitetura), aquele que seria seu mais célebre personagem: Rango — a grotesca e, ao mesmo tempo, simpática figura que era utilizada por seu autor para escancarar o problema da fome e, junto a ele, discutir outras mazelas sociais brasileiras.

Rango, de Edgar Vasques. Fonte: Vasques, p. 9; e Arquivo Correio do Povo, publicação original do jornal Folha da Manhã, Porto Alegre, 23 set. 1974.

Antes de Rango se popularizar em jornais de grande circulação, Edgar Vasques já ilustrava para a imprensa desde 1968, tornando-se colaborador do importante "Caderno de Sábado", do *Correio do Povo*; aos poucos, passou a atuar como chargista e ilustrador esportivo, criando, no *Jornal da Semana*, personagens que representariam os dois principais times de Porto Alegre e suas respectivas torcidas: Galera – que simbolizava o Sport Club Internacional — e Tricolosso & Azulão – ligados ao Grêmio Foot-Ball Porto-Alegrense. Rango viria a aparecer na *Folha da Manhã* em 1973, a partir da necessidade de substituir a coluna de Luis Fernando Verissimo (então de férias). Vasques assumiu o posto e, após uma malfadada tentativa de produzir crônicas[18], levou seu tragicômico personagem para as páginas do jornal. Daí para frente, Rango tornou-se recorrente e popularizou-se nacionalmente.

Edgar Vasques foi muito além do humor gráfico em seu trabalho: ainda nos anos 1970, chegou a produzir uma adaptação para o jornal independente *Versus* do livro *Eu sou Artur Arão*, de Ludovico Meneghello; em parceria com Rafael Guimaraens, fez o álbum *Tragédia da Rua da Praia em quadrinhos* (2011) e, com roteiro de Cláudio Levitan e Hique Gomez, produziu *Tangos & tragédias em quadrinhos* (2007); *Sottovoce: a morte fala baixo* é definida pelo autor como uma "*graphic novel* porto-alegrense" e *Triste fim de Policarpo Quaresma* (2010) é outra adaptação literária (também feita em parceria). Mas a única produção sua que rivaliza em popularidade com *Rango* é, de fato, a versão em quadrinhos feita por ele para as histórias do analista de Bagé,

18. Vasques comenta que, depois de três ou quatro textos, "mais ou menos", propôs ao jornal trocar a coluna por uma tira de quadrinhos diária. Mesmo com o retorno de Verissimo, *Rango* acabou ganhando, então, espaço próprio a pedido dos leitores, conforme Susana Gastal, *Edgar Vasques*: desenhista crônico, p. 162.

que o quadrinista desenhou mensalmente para a revista *Playboy* entre os anos de 1983 e 1990 — um sucesso que fez com que Edgar também imprimisse sua própria marca ao personagem egresso das crônicas de Luis Fernando Verissimo.

Apesar do *Analista* de Vasques trazer muitos aspectos pitorescos do gauchismo — devidamente satirizados —, é provavelmente Santiago o primeiro autor a ter maior destaque quanto à temática gauchesca no humor gráfico sul-rio-grandense, pela graça inerente ao seu trabalho, mas também por não enfatizar demasiadamente os aspectos caricatos em relação a esse tema. Santiago teve o seu primeiro trabalho de real destaque na imprensa no já citado suplemento "Quadrão". De uma aparição destacada no suplemento em outubro de 1974, Santiago passou a repetir participações esporádicas — até que foi contratado pela *Folha da Tarde*. Neltair Rebés Abreu (seu nome de nascimento) logo assumiu seu "nome de guerra" (referência à cidade de origem do autor, localizada no interior do estado) e, a partir dos vinte e quatro anos, passou a conviver nos jornais com Edgar Vasques e Sampaulo (uma de suas referências de juventude).

Santiago tem como sua mais célebre criação o gaúcho guasca Macanudo Taurino Fagunde. Nele, se revela o olhar sobre a cultura campeira e interiorana do Rio Grande do Sul que o autor conhecera tão bem em seus anos de formação. Nas tiras do Macanudo, as máximas que imperam são as tensões inevitáveis entre tradição e modernidade, entre o provinciano e o cosmopolita, entre campo e cidade. Curiosamente, parte da inspiração do Macanudo vem da região platina — o que revela um traço comum a muitos cartunistas sul-rio-grandenses: a influência marcante do cartunismo argentino.[19]

19. É o que afirma o próprio autor: "Eu comecei a acompanhar o *[Roberto]* Fontanarossa, da Argentina, com o *[personagem]* Inodoro Pereira. Eu gostei muito, achei muito legal. É a caricatura do gaúcho argentino, uma espécie de Martín Fierro anti-herói. E eu achei que tinha lugar aqui para inventar alguma coisa com nosso gaúcho de formação portuguesa. O mesmo tipo de lá, apenas com a mudança de língua e com a formação

História de uma página do livro A menina do Circo Tibúrcio, de Santiago. Fonte: Santiago, A menina do Circo Tibúrcio (e outros causos desenhados), p. 9.

---

portuguesa, mas é o mesmo tipo humano. Eu comecei a inventar esse personagem e dei o nome que eu achei que era engraçado e divertido, Macanudo Taurino". Santiago *apud* Susana Gastal, *Caminhos do Santiago*: Neltair Rebés Abreu, p. 66.

Assim como Edgar Vasques e Sampaulo, Santiago desenvolve um trabalho de grande amplitude nas artes gráficas, passando por todos os gêneros dos quadrinhos e com muitas premiações em salões de desenho pelo mundo. Em relação aos seus cartuns, vemos uma marca registrada sua: o apelo pelo detalhe cênico na composição de imagens superpovoadas, o que impõe a necessidade de vasculhar as vinhetas do autor para encontrar pequenas surpresas humorísticas em seus grandes painéis.

As atuações de Vasques, Sampaulo e Santiago na charge, no cartum e na tira cômica acabaram, sem dúvida, ajudando a ampliar significativamente o repertório de referências dos quadrinhos feitos no estado a partir da década de 1970. Com o desenrolar das décadas, a concomitância de seus trabalhos passa a evidenciar uma maior diversidade de estilos visuais, de propostas humorísticas e de temáticas no cenário do humor gráfico porto-alegrense – o que é importante e admirável. Suas obras talvez representem um dos pontos culminantes da formação dos quadrinhos no Rio Grande do Sul, pelo menos na forma como ainda conseguimos notar seus desdobramentos.

Pelos anos 1980 e depois de 1990

Nos anos 1980, as renovações formais e de conteúdo fluiriam pelo cenário brasileiro dos quadrinhos. Publicações marcantes tratavam de revitalizar o humor gráfico nacional, dando uma nova perspectiva ao segmento, trazendo uma graça anárquica, cáustica, politicamente incorreta e de crítica ferrenha aos costumes. No Rio Grande do Sul, não foi diferente.

Eloar Guazzelli (1962) é um dos protagonistas dessa geração gaúcha: foi editor e criador da revista *Kamikaze*, uma espécie de fanzine de seu tempo, que apresentou alguns jovens talentos que surgiram no período. Entre os artistas convidados pela publicação esteve, por exemplo, Carlos Iotti (1964), popular nome dos quadrinhos sul-rio-grandenses por ter criado o famoso personagem Radicci.

Juntamente com Blau, de Augusto Bier (1959), Radicci representa a sátira aos típicos "colonos" do interior — Blau vem da colônia alemã, e a criação de Iotti é um típico "gringo" italiano da Serra gaúcha. Surgido em 1983 nas páginas d'*O Pioneiro*, de Caxias do Sul, depois publicado no jornal de maior circulação do estado, *Zero Hora*, Radicci tornou-se, com o tempo, um personagem extremamente querido do público. A despeito de seus rompantes de conservadorismo, o "colono" conquistou, com sua simpática grosseria, até mesmo o carinho daqueles que satiriza. Com o personagem, Iotti construiu um interessante caso de *marketing* nos quadrinhos brasileiros, tornando a imagem de seu personagem bastante disseminada em livros, revistas e peças de teatro, confundindo-se com sua própria criação. Além disso, o cartunista conseguiu o feito de publicar uma revista regular, além de livros e coletâneas, chegando a receber o cobiçado troféu HQ Mix pelo *Gibizón do Radicci*, que editou entre 1996 e 2002.

Assim como a *Kamikaze*, editada por Eloar Guazzelli, eventualmente surgiriam outras revistas nacionais dispostas a divulgar novos quadrinhos, motivadas pelo sucesso das publicações da Circo Editorial, de São Paulo, nos anos 1980.[20] Uma dessas iniciativas, porém, teria um impacto mais significativo: a revista *Animal*, que tinha, entre seus editores, o nome de Fábio Zimbres (1960), mineiro que, após toda a sua formação profissional na capital paulista, viria a se radicar em Porto Alegre, tornando-se um dos importantes nomes do cenário local a partir dos anos 1990 e produzindo um trabalho ousado e bastante original (especialmente por causa de seu estilo gráfico particular). Pela *Animal*, passariam outros nomes importantes do quadrinho do

20. As publicações da Circo Editorial impulsionaram as carreiras de importantes cartunistas, tais como Laerte Coutinho, Arnaldo Angeli Filho e Glauco Villas Boas (ou Laerte, Angeli e Glauco, "Los Três Amigos", como ficaram conhecidos no meio).

Rio Grande do Sul, como o já referido Guazzelli, além de Paulo Carvalho Júnior, o Jaca (1957) e Adão Iturrusgarai (1967), fortíssimo nome dos quadrinhos brasileiros dos anos 1990 até hoje.

Gaúcho de Cachoeira do Sul, Adão é dono de traço e humor despidos de quaisquer amarras, herdados claramente do movimento dos *comix underground* norte-americanos dos anos 1960 e 1970. Dois de seus mais famosos personagens são os *cowboys gays* Rocky & Hudson e a despudorada Aline. Sua carreira se projetou para fora do estado após a exposição adquirida com as polêmicas em torno da revista *Dundum*, publicação que marcou época no Rio Grande do Sul no início dos anos 1990.

Ao longo de suas edições, *Dundum* teve colaborações de diversos artistas daquele novo momento dos quadrinhos gaúchos, como os já citados Adão, Guazzelli, Jaca e Fábio Zimbres. Nas páginas da revista, expunha-se o conteúdo que caracterizava o estilo daquela geração, o que fomentou um imbróglio judicial e midiático inusitado: os temas da publicação, que envolviam questões de sexualidade e humor politicamente incorreto, foram rechaçados pelos políticos e jornalistas locais de visão mais conservadora; o fato de receber verba pública da Secretaria de Cultura de Porto Alegre (tendo, inclusive, alguns de seus colaboradores como funcionários da Prefeitura) só aumentou a polêmica.[21] A confusão rendeu processo aos seus editores — que foram absolvidos —, mas a revista obteve grande sucesso. Além de catapultar a carreira de Iturrusgarai, *Dundum* tornou-se um catalisador da produção gráfica local na década de 1990.

21. Eloar Guazzelli e Otto Guerra (1956) chegaram a representar a *Dundum* num memorável debate no programa *Guerrilheiros da Notícia*, da TV Guaíba (canal local). Alguns trechos do programa podem ser vistos no documentário *Malditos cartunistas*, de Daniel Garcia e Daniel Paiva (2011).

Adão Iturrusgarai relembra, em tira, a polêmica da revista Dundum. Fonte: Iturrusgarai, Momentos brilhantes da minha vida ridícula, p. 8.

Um dos nomes mais importantes entre os artistas gaúchos dessa cena pós-*Dundum* é o de Allan Sieber (1972), conhecido pelas tiras *Vida de estagiário* e *Preto no branco* — publicadas, primeiramente, na *Folha de S. Paulo* e depois compiladas em livros. Seus trabalhos evocam o mal-estar típico dos tempos modernos, associando-o às preocupações mais cotidianas de seres quase sempre fracassados, revelando o lado bizarro da vida prosaica — em que o "mau humor" é a grande piada presente.

Além da *Dundum* e seus frutos, outros dois fatos importantes marcam a virada dos anos 1980 para os anos 1990: a articulação dos Grafistas Associados do Rio Grande do Sul (GRAFAR) e do Salão Internacional de Desenho para a Imprensa, instituído pela Prefeitura Municipal de Porto Alegre a partir de 1992. Ambas as iniciativas mobilizariam artistas e fomentariam a produção no estado.[22]

Já na virada do século, nota-se que a mobilização acadêmica em torno das histórias em quadrinhos passa a crescer após anos de esforço de pesquisadores brasileiros. A aproximação dos quadrinhos com a academia, em especial a partir de departamentos de Letras e Comunicação Social Brasil afora, também rende

22. Joaquim da Fonseca, em *Caricatura*: a imagem gráfica do humor, define a criação do Salão, em 1992, como um dos pontos cruciais da história do humor gráfico gaúcho, ressaltando, ainda, mais dois momentos: a criação da Cooperativa Editora de Trabalho de Porto Alegre (CETPA), nos anos 1960, e a criação da revista *Pato Macho*, em 1971.

diálogos cada vez mais frequentes com a literatura a partir de eventos e publicações científicas. Junto a esse processo, editoras e programas nacionais de incentivo à leitura — como o Programa Nacional Biblioteca da Escola (PNBE) — passam a investir muito mais no segmento. Com isso, a publicação dos quadrinhos em formato livro ganha força e a aproximação com a linguagem literária fomenta novos mercados. Assim, a disseminação do quadrinho adulto a partir dos anos 1980 finalmente parece se tornar possível no Brasil nos anos 2000.

A aceitação dos quadrinhos, despida do frequente preconceito em relação a eles, passa a ser gradual: novos autores surgem e os quadrinhos brasileiros ganham a atenção do mundo. Tais fatores desencadeiam algumas tendências dentro desse "novo quadrinho nacional" do início do século XXI, como as adaptações literárias, a ênfase no realismo e no diálogo com a contemporaneidade, a autoficção e a internacionalização de nossos talentos.

A transposição da literatura para HQs, é bom que se diga, é um procedimento que se nota no país desde os anos 1940, com o surgimento pioneiro da *Edição Maravilhosa*, da Editora Brasil-América (Ebal), quando adaptar obras literárias virou uma espécie de "escape" para garantir uma maior aceitação dos quadrinhos para além de seu público tradicional (crianças e jovens). Entretanto, nos anos 2000, essa produção é retomada de maneira intensa e ganha fôlego notável. Entre os autores que mais produzem adaptações literárias para HQs no Brasil a partir desse momento, tem destaque o nome de um gaúcho, o do desenhista Rodrigo Rosa (1972), que tem inúmeras adaptações em formato *graphic novel* em seu currículo: pela Editora Ática, destacam-se *O cortiço*, *Memórias de um sargento de milícias* e *Dom Casmurro* — todas com roteiro de Ivan Jaf; pela Desiderata, ilustrou *Os sertões – A luta*, feita em parceria com o desenhista e então roteirista gaúcho Carlos Ferreira (1970); pela Globo, fez a belíssima transposição para os quadrinhos de *Grande sertão: veredas*, com Eloar Guazzelli assumindo o texto.

Outra tendência curiosa do "novo quadrinho brasileiro" a partir dos anos 2000, a afinação das HQs com os temas mais realistas, revela o desprendimento da nova geração em relação aos quadrinhos "de gênero", como os de humor ou de aventura/fantasia. Paralelamente a isso, começa a se perceber um trânsito de autores cada vez mais frequente entre a literatura e as HQs. Um desses casos é o de Daniel Galera (1979), grande autor da literatura brasileira contemporânea, nascido em São Paulo e radicado em Porto Alegre. Galera produziu apenas uma obra no segmento quadrinístico, *Cachalote*, feita em parceria com Rafael Coutinho (filho de Laerte Coutinho). A surpreendente *graphic novel*, entretanto, rapidamente virou uma espécie de "clássico instantâneo" do quadrinho nacional e merece, aqui, sua menção. Outros casos de deslocamento eventual da literatura para os quadrinhos entre autores gaúchos são os de Paulo Scott (1966), ficcionista que publicou *Meu mundo versus Marta* ao lado do quadrinista Rafael Sica, e Angélica Freitas (1973), poeta que publicou a obra *Guadalupe*, em 2012, em parceria com o quadrinista pelotense Odyr Bernardi (1967), outro importante nome local que se projetou nacional e internacionalmente, tendo como grande destaque em seu trabalho, justamente, a belíssima adaptação da obra obra literária A *revolução dos bichos*, de George Orwell — um primoroso trabalho feito somente a partir de aquarelas.

As fronteiras internacionais atravessadas entre o final dos anos 1990 e o início dos anos 2000 por autores brasileiros, como o paraibano Mike Deodato Jr., o paraense Joe Bennett e os paulistas Ivan Reis, Fábio Moon e Gabriel Bá, inspirariam diversos outros artistas a fazerem o mesmo. Entre os gaúchos, um dos primeiros dessa geração a seguir tal caminho foi Daniel Horn da Rosa, popularmente conhecido como Daniel HDR (1974), que passou por grandes editoras do mercado norte-americano, como Dark Horse, Marvel Comics e Image.

Outro nome gaúcho dessa cena internacional é o de Rafael Grampá (1978), artista cujo trabalho ficaria em evidência a partir da antologia 5, ganhadora do prêmio Eisner (o mais cobiçado prêmio dos quadrinhos mundiais) e publicada em conjunto com Fábio Moon, Gabriel Bá e outros dois autores estrangeiros, Becky Cloonan e Vasilis Lolos. Com o lançamento de *Mesmo delivery*, obra influenciada pelas HQs de Frank Miller e pelos filmes de Quentin Tarantino e Sergio Leone, Grampá causou *frisson*: o autor passou a participar de eventos literários de grande importância, como a FLIP (Festa Literária Internacional de Paraty), e a *graphic novel* levou seu autor definitivamente ao mercado internacional, projetando-o como grande promessa. Desde então, sua trajetória nos quadrinhos foi se construindo gradualmente, o que o levou a produzir, junto com a grande lenda dos quadrinhos mundiais Frank Miller, a saga *The dark knight returns: the golden child*; sua consagração mundial, contudo, veio com sua reinvenção do personagem Batman na série *A gárgula de Gotham*, trabalho de enorme sucesso que teve grande destaque em 2023.

Um terceiro nome gaúcho ligado a esse processo de internacionalização dos quadrinhos é o do porto-alegrense Rafael Albuquerque (1981), que se tornou um dos nomes brasileiros com maior evidência fora do país na última década: é ilustrador da aclamada série *Vampiro americano* (escrita por Scott Snyder e com argumento de Stephen King) e de histórias do personagem Batman, entre outros. Seu trabalho também esteve articulado com o coletivo Mondo Urbano, que publicou HQs independentes e revelou, ainda, mais duas figuras: Mateus Santolouco (1979) e Eduardo Medeiros (1982).

Nos quadrinhos contemporâneos, percebemos também que outras tendências que vão ganhando força no mundo e têm, igualmente, seus representantes no estado. Uma dessas tendências é o chamado jornalismo em quadrinhos, definição que ganhou destaque a partir da obra de Joe Sacco, autor nascido em Malta e que ficou conhecido por suas reportagens em formato de HQ sobre a Palestina e outras zonas de conflito. No Rio Grande do Sul, podemos citar como representantes desse tipo de abordagem híbrida o jornalista e tradutor Augusto Paim (1985), repórter e roteirista, e Pablito Aguiar (1988), artista cujo trabalho, baseado em entrevistas e em pesquisas de perfis urbanos, tem se revelado muito importante no que diz respeito à possibilidade de trazer protagonismo a identidades marginalizadas.

No âmbito do humor gráfico, cabem, ainda, dois destaques importantes: Moa (Moacir Knorr Gutterres, 1962), artista surgido entre os anos 1980 e 1990, e Rafael Corrêa (1976), figura que ganhou maior visibilidade a partir dos anos 2010. Corrêa, que teve em Moa e Santiago algumas de suas inspirações declaradas, é um dos mais premiados cartunistas do Brasil; é um especialista nos quadros únicos que concentram sínteses humorísticas de forte impacto – tanto pelo viés da sátira política, quanto do comentário de costumes. Seu apelo principal está na imagem, na piada visual, mas o autor também é famoso por suas tiras. Alguns de seus cartuns tornaram-se icônicos nas redes sociais, consolidando seu trabalho entre as novas mídias e os meios digitais, sendo, certamente, um dos grandes talentos do quadrinho gaúcho a aparecerem nos últimos anos.

Ainda no campo das tiras, mas não apenas considerando as tiras de humor, outros dois nomes aparecem com destaque entre os quadrinistas sul-rio-grandenses mais recentes: Fabiane Langona (1984) e Rafael Sica (1979). O segundo apresenta uma obra que dificilmente se encaixa em qualquer rótulo, de tendência experimental, soturna e, por vezes, surrealista; a primeira é uma observadora irônica do cotidiano, dos costumes e das questões de gênero, especialmente aquelas relacionadas ao universo feminino, tratadas sempre com muito bom humor.

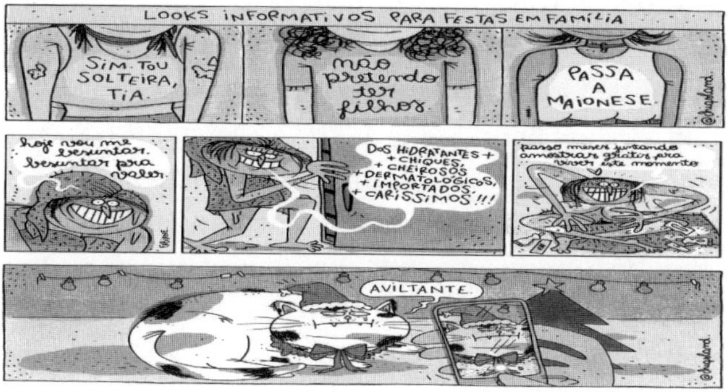

Tira de Fabiane Langona da série Viver dói. Fonte: Langona, Viver dói.

Langona — que, durante um bom tempo, assinou seus trabalhos com o pseudônimo "Chiquinha" — também é um caso emblemático no que diz respeito a uma outra discussão no âmbito dos quadrinhos contemporâneos: historicamente, como se nota, o universo dos quadrinhos dificilmente parece se abrir para artistas mulheres; muitas precisam conquistar espaços com imensa dificuldade ao longo dos tempos, e sua visibilidade é sempre comprometida. Todavia, tanto no Brasil quanto no exterior, percebe-se a luta por uma abertura maior nesse sentido na virada do milênio, o que resulta na possibilidade de uma divulgação muito mais ampla do trabalho de quadrinistas femininas a partir da disseminação e popularização da internet e das redes sociais — meios de fundamental importância para a mudança de tal cenário em âmbito local, nacional e internacional.

No Rio Grande do Sul, junto ao trabalho de Fabiane Langona (a artista gaúcha que, nesse segmento, talvez tenha adquirido maior projeção nacional), podemos citar uma movimentação cada vez maior de quadrinistas mulheres, tendo como grandes referências artistas como Samanta Flôor (1980), com um trabalho bastante voltado ao desenho de humor e a um estilo visual mais conectado ao cartum; Paula Mastroberti (1962), artista que produziu obras afinadas intertextualmente com a literatura; os trabalhos experimentais, narrativamente desafiadores e graficamente sofisticados de Grazi Fonseca (1984) e Aline Daka (1979); além dos álbuns de Ana Luiza Koehler (1977), desenhista de circulação internacional que, a partir de uma fase mais consolidada de sua carreira, acabou se voltando bastante à narrativa histórica em obras como *Beco do Rosário* e *Viaduto* (nas quais também se apresenta como roteirista), livros resultantes de grande esforço de pesquisa iconográfica e essenciais no que diz respeito à recuperação da memória visual, arquitetônica e do processo de urbanização da cidade de Porto Alegre. Esse importante movimento de mulheres artistas revela a tendência dos quadrinhos em se multiplicar e tornarem-se mais diversos, tendo maior representatividade, ampliando suas vozes e se tornando, igualmente, um espaço de reivindicação de temas sociais importantes, na medida em que essa marcação política e identitária acaba por se refletir, naturalmente, nas obras de tais autoras.

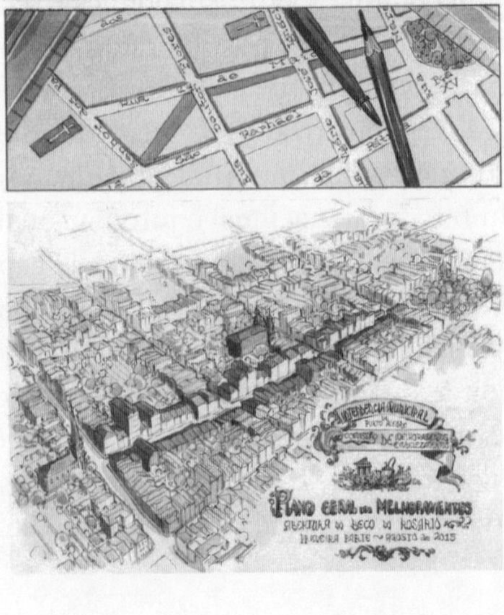

8

Páginas das HQs Beco do Rosário e Viaduto, de Ana Luiza Koehler, obras que têm como tema o processo de modernização urbanística ocorrido em Porto Alegre na primeira metade do século XX e que mostram como isso impactou sensivelmente diferentes classes sociais.

As janelas dos quadrinhos, cada vez mais abertas, revelam sua capacidade de constante e permanente renovação — fruto, talvez, de uma presença um tanto "marginal" dessa manifestação no *sistema das artes*, se comparada com outras linguagens então "canonizadas". Nessa medida, assistimos, no Rio Grande do Sul, no primeiro quarto de século XXI, novos artistas surgindo e seguindo uma tendência constante na história dos quadrinhos: o trânsito e o diálogo entre diferentes gêneros do grafismo, a divulgação em diferentes suportes e meios e uma saudável desobediência a eventuais rótulos — o que vai borrando, cada vez mais, as definições construídas ao longo dos tempos acerca dessa que não é só uma arte da palavra, mas também da imagem. É desse amálgama entre a linguagem gráfica e o texto verbal que brotam as criações nos quadrinhos — e essa é, sem dúvida, sua grande beleza.

História em quadrinhos de Allan Sieber. Fonte: Sieber.

Referências

ARQUIVO CORREIO DO POVO. Porto Alegre: Grupo Record RS. Última visita em jan. 2019.

FERREIRA, Athos Damasceno. *Imprensa caricata do Rio Grande do Sul no século XIX*. Porto Alegre: Editora Globo, 1962.

FONSECA, Joaquim da. *Caricatura*: a imagem gráfica do humor. Porto Alegre: Artes e Ofícios, 1999.

FUNDAÇÃO BIBLIOTECA NACIONAL. Hemeroteca Digital da Fundação Biblioteca Nacional. Periódicos. *A Sentinela do Sul*. Disponível em: http://memoria.bn.br/hdb/periodico.aspx. Acesso em: 7 out. 2024.

GASTAL, Susana. *Edgar Vasques*: desenhista crônico. Porto Alegre: Gastal & Gastal, 2013.

GASTAL, Susana (Org.). *Caminhos do Santiago*: Neltair Rebés Abreu. Porto Alegre: Edição Gastal & Gastal, 2011.

GOIDA (Hiron Cardoso Goidanich); KLEINERT, André. *Enciclopédia dos quadrinhos*. Porto Alegre: L&PM, 2011.

GONÇALO JUNIOR. A *guerra dos gibis*: a formação do mercado editorial brasileiro e a censura aos quadrinhos, 1933–1964. São Paulo: Companhia das Letras, 2004.

GUAZZELLI, Eloar. *Canini e o anti-herói brasileiro*: do Zé Candango ao Zé — realmente — carioca. 2009. Dissertação (Mestrado em Ciências da Comunicação) – Universidade de São Paulo, São Paulo, 2009.

HEMEROTECA DIGITAL DA FUNDAÇÃO BIBLIOTECA NACIONAL. *Biblioteca Nacional*, 2024. Disponível em: http://memoria.bn.br/hdb/periodico.aspx. Acesso em: 7 out. 2024.

MALDITOS cartunistas. Direção: Daniel Garcia e Daniel Paiva. Rio de Janeiro: Daniéis Entretenimento, Tarja Preta, Cavídeo Produções, 2011. 1 DVD (93 min).

MOTTINI, João Baptista. *Aba Larga*. *In:* ROCCO, Luigi. *Aba Larga* – Última Hora, 1963. Disponível em: http://tvmemory.blogspot.com/2015/02/aba-larga-ultima-hora-1963.html. Acesso em: 7 out. 2024.

O HUMOR mantém a luz acesa. Entrevista com Edgar Vasques. *Jornal do Margs*, Governo do Rio Grande do Sul, Secretaria de Cultura, n. 109, jul. 2005, p. 3-4.

PESAVENTO, Sandra. *Porto Alegre caricata*: a imagem conta a história. Porto Alegre: Secretaria Municipal de Cultura, 1993.

RAMOS, Paula Viviane. A *modernidade impressa*: artistas ilustradores da Livraria do Globo – Porto Alegre. Porto Alegre: Ed. da UFRGS, 2016.

ROCCO, Luigi. Alba larga – Última Hora – 1963. *Tiras memory*, 17 fev. 2015. Disponível em: http://tvmemory.blogspot.com.br/2015/02/aba-larga-ultima-hora-1963.html. Acesso em: 7 out. 2024.

RODRIGUES, Vinicius da Silva. *Quadrinhos no Rio Grande do Sul*: um momento decisivo – O humor gráfico em debate & as produções de Sampaulo, Santiago e Edgar Vasques na formação de um polissistema. 2019. Tese (Doutorado em Letras) — Universidade Federal do Rio Grande do Sul, Porto Alegre, 2019. Disponível em: https://lume.ufrgs.br/handle/10183/197808. Acesso em: 7 out. 2024.

SIEBER, Allan. *Blog do Allan Sieber*, 2017. Disponível em: https://allansieber.blogosfera.uol.com.br/. Acesso em: 7 out. 2024.

Obs.: as imagens deste capítulo podem possuir direitos autorais e foram reproduzidas com fins acadêmicos.

Carlos André Moreira

5.13

A literatura policial no Rio Grande do Sul

O policial demora a assentar raízes no Rio Grande do Sul, e não por alguma especificidade regional, mas porque o gênero estabeleceu-se tardiamente no Brasil como um todo. Vamos fazer neste texto uma cronologia breve de obras e autores do Rio Grande do Sul, ou a ele vinculados, identificados como literatura policial pela crítica ou, no caso mais recente, pelos próprios escritores, uma vez que vivemos um momento em que um grupo maior de autores não apenas não se furta a escrever obras com vinculação ao estilo como afirmativamente se declara filiada a um ou mais dos gêneros de entretenimento de massa.

A definição mais crua possível do que seja narrativa policial, para que possamos determinar os limites deste levantamento, é a de uma narrativa em que um crime, sua mecânica ou suas consequências estão no centro de uma trama que dedica alguma atenção ao mistério, para resolução desse crime, ou ao suspense, para a captura de seu perpetrador. Quase sempre há, embora não seja um critério eliminatório, uma ou mais figuras que cumpram um papel tradicional na maior parte das narrativas do gênero: o do investigador que usa métodos variados, do raciocínio lógico à força bruta, para tentar elucidar a autoria ou as circunstâncias do crime.

Ao longo de boa parte da primeira metade do século XX, a narrativa policial no Brasil se resume a poucos e esporádicos cultores, como o pioneiro Medeiros de Albuquerque, nos anos

1920 e 1930, ou Luiz Lopes Coelho, nos anos 1950 e 1960. Mas mesmo nesse quadro de experiências esporádicas, o Rio Grande do Sul foi, até onde se pode comprovar, um dos primeiros locais de chegada do gênero no país. O primeiro romance policial de autoria individual documentado no estado é de autoria do santa-mariense Hipólito Machado (1896–1982), *Os ladrões do Val de Buia*, editado em 1933 pela Globo.

Ambientada na Silveira Martins rural dos anos 1930, a trama d'*Os ladrões do Val de Buia* parte de elementos reais: a falência e a liquidação, em rápida sequência, do Banco Popular do Rio Grande (em 1930) e do Banco Pelotense (em 1931), ambos afetados pela retração da indústria do charque no contexto da quebra da Bolsa de Nova Iorque em 1929. Em consequência disso, afluem aos bancos os correntistas imigrantes italianos tentando sacar seus recursos antes da inevitável bancarrota de todo o sistema financeiro. Machado, bancário ele próprio, funcionário do Banco da Província, cria diante desse pano de fundo real uma narrativa em que uma quadrilha de ladrões armados, equipados inclusive com uma metralhadora, arma insólita para aquele tempo e local, passa a atacar colonos que voltam do centro de Silveira Martins com o dinheiro sacado. Os assaltos ocorrem em um pontilhão sobre o arroio no Val de Buia do título, e a fuga é realizada de modo rápido e quase sobrenatural, já que o carro dos assaltantes não parece ter carroceria e logo é apelidado pelas vítimas de "o chassis fantasma".

Como é costume em uma larga tradição do romance policial, do Auguste Dupin de Poe ao Sherlock Holmes de Arthur Conan Doyle, a polícia, confusa e sem ação, se vê obrigada a apelar para um diletante talentoso, o detetive Ipepo Quieda. Embora rejeite em suas declarações o cientificismo positivista, Quieda, virtual alter ego do autor, segue a tradição presente nas primeiras obras da literatura detetivesca: a de avaliar as pistas com as ferramentas de uma racionalidade lógica implacável que tenta eliminar todas as hipóteses possíveis. Quieda também apareceria em outro policial de Machado, *O Mistério da Casa dos Velhos*, composto antes, em 1931, mas inédito até 2020, quando finalmente ganhou edição em livro pela editora local Class. *Os ladrões do Val de Buia* só ganharia uma nova edição em 2006, patrocinada pela Câmara de Vereadores de Silveira Martins.

A obscuridade de Hipólito Machado, provocada pelo longo período em que sua obra esteve inacessível, não deixa de ser uma injustiça. Paulo Medeiros e Albuquerque costuma ser apontado, com correta unanimidade, como o pioneiro do gênero policial no Brasil, tanto como escritor quanto estudioso e divulgador. Mas *Os ladrões do Val de Buia*, por exemplo, foi editado poucos anos depois da publicação dos livros de Medeiros e Albuquerque *O assassinato do general*, romance de 1926, e *Se eu fosse Sherlock Holmes*, coletânea de contos de 1932. E nem Machado nem sua obra são citados em estudos referenciais sobre o gênero no Brasil, como *Literatura policial brasileira*, de Sandra Reimão, e *O mundo emocionante do romance policial*, do próprio Medeiros e Albuquerque. Embora a linguagem usada pelo escritor tenha se tornado um tanto datada, sua intuição de ancorar a ação e o mistério em uma comunidade real descrita quase como um personagem à parte na narrativa antecipou uma tendência muito comum no policial contemporâneo.

Vertentes

Nos anos 1960 e 1970, como recorda Flávio Moreira da Costa, nasce no Brasil um gênero que teve grande sucesso, mas vida curta, o romance-reportagem, misto de jornalismo e narrativa policial no qual os autores, em sua maior parte jornalistas com anos de experiência, se dedicam a recontar, com recursos literários, episódios reais da violência urbana brasileira para denunciar a desagregação social vivida no país sob o arbítrio da ditadura militar. O gaúcho Moreira da Costa considerava-se o inaugurador dessa vertente:

> Por razões cronológicas que talvez justifiquem a autocitação, meu livro *Cosa Nostra — Eu vi a Máfia de perto*, depois reeditado como *A perseguição*, saiu em 1973, classificado como "reportagem de ficção", foi o primeiro de uma longa lista. Só depois, com livros de José Louzeiro, Aguinaldo Silva e outros, nossa imprensa começou a falar em "romances-reportagens".[1]

Moreira da Costa seguiria vinculado ao gênero pelas décadas seguintes, seja como um profícuo organizador de antologias de contos, seja como romancista, com *Os mortos estão vivos* (1984) e *Avenida Atlântica* (1992), também protagonizados pelo repórter investigativo Mário Livramento, presente em *A perseguição*. Embora Moreira da Costa fosse nascido em Porto Alegre, sua vida e sua carreira transcorreram no Rio, o que transparece nos três romances, bastante cariocas na ambientação e no cenário. Outro autor gaúcho, na mesma época, também vai se arriscar no policial em um cenário brasileiro sem qualquer vinculação com elementos regionais: Luiz Carlos Barbosa Lessa. A identidade de Lessa como um dos pesquisadores fundadores do nativismo desaparece completamente em *O crime é um caso de marketing* (1974), policial mergulhado na atmosfera urbana da São Paulo dos descendentes de imigrantes japoneses e do mundo laboral massacrante da publicidade.

A partir dos mesmos anos 1960 e 1970, desenvolvem-se duas vertentes que serão constantes em boa parte da narrativa do país (e, por extensão, do estado) nas décadas seguintes. Numa delas, a narrativa policial é continuamente desconstruída e virada do avesso pelo uso de elementos de sátira, paródia, pastiche, humor desbragado ou uma metalinguagem autoconsciente, que o tempo todo combate a repetição de fórmulas e clichês

1. Flávio Moreira da Costa, "Existe uma literatura policial brasileira?", p. 20.

chamando deliberadamente uma irônica atenção para seu estatuto repetitivo. Em outro veio, multiplicam-se romances com menos recursos cômicos, e que investem nos elementos do policial como forma de denúncia da desagregação da vida comunitária pela disseminação da violência urbana.

Um exemplar acabado do primeiro tipo, *A região submersa*, de Tabajara Ruas, foi publicado primeiro na Europa, no fim dos anos 1970 (o autor vivia no exílio), e só em 1981 ganhou edição no Brasil. É uma narrativa que começa como sátira, com seu detetive voluntarioso e de vida acidentada, Cid Espigão, contratado por uma mulher para que localize seu filho desaparecido. Mas desde o início o livro apresenta um subtexto que transcende o mero pastiche. Não apenas o tema dos desaparecidos se conecta com a então vigente ditadura militar como, a certa altura, a narrativa abandona o tom policial e assume elementos do absurdo e da ficção científica para esboçar uma alegoria do próprio regime autoritário. De certo modo, essa febril alteração da trama espelha a aventura interior do próprio Espigão, que passa de um espectador alienado a um perseguido pelo regime.

Espigão retorna em *O detetive sentimental* (2008), obra na qual Ruas dispensa a alegoria política do livro anterior e mergulha ainda mais na proposta de exacerbar pelo cômico os clichês de gêneros de massa, criando um pastiche feroz que inclui um assassino chinês que troca os "rr" pelos "ll" — representação que envelheceu de modo não muito feliz —, um ditador em um *bunker* em pleno Pantanal, uma comunidade de cortadores de cabeças, jacarés no esgoto, caçadores de nazistas, um lobisomem, uma seita satânica controladora de mentes, entre outros elementos.

O uso do humor e do absurdo como crítica metalinguística aos clichês demarcados do gênero policial também está presente na figura de Ed Mort, protagonista de seis contos/crônicas de Luis Fernando Verissimo. Mort é a versão brasileira, portanto pobre e desglamourizada, do detetive durão criado pela ficção policial americana, com seu escritório insalubre e seu insucesso crônico com clientes femininas estonteantes. Em suas histórias, o exagero dos clichês associados ao policial "tem por função rebater e espelhar a própria série literária através da brincadeira cômica com o gênero", nas palavras de Sandra Reimão.[2]

Verissimo voltaria ao formato em seus romances, em especial *O jardim do Diabo*, *Gula: o clube dos anjos* e *Borges e os orangotangos eternos*, narrativas nas quais o elemento policial é um ponto de partida, e o centro da composição não está exatamente na resolução de um mistério, mas na sua desconstrução pelo humor e por um pesado uso da metalinguagem. O mesmo Verissimo também participou de uma experiência local de romance coletivo, *Pega pra Kaputt!* (1977), em parceria com Josué Guimarães, Moacyr Scliar e Edgar Vasques, no qual um dentista judeu chamado Teva Kaiman se vê envolvido nas ramificações de uma trama galhofeira que começa com um testículo desaparecido de Hitler, tratado como relíquia por uma seita de nazistas clandestinos.

Nei Lisboa, artista reconhecido por seu trabalho em outra linguagem, a da canção, também se junta a essa corrente com *Um morto pula a janela* (1991), romance no qual se encadeiam uma trama de crimes (um sequestro seguido de várias mortes), uma história de amor mais tradicional e devaneios metaficcionais do narrador/protagonista, comentando o próprio romance e discorrendo sobre as dificuldades encontradas para concluí-lo.

Exemplares desse tipo de policial paródico também são *Um susto na escuridão* (2002), de Paulo Wainberg, e *Adiós, baby* (2003), de Juremir Machado da Silva. Em *Um susto*..., Wainberg faz da paródia e do humor cáustico as pedras de toque ao narrar as investigações picarescas do detetive Eloir, policial "duro por dentro e mole por fora", para tentar esclarecer um homicídio. Em *Adiós*..., Juremir cria uma paródia metafísica do *noir* clássico

2. Sandra Lucia Reimão, *Literatura policial brasileira*, p. 33.

na figura do delegado Renê Manhãs, para quem desvendar a execução de um homem em plena rua não é uma missão, mas um tremendo inconveniente para um policial já longe dos seus melhores anos e em pelo declínio da meia-idade.

Tal espírito de absurdo, de paródia ou de franca comicidade, em contraposição aos tons mais dramáticos e trágicos de outras escolas do gênero, talvez traduza uma inquietação criativa com a inescapável realidade histórica da arbitrariedade policial em um país em que tantas vezes as forças de segurança foram usadas como braço armado da repressão ditatorial e do mandonismo político em vários níveis. Em países com o tipo de tradição autoritária comum no Brasil, compromete-se até o pacto de suspensão da descrença entre leitor e autor — muitas vezes é difícil acreditar que um crime será resolvido por trabalho investigativo árduo e análise intelectual de evidências e não pela distribuição de bordoadas a um ou mais sujeitos que a polícia encontrar pela frente.

Essa visão crítica também estará presente ao longo da já mencionada vertente menos cômica, mas não na acumulação de exageros, e sim na impossibilidade, muitas vezes, de a narrativa terminar com um arremate que promova a sensação de justiça ou a certeza de uma resolução apropriada. Como aponta Sandra Reimão: "Apesar de boa parte dos protagonistas da literatura policial brasileira ser, de alguma forma, policial, a crítica à polícia é uma constante nessa literatura".[3]

Em 1987, Carlos Gerbase, nome oriundo do cinema, publica a coletânea de contos *Comigo, não!*, na qual apresenta um criminoso do baixo escalão do crime organizado que protagoniza várias das histórias e é claramente um tributo tanto aos protagonistas imperfeitos do *noir* americano quanto uma citação ao Rubem Fonseca de contos como "Fevereiro ou março", "A força humana" e "Desempenho", protagonizados por um halterofilista

3. Sandra Lucia Reimão, *Literatura policial brasileira*, p. 36.

sem nome capturado em uma vertigem de violência e melancolia. Gerbase, décadas mais tarde, faria de uma narrativa policial uma das tramas que se cruzam em *Todos morrem no fim* (2010). A obra alterna o foco entre uma investigação policial no presente — empreendida por um detetive decadente dedicado a descobrir quem atacou violentamente uma professora universitária — com outra narrativa, a da descoberta dos horrores da ditadura militar por um jovem burguês nos anos 1970. Apesar dos mais de vinte anos que separam um trabalho do outro, ambos mantêm um forte senso de melancolia pela forma como o vale-tudo e a lei do mais forte parecem organizar as interações em um país com uma história de arbítrio, como o Brasil.

Um certo amargor dúbio também perpassa *O caso do martelo*, de José Clemente Pozenato (1985), no qual o comissário de polícia Hilário Pasúbio, ao investigar um violento homicídio cometido em uma localidade da região gaúcha de colonização italiana, precisa rastrear não os vestígios deixados pelo culpado, mas os obstáculos acumulados em seu caminho pela própria comunidade, fechada, reticente, resistente a colaborar com a investigação e, aparentemente, dedicada a um complô para desviar a atenção do policial das reais motivações do crime. Consistente em seu projeto ficcional, Pozenato publicaria outros quatro romances do delegado Pasúbio: *O caso do loteamento clandestino* (1990), *O caso do e-mail* (2000), *O caso da caçada de perdiz* (2008) e *O caso do sumiço da espingarda* (2020). Na maioria deles, a trama exige que Pasúbio, a exemplo do primeiro livro, compreenda não apenas as circunstâncias do crime, mas a dinâmica psicológica e social das comunidades em que foi cometido para que uma solução, por vezes agridoce, seja encontrada.

O já mencionado Paulo Wainberg abraçaria outra faceta do policial tornada muito popular pela proliferação no cinema e na TV, após a virada do milênio, de histórias de crime narradas pelo ponto de vista do criminoso. *Unhas* (2010) é uma narrativa na qual Unhas, o assassino protagonista, entre devaneios niilistas, explica às suas vítimas o motivo de seus crimes e a natureza de seu trabalho: ele é contratado para "exterminar paixões proibidas" — na prática, ele mata mulheres que partiram o coração ou feriram o ego de seus clientes, sempre homens. Embora escrito há meros quinze anos, o livro é fruto da época em que foi publicado, e não chega a questionar de fato a pesada carga misógina que emana da visão de mundo de seu personagem principal.

No cenário contemporâneo, um autor que vem se dedicando consistentemente ao policial no estado é Tailor Diniz, que abraça o gênero a partir do fim dos anos 1990 e início dos anos 2000. Seu detetive recorrente, Walter Jacquet, vem a público, ainda de modo embrionário, na novela *O assassino usava batom* (1997), em que sua caracterização é mais aproximada à de um detetive noir tradicional: astuto, manipulador e hábil em disfarces. A ambientação tem um caráter vago, e a trama passeia por tropos genéricos esperados numa narrativa de crime: tráfico de drogas, contrabando, empresas de fachada, subornos, corrupção policial, clubes de *jazz* ao estilo dos *speakeasies* norte-americanos. Isso, mais a veia humorística do autor, expressa não apenas na condução da prosa, mas nos próprios nomes algo absurdos dos personagens, dota o livro de um tom paródico/metaficcional.

Diniz vai, gradativamente, refinando Jacquet em narrativas seguintes, abrindo mão das características genéricas do primeiro livro e investindo em uma caracterização mais voltada à geografia e à cultura local. Em *Crime na Feira do Livro* (2008), alguns elementos biográficos e temáticos são estabelecidos: Jacquet é nascido no Alegrete, mas passou um tempo nos Estados Unidos (o que explica a ambientação *hard-boiled* de sua primeira aparição). Como um Sherlock gaúcho, tem seu próprio Watson, o amigo Joãozinho Macedônio, com quem discute os crimes em sua cobertura na Independência. O personagem acaba se envolvendo na investigação da morte de um livreiro em plena

Praça da Alfândega, onde está sendo realizada a tradicional Feira do Livro de Porto Alegre, e a descrição do evento e de sua ligação simbiótica com a praça e a cidade são alguns dos trunfos do livro. O autor voltaria a tomar partido da paisagem da capital em outra aventura de Jacquet, *Mistério no Centro Histórico* (cuja trama repete o mesmo elenco básico da novela anterior, mas se passa antes), na qual retornam elementos metaficcionais ligados ao fato de a narrativa amparar-se em um livro que João Macedônio tenta escrever baseado em um atentado a bomba ocorrido no Centro de Porto Alegre. Diniz também desenvolveria, em paralelo, romances que apostam no suspense para esboçar o retrato de um Rio Grande do Sul enviesado e fantástico e pleno de violência borbulhando no subterrâneo do seu território de fronteira, como *A superfície da sombra* e *Em linha reta*.

Cruzamentos

A partir dos anos 2010, entra em cena uma nova geração que compõe uma espécie de movimento literário informal, reivindicando, de modo deliberado, a liberdade de canibalizar para sua literatura elementos dos gêneros de consumo de massa, como o horror, a fantasia, a aventura, o policial, claro, ou tudo isso junto. Entre esses autores transparece um interesse tanto por criar um romance policial digno das tradições e fórmulas do formato quanto pulverizar essas regras mesclando suas narrativas com outros gêneros. Nesse movimento, são postos em circulação livros que pretendem atualizar para a contemporaneidade a "literatura *pulp*", que se popularizou nos anos 1930 como consumo escapista para massas trabalhadoras desassistidas após a eclosão da grande crise econômica de 1929. Fazem parte dos frutos desse movimento a série *Ficção de polpa*, da Não Editora, editada por Samir Machado de Machado, e a coletânea *Crimes fantásticos*, da Argonautas, dos editores Cesar Alcázar e Duda Falcão.

Os três primeiros volumes da coletânea *Ficção de polpa*, publicados entre 2007 e 2009, compilam contos vinculados a gêneros diversos. O quarto volume, *Ficção de polpa: crime* (2011), assume um caráter temático policial, com um número menor de histórias mais longas. Dentro do espírito globalizado de cooperação e autoria da literatura contemporânea, o elenco de autores incluía tanto gaúchos (Carlos André Moreira, Carol Bensimon e Rafael Bán Jacobsen) quanto escritores de outros quadrantes (o paulista Carlos Orsi, o carioca Octávio Aragão e o português Yves Robert). Em *Crimes fantásticos* (2017), além dos editores Alcázar e Falcão, comparecem com histórias a gaúcha Nikelen Witter, a carioca Mariana Portella, o americano radicado no Rio Grande do Sul Christopher Kastensmidt e o veterano paulista R. F. Lucchetti. Em um movimento assumido de exploração livre dos tropos do entretenimento de massa, sem compromisso firmado com apenas um deles, alguns dos nomes vistos nessas coletâneas estariam também em obras que reúnem contos fantásticos, de horror e de ficção científica, como *Ficção de polpa: aventura* (2008), as antologias *Sagas*, da editora Argonautas, e a coletânea *Sussurros da Boca do Monte* (2017), que registra uma cena efervescente do gênero fantástico em Santa Maria.

Por sua vez, Samir Machado de Machado, o editor dos volumes de *Ficção de polpa*, depois de uma série de romances que revisitam o passado histórico remoto e recente, enveredou por um policial em *O crime do bom nazista* (2023), no qual o assassinato de um passageiro em um dirigível Zeppelin a caminho do Brasil, nos anos 1930, precisa ser solucionado pelo investigador, um policial nazista, antes da próxima parada da aeronave no país, momento a partir do qual entrarão em campo mil e uma questões diplomáticas incômodas para o governo brasileiro. É um romance repleto de armadilhas pelo modo como opera, brincando com as expectativas naturalmente criadas pelo gênero. Sendo o detetive muitas vezes o porta-voz do leitor na solução do crime, que tipo de relação esse leitor pode ter com um detetive literalmente filiado ao partido nazista? E até onde essa provocação pode ir antes de uma nova reviravolta ressignificar todo o livro? É um romance também abertamente político, uma vez que, tirando a ambientação passadista da história, o comportamento e o discurso da elite simpática ao nazismo que viaja no aeróstato são perturbadoramente atemporais, com falas extraídas de figuras reais da extrema-direita nacional catapultada ao poder com a eleição de Jair Bolsonaro.

Outro autor local a unir o romance histórico e a narrativa policial é Rafael Guimaraens, pesquisador dedicado à reconstituição da história local e que faz, em *1935*, uma reconstituição minuciosa de um ano particularmente turbulento na política do estado, com Flores da Cunha apertando o garrote da repressão a movimentos sindicais e de esquerda para garantir tranquilidade em seus projetos de celebração do centenário farroupilha.

O cruzamento entre o passado e o presente também alimenta *Círculo de sangue*, estreia na ficção do jornalista Tom Belmonte, e capítulo inicial de uma planejada trilogia. A narrativa transita da São Borja dos anos 1970, em plena ditadura, para a Porto Alegre do Fórum Social Mundial, no início dos anos 2000, na qual um crime descortina a deterioração ética de uma família disfuncional. Também há laivos do fantástico expresso em elementos de misticismo e sobrenatural que aumentam a atmosfera sombria da narrativa.

Uma das características interessantes do cenário contemporâneo é o bom número de autores que, em um estado com tamanha hegemonia cultural e artística concentrada na capital, produzem uma obra a partir do interior. Rafael Lovato, de Venâncio Aires, escreveu *Anverso e reverso de um crime* (2004), cruzamento entre o horror sobrenatural e policial no qual um detetive, com o sugestivo nome de Set, tenta impedir que um fanático religioso cometa mais homicídios de inspiração mística.

Oscar Bessi Filho, radicado em Montenegro, compilou anos de narrativas inspiradas pelo conhecimento em primeira mão como policial na coletânea de contos *Calibre 40* (2010). Márcio Lazzarotto, de São Pedro do Sul, narra a caçada a uma assassina "viúva negra" em *A teia* (2024).

Outra característica perceptível a partir da virada do milênio é o ingresso, nessa galeria excessivamente masculina, de autoras interessadas em explorar os elementos do gênero. São nomes como Paula Deconto e seu *Segredos do Mato Alto* (2022), uma narrativa de mistério em uma comunidade de origem italiana no interior do estado. Ou Carina Luft e seus livros *Fetiche* (2011), uma obra sobre adultério e ganância na alta sociedade, e *Verme* (2014), sobre a gradual corrupção de um policial, espécie de continuação informal do primeiro. Mesmo Carol Bensimon, já mencionada, faz de uma das tramas paralelas que atravessam *Diorama* (2022) uma reconstituição disfarçada do Caso Daudt, rumoroso crime real do estado.

Gaúcho de Pelotas mas radicado há décadas em Brasília, Lourenço Cazarré fez da capital federal o cenário para um romance policial que se apresenta mais como uma feroz sátira metalinguística do que como um exemplar estrito do gênero. Publicado originalmente nos anos 1990 como folhetim, como *Morte no Brasília Palace*, o livro foi reeditado com versão definitiva em livro em 2009, com o título *A misteriosa morte de Miguela de Alcazar*. A trama reúne uma série de escritores em um fictício congresso internacional da literatura policial realizado em Brasília (a própria ideia de um congresso como esse na época em que o livro foi produzido já é parte do elemento galhofeiro do texto, uma vez que o Brasil não tinha tradição no gênero para sediar algo parecido). Até que um crime ocorre e os participantes se veem desafiados a desvendá-lo. Acentuando o caráter de paródia debochada, os personagens são versões satirizadas de grandes escritores policiais ou de personagens clássicos desse tipo de narrativa (e embora sejam estrangeiros, todos falam português com algum tipo de sotaque regional): a inglesa Lady Águeda Christine fala com maneirismos mineiros, o belga Sim et Nom chia como um carioca e americano Dax Chamber se expressa como um gaúcho da fronteira e assim por diante.

Haveria espaço ainda para se falar, infelizmente com menos atenção do que o assunto mereceria, sobre o quanto a consolidação do policial como gênero no Brasil passa pelo trabalho de autores que escrevem para o público juvenil, como Marcos Rey, Pedro Bandeira e Lúcia Machado de Almeida. É por isso que exemplos de narrativas de autores nascidos no estado por vezes são catalogadas nesse nicho específico, como os livros de Glauco Rodrigues Corrêa (nascido em Porto Alegre, mas com vida e carreira desenvolvidas em Santa Catarina): *Crime na Baía Sul* (1981), *O mistério do fiscal dos canos* (1982) e *O assassinato do casal de velhos* (1985). Também correm por essa trilha muitos dos trabalhos de Luís Dill, como *Sombras no asfalto* (2011), *A dor mais afiada* (2012), *Destino sombrio* (2013), *Labirinto no escuro* (2013) ou *Zona de sombra* (2014). Nota-se no trabalho de Dill uma aproximação cerebral de situações de extrema violência, uma vez que em muitos dos livros o autor parece tentar desdobrar até o limite desafios formais impostos a si mesmo (como o de narrar a trama em mil capítulos muito breves, em *A dor mais afiada*, ou de dividir uma história em três partes, cada qual narrada em um tempo verbal, como *Destino sombrio*).

Referências

COSTA, Flávio Moreira da. Existe uma literatura policial brasileira? *Cândido*, n. 6, jan. 2012.

REIMÃO, Sandra Lucia. *Literatura policial brasileira*. Rio de Janeiro: Jorge Zahar, 2005.

Márcia Ivana de Lima e Silva

5.14

Os acervos: memória, pesquisa e renovação

A pesquisa em fontes primárias permite infinitos cruzamentos entre a obra do autor e sua vida cultural e artística. Para viabilizar qualquer tipo de estudo em fontes primárias, é necessário, primeiramente, organizar e identificar a documentação, de modo a constituir um Acervo, que reúna condições para a pesquisa de especialistas.

Como diz Jacques Derrida, "não há arquivo sem um lugar de consignação, sem uma técnica de repetição e sem uma certa exterioridade; não há arquivo sem exterior"[1]. Tampouco há arquivo sem suporte, sem interpretação, sem decodificação do que nele está contido, o que equivale a dizer que a pesquisa do arquivo não é uma pesquisa de origem, uma mera escavação, mas é um trabalho de diálogo entre os indícios. Um arquivo é um organismo vivo, que fica em estado de total inércia até que alguém vá até ele e se aproprie (no melhor dos sentidos) das informações que lá estão contidas, estejam elas explícitas ou implícitas. O arquivo volta à vida, saindo do seu estado de latência, no momento em que é observado, analisado, pesquisado, e esta pesquisa pode percorrer os mais variados caminhos, dependendo do pesquisador e do pesquisado.

É exatamente nesta perspectiva que se coloca a grande relevância do trabalho de organização de acervos: trazer à luz

1. Jacques Derrida, *Mal de arquivo*: uma impressão freudiana, p. 22.

a trajetória de figuras importantes para a cultura de um país, de uma localidade, prestando homenagem à relevância pessoal e coletiva do arquivado e colaborando para a preservação da memória. Neste aspecto, o Rio Grande do Sul é pioneiro com a organização do Acervo Literário Erico Verissimo, criado pela professora Maria da Glória Bordini em 1982. Desde 2009, tornou-se Associação Cultural Acervo Literário de Erico Verissimo, gerida pelo Instituto Moreira Salles, do Rio de Janeiro, onde a documentação está depositada. No início de 1982, a Pontifícia Universidade Católica do Rio Grande do Sul (PUCRS) propôs a organização de acervos de diversos escritores, projeto que culminou na criação, em 2008, do Delfos — Espaço de Documentação e Memória Cultural.

Além de acervos pessoais, é importante destacar os acervos documentais de periódicos, que prestam um serviço importantíssimo para a preservação da memória cultural, principalmente, porque a formação do jornalismo brasileiro esteve atrelada à vida literária do país, abrindo-se a pesquisas interdisciplinares. A seguir, a listagem dos principais acervos do Rio Grande do Sul, cujas informações detalhadas estão presentes em seus *sites*.

Acervo Literário de Josué Guimarães (ALJOG)

O material do ALJOG, antes aos cuidados da PUCRS, conta com mais de oito mil itens agrupados segundo as normas do "Manual de organização do Acervo Literário de Erico Verissimo", produzido pela professora Maria da Glória Bordini[2], então coordenadora do Centro de Memória Literária da referida universidade. Josué (São Jerônimo, 1921 – Porto Alegre, 1986) foi jornalista de ofício, e na maturidade produziu importantes romances, a partir de *A ferro e fogo* (1972 e 1975). Os itens são colecionados

2. Maria da Glória Bordini, *Manual de organização do Acervo Literário de Erico Verissimo*.

e catalogados por classes subdivididas segundo o suporte físico do item. As classes são as seguintes:

1. Originais; 2. Correspondência; 3. Publicações na imprensa; 4. Esboços e notas; 5. Ilustrações; 6. Documentos audiovisuais; 7. *Memorabilia*; 8. Comprovante de edições; 9. Comprovantes de crítica; 10. Comprovantes de adaptações; 11. Objetos de arte; 12. História editorial; 13. Vida; e 16. Obra.

Além disso, os materiais são numerados e registrados em um software específico, o qual apresenta dados tais como localização do item, data, proveniência, descrição etc. O ALJOG/UPF fica na Biblioteca Central da Universidade de Passo Fundo, no *Campus* I, em um espaço de 42 m^2, especialmente adaptado para receber os materiais e dividido em dois ambientes. No ambiente de entrada, estão expostos, em vitrinas, alguns itens, tais como objetos pessoais, máquinas datilográficas do autor, originais, exemplares de sua correspondência particular etc. No ambiente restrito a pesquisadores e bolsistas, está resguardado o restante do espólio. Nesse espaço, estabelece-se o trabalho de organizar e catalogar os materiais do acervo, bem como se desenvolvem pesquisas sobre a obra e a vida de Josué Guimarães.

Acervo Guilhermino Cesar

A criação do Núcleo de Estudos Brasileiros Guilhermino Cesar, em 2000, pelo Setor de Literatura Brasileira do Departamento de Letras Clássicas e Vernáculas — LET 1, do Instituto de Letras da Universidade Federal do Rio Grande do Sul (UFRGS), possibilitou a reunião do material do espólio de Cesar, com o objetivo de organizar seu arquivo documental.

Guilhermino Cesar da Silva (1908, Eugenópolis, MG – 1993, em Porto Alegre). Foi poeta, romancista, crítico literário e historiador. Há que se ressaltar sua grande contribuição como crítico e historiador da literatura brasileira, fruto de intensa pesquisa, tendo sido o primeiro professor titular (catedrático, em seu tempo) de Literatura Brasileira do Instituto de Letras da UFRGS, a partir da instalação do curso de Letras, em 1943, até sua morte.

Os documentos que compõem o acervo integravam a Biblioteca de Guilhermino Cesar sob o rótulo de "Arquivo Pessoal". Por ocasião do falecimento do escritor, Guilhermino Cesar Filho deu a posse desses documentos à professora Tania Franco Carvalhal, a qual depositou os documentos no recém-fundado Núcleo de Estudos Brasileiros sob a guarda do Instituto de Letras, com a finalidade de dar origem a diversos projetos de investigação e pesquisa.

A classificação dos documentos segue o Sistema de Catalogação implementado pelo projeto "Fontes da Literatura Brasileira", do Programa de Pós-Graduação em Letras da PUCRS, de acordo com seu "Manual de organização". O sistema compreende as seguinte classes:

1. Originais; 2. Correspondência; 3. Publicação na imprensa; 4. Esboços e notas; 5. Ilustrações; 6. Documentos audiovisuais; 7. *Memorabilia*; 8. Comprovantes de edição; 9. Comprovantes de crítica; 10. Comprovantes de adaptação; 11. Objetos de arte; 12. História editorial; 13. Biblioteca; 14. Vida; e 15. Obra.

Os originais presentes no acervo dizem respeito tanto à sua obra ensaística quanto à ficcional. A organização dos documentos revelou os originais inéditos de *Origens da economia gaúcha (o boi e o poder)*, que foram publicados pelo Instituto Estadual do Livro (IEL) em 2005. A obra reforça, mais ainda, o perfil de historiador de Cesar, preocupado em explicar as diversas dimensões que caracterizam a sociedade sul-rio-grandense. O IEL abriga o acervo digital de Cesar, formado por originais das cartas e cartões remetidos a ele desde 1920 até seu falecimento, contando com cerca de cinco mil registros, que tratam de diversos assuntos: pessoais, familiares, profissionais e acadêmicos.

Vale complementar, ainda, o fato de que a biblioteca de Guilhermino Cesar está uma parte na Biblioteca Pública do

Estado do Rio Grande do Sul e a outra parte na Biblioteca de Ciências Humanas da UFRGS.

Delfos — Espaço de Documentação e Memória Cultural

O Delfos — Espaço de Documentação e Memória Cultural, instituído pela PUCRS, foi inaugurado em 4 de dezembro de 2008. O nome do espaço faz referência ao Oráculo de Delfos, situado na cidade de mesmo nome na antiga Grécia. Este oráculo era um templo consagrado ao deus Apolo onde as sacerdotisas, conhecidas como Pitonisas, profetizavam, em uma espécie de transe. No entorno do Oráculo de Delfos estavam pequenas capelas que abrigavam thesaurus (tesouros), donativos e ex-votos, frequentemente valiosos, como é o caso dos tesouros de Siracusa, Cirenea, Cnifo, Sifnos, entre outros.

O Espaço de Documentação e Memória Cultural da PUCRS recebeu o nome Delfos exatamente por abrigar diversos tesouros. Lá é possível encontrar documentos referentes às áreas de Letras, Artes, Jornalismo, Cinema, História e Arquitetura. O espaço abriga raridades, como originais de livros, correspondências de autores escritas de próprio punho, fotografias, documentos pessoais, como óculos e vestimentas, livros com anotações particulares, plantas de arquitetura, jornais antigos, documentos a respeito da imigração alemã no Rio Grande do Sul, quadros, entre outros.

Acervos de escritores e jornalistas no Delfos: Aníbal Damasceno Ferreira, Antônio Carlos Resende, Caio Fernando Abreu, Carlos Marino Silva Urbim, Celso Pedro Luft, Cyro Martins, Danilo Ucha, Dyonelio Machado, Eduardo Guimaraens, Francisco Fernandes, Ir. Elvo Clemente, João Otávio Nogueira Leiria, Lara de Lemos, Lila Ripoll, Luiz Antonio de Assis Brasil, Luiz de Miranda, Luiz Pilla Vares, Moacyr Scliar, Manoelito de Ornellas, Maria Dinorah Luz do Prado, Moysés Vellinho, Nico Fagundes,

Oscar Bertholdo, Oswaldo Goidanich, Patricia Bins, Paulo Hecker Filho, Paulo Fontoura Gastal, Pedro Geraldo Escosteguy, Reynaldo Moura, Roberto Eduardo Xavier, Rossyr Berny, Sampaulo, Sinval Freitas de Medina, Vera Karam e Zeferino Brazil.

Instituto João Simões Lopes Neto

O Instituto João Simões Lopes Neto (IJSLN) é uma associação civil pública, sem fins lucrativos, que tem por objetivo a preservação, valorização e divulgação da memória e obra do escritor do qual carrega o nome. Sua criação se deu em agosto de 1999, pelo Grupo de Estudos Simonianos, em reunião ocorrida na Associação Comercial de Pelotas.

Também no ano de 1999, o então deputado estadual Bernardo de Souza apresentou um projeto de lei onde declarava a casa, em Pelotas, que pertenceu ao escritor, como patrimônio cultural do estado. No dia 5 de outubro de 1999 o projeto foi sancionado oficialmente pelo então governador do estado, Olívio Dutra. No ano seguinte, com apoio de patrocínios, o IJSLN realiza a compra da antiga Casa de João Simões Lopes Neto, com o intuito de fixar ali sua sede.

A casa passou então por uma série de reformas seguidas por uma restauração completa. Assim, no ano de 2004, em cerimônia com diversas autoridades, a casa restaurada é apresentada à comunidade pelotense. Desde então, ela tem sido a sede oficial do Instituto, abrigando o acervo deste, bem como sendo palco para diversas atividades que o Instituto promove.

Memorial Erico Verissimo

A reunião dos acervos documentais de Mario de Almeida Lima e de Flávio Loureiro Chaves e do acervo bibliográfico de Waldemar Torres deu origem ao Memorial Erico Verissimo, abrigado no Espaço Força e Luz – Energia Cultural, em Porto Alegre. Isso foi possível graças ao trabalho de colecionador desses três intelectuais, que foram também amigos do escritor gaúcho.

Erico Verissimo nasceu em Cruz Alta, em 1905, e faleceu em Porto Alegre, em 1975, onde viveu a maior parte de sua vida. Autor de obras fundamentais para o panorama da Literatura Brasileira, como *Caminhos cruzados* e *Incidente em Antares*, tem como obra de referência a trilogia *O tempo e o vento*. A criação do memorial deve-se, igualmente, ao empenho da coordenação do espaço, para que esta ideia se concretizasse e buscou a parceria do Grupo CEEE Equatorial e do Grupo Gerdau, que acreditaram na importância do material reunido. Sua inauguração ocorreu em setembro de 2013.

O Memorial Erico Verissimo é composto por originais, correspondências, desenhos, cadernos de notas, fotos, fortuna crítica, primeiras edições da obra do romancista, que comprovam sua constante dedicação à literatura, seja como escritor, editor ou tradutor. Seus manuscritos e documentos de processo mostram a importância do trabalho de criação para chegar a ser o grande escritor que conquistou o Rio Grande do Sul, o Brasil e o mundo.

Ao trazer o memorial para dentro de seu prédio na Rua da Praia, o Espaço Força e Luz — Energia Cultural recupera sua vocação literária e coloca-se à disposição do público para a tarefa constante de engrandecer a memória de Erico Verissimo que se confunde com a própria memória do povo gaúcho.

Museu de Comunicação Hipólito José da Costa

A digitalização de jornais literários publicados no Rio Grande do Sul na segunda metade do século XIX é parte importante do acesso à pesquisa. O Museu de Comunicação Hipólito José da Costa apresenta os seguintes acervos de periódicos literários digitalizados: *O Guaíba* (1856–1858), *O Diógenes* (1863–1864),

O Mosquito (1874), *O Lábaro* (1880–1881), *Revista Literária* (1881–1882) e *O Mecenas* (1894–1895).

O escritor é, antes de tudo, um ser social, historicamente marcado, mesmo se considerada sua individualidade, mesmo que clame apenas para si próprio o mérito da criação. Sua produção individual é, pois, uma marca desse pertencimento, desse constante movimento de aproximação e repúdio da tradição. Seu acervo é capaz de revelar todas suas potencialidades, já que, durante o processo de criação e sua vida literária, ele deixa muitas pegadas, muitas marcas, através de diversos e variados documentos.

Neste sentido, a tarefa do historiador na atualidade se amplia, ao mesmo tempo em que se complexifica. Por isso, os acervos podem ser um importante aliado na organização historiográfica de um autor e/ou de uma comunidade literária. José Luís Jobim é bastante enfático e crítico a respeito do papel do historiador:

> É claro que alguns historiadores e críticos sempre poderão alegar a impossibilidade de "descalçarem seus próprios sapatos", de "serem diferentes do que efetivamente são" — ou qualquer outra figuração de linguagem que justifique absterem-se de ir além dos limites de seu modo de conhecer. Explicariam, assim, a sua permanência no círculo das significações perigosamente comuns, que compõem a "tradição" deles. Contudo, estes historiadores e críticos poderão também vir a suspeitar que estes "sapatos" e esta "maneira de ser" não são os únicos possíveis. A suspeita talvez evite que, arrogantemente, tentem impor sua sombra às margens do vulto que projetam. Ou talvez implique eles se imaginarem os artífices da construção de seu próprio vulto, com uma reserva incalculável de sombra.[3]

É, pois, nesta dimensão de deslocamento do já conhecido que a organização e, consequentemente, os estudos em acervos podem

3. José Luís Jobim, *Palavras da crítica*: tendência e conceitos no estudo de literatura, p. 146.

contribuir, pois o historiador tem à sua disposição uma enorme variedade de documentos que podem contar não apenas uma, mas múltiplas histórias.

A promessa de uma história que dê conta da totalidade e que seja neutra já não é mais possível, até porque, "A história é objeto de uma construção cujo lugar não é o tempo homogêneo e vazio, mas um tempo saturado de 'agoras'"[4], como pondera Walter Benjamin. Nessa perspectiva, a história da literatura passa a ser vista como um ponto de convergência do material crítico e historiográfico produzido nas universidades e nos institutos de pesquisa. Os Acervos, organizados e depositados nas diversas instituições culturais e acadêmicas, podem contribuir para a manutenção da memória coletiva, bem como para a renovação e atualização dos parâmetros de compreensão estética e historiográfica da produção literária, através das descobertas em seus documentos.

Um acervo é, acima de tudo, um universo a ser explorado.

Referências

BENJAMIN, Walter. Sobre o conceito da História. In: BENJAMIN, Walter. *Magia e técnica, arte e política*. Trad. Sergio Paulo Rouanet. São Paulo: Brasiliense, 1985. p. 222-232. Obras escolhidas, v. I.

BORDINI, Maria da Glória. Manual de organização do Acervo Literário de Erico Verissimo. *Cadernos do Centro de Pesquisas Literárias da PUCRS*, Porto Alegre, v. 1, n. 1, jan. 1995.

DERRIDA, Jacques. *Mal de arquivo*: uma impressão freudiana. Trad. Cláudia de Moraes Rego. Rio de Janeiro: Relume Dumará, 2001.

JOBIM, José Luís. *Palavras da crítica*: tendência e conceitos no estudo de literatura. Rio de Janeiro: Imago, 1992.

4. Walter Benjamin, "Sobre o conceito da História", p. 229.

Gabriela Fernanda Cé Luft

5.15

As jornadas literárias de Passo Fundo

No Brasil, falar sobre leitura — mais especificamente sobre leitura literária — é tratar de um direito universal em um país extremamente desigual. Com o intuito de fazer da leitura e da literatura algo capaz de mobilizar círculos sociais amplos e diversificados, incorporando ao ato de ler um profundo sentido de transformação, seja individual, seja coletiva, surge, no início da década de 1980, a Jornada Literária de Passo Fundo, cujo tom festivo e informal, aliado a uma programação cultural diversificada e repleta de autores renomados da literatura brasileira e estrangeira, fez do evento uma das mais respeitadas iniciativas pela formação de leitores e pela promoção do livro e da literatura na América Latina.

A origem da Jornada, realizada bianualmente, está intimamente ligada à história da leitura no Brasil e a um processo de redemocratização política e de valorização da cultura como elemento fundamental à formação crítica e cidadã dos indivíduos e, de modo geral, da própria sociedade. A eclosão de publicações e eventos direcionados para a discussão de questões relativas à leitura, à literatura e ao seu ensino foram peças de um movimento mais amplo, que envolvia sobretudo pesquisadores da área de Letras, preocupados com os rumos da escola brasileira, com a qualidade do ensino e com a qualificação do professor. A partir do final da década de 1970, várias são as manifestações que passam a ocorrer em diferentes locais do território brasileiro:

> Desse movimento são sintomas iniciativas como a realização do 1º Congresso de Leitura (COLE), em Campinas, em 1978, do 1º Encontro de Professores Universitários de Literatura Infantil e Juvenil, no Rio de Janeiro, em 1980, e a primeira Jornada de Literatura Sul-Rio-Grandense, em 1981, em Passo Fundo, eventos que se mostraram frutíferos e duradouros [...].[1]

Com o lento encerramento do ciclo da ditadura militar, vivia-se a reprimida necessidade de abertura após uma década de perseguições e de violenta censura. O processo de redemocratização demandava a elaboração de estratégias para a reeducação de toda uma população que fora apassivada pelo autoritarismo. Em um momento histórico de desvalorização das humanidades e da supressão, nas próprias grades curriculares, das disciplinas não adequadas aos encaminhamentos tecnicistas do estado burocrático-autoritário, via-se na valorização da leitura literária uma possibilidade para a transformação dos sujeitos e da sociedade. Conforme Rettenmaier, "pelos livros, pelo pensamento e pela ação dos leitores, poderia ser mudado o país".[2]

Nesse sentido, a década de 1980 é, por excelência, o momento inicial de uma perspectiva que se centraliza na e pela leitura, enfatizada na experiência literária. Em 1980, Ezequiel Theodoro da Silva publica *O ato de ler*; em 1981, funda-se, em uma das edições do COLE, a Associação de Leitura do Brasil (ALB); em 1982, é publicado o clássico *Leitura em crise na escola: as alternativas do professor*, livro organizado por Regina Zilberman. É nesse contexto de efervescência em torno de questões relativas à leitura que ocorrem as primeiras Jornadas, não coincidentemente tendo como um de seus articuladores Josué Guimarães, então já considerado como um dos mais importantes escritores da literatura sul-rio-grandense

1. Regina Zilberman; Tania M. K. Rösing, *Escola e leitura*: velha crise, novas alternativas.
2. Miguel Rettenmaier, "A lusofonia e os autores nas Jornadas de Passo Fundo: circunstâncias, maçãs e tranças nagô", p. 51.

e que se encontrava, como integrante do governo deposto de João Goulart, entre os jornalistas mais perseguidos durante a repressão da década anterior. Conforme Rettenmaier,

> Como base, assim, erigiram-se duas noções que respaldavam, ao menos intuitivamente, todas as ações das Jornadas. Havia, claramente, uma demanda política, uma necessidade de revisão de todos os princípios e direitos confiscados pela ditadura militar no que diz respeito à expressão do pensamento e à manifestação artística. Existia o imperativo de que se discutissem temas necessários, antes suprimidos da agenda cultural e dos currículos escolares e universitários. A leitura, nesses termos, equivalia ao que depois se certificou pelos estudos acadêmicos: uma resposta ativa de sujeitos atuantes em uma sociedade em crise. As falas, ali, desde os primeiros momentos das Jornadas de Passo Fundo, passaram a ser vistas como verdadeiras posições contemporâneas, nascidas das necessidades e das demandas do contexto em que se vivia.[3]

Desde então, a Jornada Nacional de Literatura de Passo Fundo passou a atrair, a cada edição, um número maior de interessados. Ao longo dos anos, o evento firmou-se como um dos mais importantes incentivos à leitura no país, reunindo nomes consagrados e aproximando leitores e autores de todo o globo em debates e conversas sobre os mais diversos temas.

Com o princípio de que a leitura literária provoca uma experiência de alteridade singular, dada sua pluralidade de sentidos, e reforçando uma das máximas de Antonio Candido, que concebe a literatura como um dos direitos humanos, a Jornada, com a participação de escritores, estudantes, professores, editores, produtores culturais e dirigentes educacionais, reflete sobre a arte em todas as suas formas, das manifestas pela oralidade popular às engendradas pelas mídias eletrônicas.

3. *Ibid.*, p. 51.

Difícil para quem nunca participou do evento, contudo, ter uma ideia das dimensões que ele assumiu ao longo dos anos. O esforço de uma equipe interdisciplinar e interinstitucional, composta por um grupo de professores da Universidade de Passo Fundo (UPF), da Prefeitura Municipal da cidade e de monitores do Centro de Referência de Literatura e Multimeios, fez da Jornada Literária um evento reconhecido nos meios intelectuais de diferentes países.

Marcaram presença em Passo Fundo escritores de todo o mundo: representantes, entre outros, de Portugal, Espanha, França, Itália, Polônia, Noruega, Inglaterra, vários países da África, Cuba, Estados Unidos, Uruguai, Argentina. Levando-se em consideração também a Jornadinha e os demais eventos paralelos, o número de escritores que passou pelo evento superou 900. Com 750 pessoas em sua primeira edição, estima-se que, no somatório de quatro décadas, as Jornadas tenham envolvido cerca de 200 mil pessoas em suas atividades, constituídas por conferências, painéis, debates, *shows*, exposições, apresentações teatrais e musicais, além de outras atrações oferecidas à comunidade. A dimensão desse esforço pode ser visualizada nos números que resultam, por exemplo, da edição do evento ocorrida em agosto de 2013, com quase 37 mil envolvidos:

> O público adulto chegou a 6.219 participantes, entre professores, estudantes do ensino médio e público em geral; estiveram, na Jornadinha, 18.000 estudantes de ensino fundamental e, na Jor*Night*, 2.000 jovens adultos. A Jornada UPF, para acadêmicos da instituição, recebeu 3.600 universitários. Além desses inscritos, um público de 7.130 pessoas da comunidade, nos espaços públicos da cidade, participou do Festerê Literário.[4]

4. Miguel Rettenmaier; Tania M. K. Rösing, "Para ver e ler: a Jornada de Passo Fundo e a cultura contemporânea", p. 437.

Para abrigar essa quantidade de pessoas, foi preciso passar de ginásios para estruturas muito maiores. Com o tempo, os participantes passaram a ser acolhidos sob lonas, que criam a imagem de um grande circo cultural. A amplitude dessa movimentação cultural possivelmente seja a razão pela qual, em 2006, conforme pesquisa nacional realizada pelo Ibope, Passo Fundo tenha sido apontada como a cidade em que mais se lê no Brasil, com uma média de 6,5 livros por habitante ao ano. Os impactos positivos da Jornada sobre a formação de leitores e a modificação dos hábitos de leitura em Passo Fundo também levaram a cidade a consagrar-se como Capital Nacional e Estadual da Literatura.[5]

Os primeiros passos

O embrião daquilo que se tornaria uma das maiores movimentações culturais da América Latina foi semeado em abril de 1981, por meio de uma conversa informal entre a professora Tania Mariza Kuchenbecker Rösing — no período, coordenadora do curso de Letras da Universidade de Passo Fundo — e o consagrado jornalista e escritor sul-rio-grandense Josué Guimarães, em visita à cidade. À época, atividades de maior apelo e abrangência cultural ocorriam apenas na capital do estado, Porto Alegre, distante 300 km de Passo Fundo.

Insatisfeita com as práticas adotadas em sala de aula — tanto na escola básica, quanto na universidade —, geralmente rotineiras e pautadas por um currículo engessado e tradicional, Tania manifesta seu desejo: organizar um evento com a participação de escritores gaúchos, a partir do emprego de uma metodologia diferenciada, decorrente da leitura antecipada de suas obras. No

5. Por meio da Lei Federal n. 11.264, sancionada pelo então presidente Luís Inácio Lula da Silva em 2 de janeiro de 2006, Passo Fundo sagrou-se Capital Nacional da Literatura. A cidade também é Capital Estadual da Literatura, através da Lei n. 12.838, de 13 de novembro de 2007. Por meio da Lei n. 12.295, de 21 de junho de 2005, as Jornadas Literárias fazem parte do Patrimônio Histórico do Rio Grande do Sul.

entanto, lamenta a professora, dificilmente escritores como Moacyr Scliar, Cyro Martins, Mario Quintana e Carlos Nejar, por exemplo, aceitariam ir a Passo Fundo participar de um evento. Parte daí o convite desafiador proposto por Josué: "Organize esse tipo de jornada, desenvolvendo uma metodologia diferenciada, que eu convido os escritores e comprometo-os a vir a Passo Fundo".[6]

Assim, desse diálogo, que idealizava um encontro entre leitores e autores em um município do interior do estado — "em tempos de estradas precárias e em um momento no qual a própria cidade em nada se apresentava como um centro irradiador de cultura leitora"[7] —, surgiu também o diferencial das Jornadas: a promoção da leitura prévia das obras dos autores convidados, de forma que a presença dos escritores fosse o momento culminante de todo o processo de envolvimento dos leitores com os livros.

O entusiasmo de Josué Guimarães, que desde o início se mostrou favorável à iniciativa, levou Tania Rösing a procurar o apoio da Universidade de Passo Fundo para a organização do evento. A partir daí, conforme o acordado, passa-se a estimular a participação de professores em encontros e reuniões de estudos das obras dos autores que viriam à cidade. No primeiro semestre de 1981, realizam-se seminários com a presença de aproximadamente 250 professores. Instala-se, assim, um dos grandes diferenciais da movimentação cultural, a Pré-Jornada, com o intuito de aproximar o público participante dos escritores convidados antes mesmo da realização do evento.

A metodologia desta movimentação preparatória é simples: os autores convidados indicam uma série de obras, que são lidas e discutidas antecipadamente pelo público, fazendo com que este se familiarize com os temas a serem debatidos durante o evento. A estratégia proporciona mais qualidade aos debates, com discussões

6. Tania M. K. Rösing, "Promoção da leitura e movimentações culturais: as Jornadas Literárias de Passo Fundo", p. 214.

7. Rettenmaier, *op. cit.*, p. 50.

mais aprofundadas, o que motiva ainda mais os principais atores do evento — escritores e leitores —, e pressupõe distintas etapas[8] :

> [...] divulgação de obras literárias selecionadas, estímulo à leitura individual destas, desafio ao cotejo de impressões de leitura entre sujeitos integrantes de grupos heterogêneos, organização de seminários para apreciação da obra selecionada como um todo, produção de textos-síntese das principais ideias levantadas nos debates, envio desses textos à Comissão Organizadora da Pré-Jornada.[9]

Em agosto de 1981, a 1ª Jornada de Literatura Sul-Rio-Grandense contou com a participação de cerca de 750 inscritos. Entre os escritores convidados estavam Armindo Trevisan, Antônio Carlos Resende, Cyro Martins, Carlos Nejar, Josué Guimarães, Moacyr Scliar, Sérgio Capparelli e Deonísio da Silva, além do poeta Mario Quintana, o homenageado especial.

O público, composto principalmente por estudantes e professores universitários, mostrou-se empolgado com a possibilidade de dialogar com os escritores. O próprio Josué, em 1983, ao avaliar a 1ª Jornada Nacional de Literatura, que se associava à segunda edição da Jornada Sul-Rio-Grandense, apontava o envolvimento efetivo da plateia quanto à sua experiência com as obras:

> Então, eu acho que uma das coisas que a gente pode dizer, assim, fundamentais para um encontro desses é que os livros são indicados para vocês. Vocês sabem os autores que vêm. Então, vocês leram esses autores. Algumas perguntas bem pertinentes, sobre a obra do autor, foram feitas e foram respondidas. Mas eu tenho a impressão, e

---

8. Durante o período de organização da 11ª Jornada, em 2005, houve a implementação da Pré-Jornada *on-line*, a partir da participação de alunos de Letras da UPF em fórum eletrônico criado especificamente para este fim, devidamente mediado por professores do curso. A experiência consolida-se em 2007: a partir de então, os participantes da Pré-Jornada puderam passar a optar entre desenvolver as ações de modo presencial, em um grupo de discussão das obras selecionadas, ou eleger o fórum eletrônico, agora não mais restrito a alunos do curso de Letras da UPF.

9. Rösing, *op. cit.*, p. 215.

> pode ser que eu esteja errado, de que o ponto alto desta Jornada está justamente na oportunidade que vocês têm em conhecer os escritores. Vejam vocês que o lado humano, o lado humano, vocês ficaram conhecendo agora, que os escritores não são aquelas pessoas sisudas, muito sérias, não são até aqueles muito cultos que vocês pensavam que fossem. E nós somos muito iguais. Nós somos muito parecidos. A única diferença que há, por exemplo, entre mim e vocês é a questão de idade. Só. Mais nada. Então eu acho que valeu por todo esse contato humano, pela possibilidade de a gente conversar, de se encontrar, por tanta entrevista que se deu, tanta coisa que se disse. Esse contato humano entre vocês e nós eu acho muito bom. Vocês vão ler os livros de todos nós assim, com mais intimidade, com mais conhecimento de causa, sabendo quem escreveu, conhecendo melhor as pessoas.[10]

Participar de um evento cuja principal preocupação era a discussão e a divulgação de obras foi uma experiência inédita para todos. Estava estabelecido, a partir desse momento, um dos princípios da Jornada de Literatura de Passo Fundo, em sua missão de promover a formação de leitores: o compromisso de se realizar a leitura prévia das obras dos autores convidados.

As edições e seus protagonistas

Com o sucesso atingido pela 1ª Jornada de Literatura Sul-Rio-Grandense, Josué Guimarães sugeriu que o evento ganhasse abrangência nacional e fosse realizado a cada dois anos. O autor engajou-se pessoalmente em trazer escritores do eixo Rio-São Paulo a Passo Fundo. Assim, em 1983, ocorreu a 1ª Jornada Nacional de Literatura, com a participação de escritores como Antonio Callado, Fernando Sabino, Luis Fernando Verissimo, Luiz Antonio de Assis Brasil, Lya Luft, Millôr Fernandes, Orígenes Lessa e Otto

10. Josué Guimarães, "Avaliação crítica da Jornada", p. 149.

Lara Resende, dentre outros. O público chegou a 1.100 pessoas. Com Josué, criou-se a figura de coordenador dos debates.[11]

Em 1985, a 2ª Jornada Nacional de Literatura teve entre seus convidados autores como Affonso Romano de Sant'Anna, Caio Fernando Abreu, Celso Pedro Luft, Ignácio de Loyola Brandão, Ivo Bender, Joel Rufino dos Santos, Marina Colasanti, Nélida Piñon, Ruth Rocha, Tabajara Ruas e Ziraldo.

Na 3ª Jornada, realizada em 1988, mais de 2.500 pessoas debateram com Adélia Prado, Aldyr Garcia Schlee, Ana Maria Machado, Bartolomeu Campos de Queirós, Charles Kiefer, Eric Nepomuceno, Magda Becker Soares, Marcelo Rubens Paiva, Marcos Rey e Silviano Santiago, entre outros convidados. A partir dessa edição, passaram a ocorrer, no turno da manhã, cursos destinados aos inscritos no evento, com o intuito de aprofundar temas específicos e mais especializados de interesse dos participantes.[12] Nesse ano também foi realizada a primeira edição do Concurso Nacional de Contos Josué Guimarães.

A partir da edição de 1991, a Prefeitura Municipal de Passo Fundo passou a ser copromotora do evento, ao lado da Universidade de Passo Fundo. A 4ª Jornada teve a participação de Alice Ruiz, Angeli, Antônio Torres, Claudio Willer, João Antônio, Paulo Caruso e o argentino Mempo Giardinelli, entre outros. Cerca de 3.000 pessoas lotaram o ginásio de esportes da Associação Atlética Banco do Brasil (AABB). A partir daí, a Jornada, além de conferências e cursos, passou a agregar uma série de outras

---

11. Em 1986, após a morte de Josué, esse papel foi assumido por Eric Nepomuceno, Deonísio da Silva e Ignácio de Loyola Brandão. Posteriormente, com a saída de Nepomuceno, Deonísio e Loyola passaram a dividir o posto com Júlio Diniz. Com a saída de Deonísio, entra em cena o romancista e dramaturgo Alcione Araújo, que passa a coordenar os debates com Loyola e Diniz. Em 2011, com a saída de Diniz, assume um dos postos a jornalista e escritora Luciana Savaget. Com o falecimento de Alcione em 2012, a edição de 2013 contou com Loyola e Luciana coordenando os debates. Em 2017, Alice Ruiz, Augusto Massi e Felipe Pena foram os coordenadores.

12. De 1988 a 2013, realizaram-se aproximadamente 200 cursos, ministrados por pesquisadores, escritores e artistas, renomados nacional e internacionalmente.

atividades, como apresentações musicais e teatrais, mostras de artes plásticas e exposições.

Em 1993, a 5ª Jornada trouxe a Passo Fundo personalidades como o português José Cardoso Pires, o uruguaio Eduardo Galeano, Lygia Bojunga, João Ubaldo Ribeiro, José Louzeiro e Sérgio Sant'Anna, dentre outros, que se dividiram nas oito mesas-redondas programadas para o evento, que também ocorreram no ginásio de esportes da AABB. Conforme Rettenmaier,

> A Jornada, naquele ano, em 1993, ainda não tinha a dimensão que hoje tem, embora já atingisse um público de aproximadamente 3 mil pessoas, uma multidão até então incomum para eventos que pretendiam formar leitores e promover a literatura. Nesse ano, contudo, a Jornada, já consolidada no calendário cultural do Rio Grande do Sul, tinha em si um novo termo de relevância: a presença de José Cardoso Pires. Pela primeira vez, nas Jornadas, um escritor português e, em especial, com a dimensão de Cardoso Pires, falaria sobre a identidade e a escrita literária.[13]

Em sua 6ª edição, ocorrida em 1995, a primeira realizada sob a lona do Circo de Cultura, em local situado em frente à prefeitura, compuseram as oito mesas-redondas autores como Arnaldo Antunes, Bernardo Carvalho, Décio Freitas, Décio Pignatari, José Castello e Ruy Castro.

Em 1997, na 7ª Jornada, já sob a lona do Circo da Cultura, para uma audiência de aproximadamente 5 mil pessoas, o moçambicano Mia Couto fez sua primeira participação em Passo Fundo. O evento também reuniu nomes como os de Ana Miranda, Ângela Lago, Antonio Skármeta, Carlos Heitor Cony, Edla Van Steen, Luís Augusto Fischer e Sábato Magaldi. No dia do encerramento do evento, foi anunciada, através de Lei Municipal, a criação do Prêmio Passo Fundo Zaffari & Bourbon

13. Rettenmaier, *op. cit.*, p. 52.

de Literatura, no valor de R$ 100 mil, a ser entregue na edição seguinte da Jornada e concedido ao melhor romance escrito em língua portuguesa publicado entre 1997 e 1999.[14]

A partir de 1999, as Jornadas alteram a forma de discussão das temáticas. Antes, eram abertos diversos temas para debate, em várias mesas-redondas. Na 8ª Jornada Nacional de Literatura, é proposto apenas um único tema, desdobrado em subtemas relacionados. Em relação às etapas previstas para a organização da programação do evento, descreve Tania:

> A comissão organizadora seleciona o tema a ser discutido na Jornada, bem como os subtemas das conferências. A partir dessa primeira etapa, levanta nomes que possam aprofundar os subtemas no interior do tema principal. Outros autores, a partir desse mesmo tema, são sugeridos pelos coordenadores dos debates e contatados por eles. Paralelamente, são desenvolvidas parcerias com editoras e com instituições de diferentes naturezas que viabilizam a vinda dos autores selecionados. Propostas são discutidas pela comissão organizadora, e decisões compartilhadas.[15]

Para a edição, o tema escolhido foi "Censura e exclusão: perspectivas na literatura e em outras linguagens", claramente associado às referências políticas que, no início da década de 1980, mobilizaram a ideia do evento. Contudo, um elemento novo era acrescentado às discussões: a multiplicidade de códigos e suportes de leitura, em uma associação entre a literatura e as demais manifestações artísticas, todas alvo de repressão nos anos

14. O valor da premiação passou, em 2011, de R$ 100 mil para R$ 150 mil. Da 8ª Jornada, realizada em 1999, até a 15ª edição do evento, em 2013, foram premiados os seguintes autores: em 1999, Sinval Medina, pelo romance *Tratado da altura das estrelas*; em 2001, Salim Miguel, pelo romance *Nur na escuridão*, e Antônio Torres, pelo romance *Meu querido canibal*; em 2003, Plínio Cabral, pelo romance *O riso da agonia*; em 2005, Chico Buarque, pelo romance *Budapeste*; em 2007, Mia Couto, pelo romance *O outro pé da sereia*; em 2009, Cristovão Tezza, pelo romance *O filho eterno*; em 2011, João Almino, pelo romance *Cidade livre*; em 2013, Ana Maria Machado, pelo romance *Infâmia*.

15. Rösing, *op. cit.*, p. 217-218.

da ditadura. Entre os escritores participantes, Augusto Boal, Roberto Drummond e Zuenir Ventura, além de Hélder Macedo, José Eduardo Agualusa e Pepetela, com os quais se ampliava a participação de autores de outros países de expressão portuguesa.

A 9ª Jornada teve como temática de debates "2001: uma Jornada na galáxia de Gutenberg", em clara alusão a dois elementos: um novo sujeito, um leitor que crescia em uma nova circunstância social, cultural e informacional, e um novo suporte de leitura, o *e-book*, ainda em seus primeiros passos, e que se consolidaria uma década depois nos *e-readers* e, principalmente, nos *smartphones*, *tablets* e outros *gadgets*. A proposta foi abordada por convidados como Alberto Manguel, Emir Sader, Frei Betto e Fernando Morais. Inscreveram-se nos debates 4 mil pessoas.

Desdobramento das Jornadas, em 2001 deu-se a criação da 1ª Jornadinha Nacional de Literatura, atendendo aos interesses e às necessidades específicas de alunos dos ensinos fundamental e médio. Participaram do evento cerca de 12 mil crianças e adolescentes. Entre os convidados, Fabrício Carpinejar, Carlos Urbim, Júlio Emílio Braz, Ruth Rocha e Ziraldo.

"Vozes do terceiro milênio: a arte da inclusão" foi o eixo dos debates da 10ª Jornada, em 2003, e incitava a discussão de temas que conectassem as inovações técnicas à inclusão e à diversidade cultural. Adriana Falcão, Drauzio Varella, a escritora portuguesa Inês Pedrosa, Jorge Furtado, Marcelino Freire e o historiador francês Roger Chartier estiveram entre os escritores convidados. O pensador francês Edgar Morin recebeu o título de Professor *Honoris Causa* da Universidade de Passo Fundo. A 2ª edição da Jornadinha recebeu, entre outros autores, Eva Furnari, Mauricio de Sousa, Ricardo Azevedo e Rogério Andrade Barbosa.

Em 2005, a 11ª Jornada abordou o tema "Diversidade cultural: o diálogo das diferenças". Marcaram presença nomes como o filósofo francês Gilles Lipovetsky, o escritor norueguês Jostein Gaarder, Leonardo Boff e Luiz Vilela. O escritor e dramaturgo paraibano Ariano Suassuna recebeu o título de Doutor Honoris Causa da Universidade de Passo Fundo. Na 3ª Jornadinha, estiveram presentes Ana Maria Machado, Antonio Prata, Daniel Munduruku e Elias José, entre outros.

A 12ª Jornada foi realizada em 2007 e teve como tema "Leitura da arte & arte da leitura", com o intuito de aliar a pluralidade de sentidos relativos ao ato de ler a arte, nos diferentes códigos e nas distintas linguagens, com a expressão do leitor, sujeito encarregado de recontextualizar e ressignificar o objeto artístico a partir de seu olhar e de sua identidade. Estiveram presentes o historiador e antropólogo italiano Carlo Ginzburg, o poeta e dramaturgo cubano Reinaldo Montero, o romancista polonês Miroslaw Bujko e os brasileiros Elisa Lucinda, Luiz Ruffato, Milton Hatoum e Nelson Motta, entre outros. O empresário e bibliófilo José Mindlin foi agraciado com o título de Doutor *Honoris Causa* da Universidade de Passo Fundo. Na 4ª Jornadinha, André Neves, Domingos Pellegrini e Leo Cunha foram alguns dos autores convidados.

Na 13ª Jornada, realizada em 2009, o tema "Arte e tecnologia: novas interfaces" foi representado por um livro-robô com as características de um *transformer*, criado pelo artista porto-alegrense Abnel Lima Filho. Entre os presentes, o pesquisador holandês Wim Veen, o cineasta mexicano Guillermo Arriaga, o escritor italiano Carlo Frabetti e os autores brasileiros Fernando Bonassi, Guilherme Fiuza, Lúcia Santaella e Tom Zé. Na 5ª Jornadinha, Fernando Vilela, Pedro Bandeira e Ricardo Silvestrin, entre outros.

Na 14ª Jornada, em 2011, o tema "Leitura entre nós: rede, linguagens e mídias" relacionava a palavra "nós" a duas acepções: a um histórico de três décadas de trabalho, em Passo Fundo, voltado à promoção da leitura e à formação de leitores, e a um mundo conectado nos múltiplos nós de uma rede global e infinita. Entre os presentes, o pesquisador britânico Peter Hunt, o filósofo francês Pierre Lévy, o escritor português Gonçalo M. Tavares e as autoras brasileiras Eliane Brum, Marcia Tiburi e Tatiana Salem Levy. Durante os debates no Circo da Cultura, os telões mostravam, a todo instante, caricaturas criadas ao vivo por Paulo Caruso, revelando o olhar do artista sobre os participantes e as temáticas abordadas. Na já tradicional Jornadinha, que chegava à sua 6ª edição, entre os vinte e cinco autores presentes, nomes como os de Gustavo Bernardo, Rodrigo Lacerda e Roseana Murray.

Em 2013, a partir do tema "Leituras jovens do mundo", elegeu-se o jovem como centro da temática, sujeito ativo, contestador e incorporado ao mundo digital, capaz de ler livros e telas, mas também fortemente envolvido pelo mercado, pelas modas e tendências. Entre os presentes, o escritor mexicano Alejandro Reyes, o pesquisador espanhol César Coll e os brasileiros Diana Corso, Emicida, José Castello e Mirian Goldenberg. Na 7ª Jornadinha, entre os 16 autores convidados que debateram com crianças e adolescentes, Eduardo Spohr, Ivan Jaf e Mirna Pinsky.

Em maio de 2015, a Universidade de Passo Fundo anunciou o cancelamento da edição que ocorreria naquele ano, dada a conjuntura econômica nacional, que impunha um cenário de contenção e exigia restrições de investimentos em atividades dos mais diferentes gêneros. A organização do evento, a partir de então sob a coordenação dos professores Fabiane Verardi e Miguel Rettenmaier, divulgou que, a partir da edição seguinte, o evento assumiria outro formato, prevendo a "jornadização" da cidade de Passo Fundo, com o intuito de maior ocupação dos espaços culturais e do estabelecimento de maior aproximação com gestores da educação.

E, de fato, durante os quatro dias da 16ª Jornada, realizada em outubro de 2017, além dos seminários, conferências, espetáculos, oficinas, exposições e apresentações artísticas, ocorreram na cidade ações transversais que ampliaram quantitativamente os espaços de encontro, como "Rotas leitoras", "Livros na mesa: leituras boêmias" e "Caminho das artes". Sem tema único, a edição do evento discutiu a literatura e sua relação com diferentes linguagens. Entre os presentes, os autores Conceição Evaristo, Julián Fuks, Michel Laub e o argentino Federico Andahazi. Na 8ª Jornadinha, Roger Mello, Heloisa Prieto e o angolano Ondjaki, entre outros.

Além da Jornada, da Jornadinha e dos cursos, com o decorrer das edições encontros e seminários foram se agregando ao evento. Na edição de 2005, por exemplo, houve a realização do primeiro encontro fora da sede, no Rio de Janeiro, da Academia Brasileira de Letras, que veio a Passo Fundo para debater o tema "Reinventando os clássicos"; em 2007, o 1º Encontro Estadual de Escritores Gaúchos, sob a coordenação do professor Luís Augusto Fischer; em 2009, o 1º Seminário Internacional de Contadores de Histórias; em 2011, o 1º Simpósio Internacional de Literatura Infantil e Juvenil; em 2013, o 1º Encontro Internacional de Bibliotecários e Mediadores de Leitura; para jovens e para acadêmicos da UPF, a Jor*Night* e a Jornada UPF, respectivamente.

Somam-se a isso a Pré-Jornada, a Pré-Jornadinha, o Festerê Literário, as exposições de arte, os *shows* musicais, os espetáculos teatrais, as sessões de autógrafos, os lançamentos de livros, as sessões do Café Literário, todas ações como culminância bienal de uma movimentação cultural que sintoniza educação, cultura e tecnologia. Não é de se estranhar, assim, o aumento exponencial do público: se, em 1981, foram 750 os participantes, em edições como as de 2011 e 2013, por exemplo, foram mais de 35 mil os envolvidos na movimentação. Em mais de quatro décadas de intenso trabalho pela formação de leitores, são mais de 200 mil pessoas atingidas.[16]

Para outubro de 2019, havia a previsão de um evento que tratasse de temas como futuro, liberdade e diversidade, com o intuito de "discutir os retrocessos que se visualizavam em relação

16. Para mais dados sobre cada edição, veja o Portal das Jornadas Literárias. Disponível em: www.jornadasliterarias.upf.br. Acesso em: 3 out. 2024.

ao futuro da sociedade".[17] Contudo, dificuldades de captação de recursos financeiros motivaram o adiamento da 17ª Jornada e da 9ª Jornadinha para março de 2020, quando teve início a pandemia de Covid-19, crise sanitária e humanitária de proporções devastadoras, agravada, no Brasil, pelo negacionismo e pela desinformação.

Assim, em 2021, quando completava quatro décadas, sem qualquer possibilidade de encontros presenciais, foi pensada não uma nova edição da Jornada e da Jornadinha, mas uma ação de outra natureza. Optou-se, então, pela realização, no mês de outubro, de um evento remoto sobre as Jornadas Literárias, intitulado "Jornadas 40 anos: distâncias transversais, histórias relidas", transmitido pelo YouTube e aberto ao público de forma livre e gratuita. As *lives* realizadas contaram com a participação de autores como Pedro Bandeira, Marina Colasanti, Elisa Lucinda e Ferréz.

Balanço e desdobramentos

Desde o seu início, em 1981, ainda em âmbito regional, as Jornadas propõem-se a ser o espaço do debate, do contato direto entre os autores e o público, do intercâmbio de opiniões sobre vivências literárias comuns. O espírito fundamental é, justamente, o de propiciar a adesão à obra literária, por meio de atividades em que os escritores e seus leitores possam intensificar o intercâmbio de experiências, ampliar o sentido da leitura como prática social e estar frente a frente. Nepomuceno traduz o sentimento despertado por essa troca: "Você vê rostos numa plateia imensa, e esses rostos perguntam coisas, tentam saber o que muitas vezes o próprio escritor desconhece".[18]

Em todas as suas edições ocorridas até então, a Jornada manteve o mesmo propósito que deu origem à criação do evento:

17. Miguel Rettenmaier; Fabiane Verardi, "Jornadas Literárias de Passo Fundo: tempos de crise e resistência", p. 146.

18. Eric Nepomuceno, "Com a palavra...", p. 35-45.

a formação de um leitor que priorize o texto literário, mas que também possa se constituir em um intérprete das linguagens veiculadas em diferentes suportes e peculiares a manifestações culturais como o teatro, o cinema, a dança, a pintura, a fotografia, a escultura e a arte circense. Daí que, com o passar das edições, a estrutura foi se renovando, incorporando à programação uma série de outras atividades, sempre com a proposta de aproximar os autores do público e de formar leitores. A preocupação de envolver no evento atividades artístico-culturais e conscientizar os leitores acerca de uma concepção de leitura mais ampla "[...] confere um caráter diferenciado e festivo ao evento desde a sua criação, em que o clima é de celebração do livro, da leitura, do autor, do leitor, das manifestações de outras linguagens artísticas sem o rigor e os protocolos da academia".[19] A Jornada não recusou os progressos que envolvem o desenvolvimento e a criação de diferentes mídias, que, justapostas a outras manifestações artísticas, ganham uma elaboração estética renovada:

> Estava em jogo a necessidade de dialogar com a cultura, e isso queria dizer dialogar tanto com a mais importante produção literária contemporânea, quanto com as mais diversas formas de expressão artística, com os mais diversos gêneros, com as mais diversas mídias. A leitura, assim, ampliava-se a uma concepção plural, e isso implicava, no conceito, romper com qualquer totalitarismo e com qualquer delimitação imposta. Tal encaminhamento levou, no projeto das Jornadas Literárias, à evolução de todo um sentido e de toda uma semântica vinculados à ideia de diversidade, ligada à multiplicidade de mídias, de meios e de suportes. Se a literatura era o centro, ela se compunha e recompunha pelo contato com as outras artes. A literatura e a leitura, em Passo Fundo, eram elementos que transitavam pela cultura, em suas variadas

19. Rösing, *op. cit.*, p. 213.

> tendências, e pelas inovações técnicas e estéticas, em suas variadas propostas.[20]

O evento atinge tanto crianças interagindo com seus primeiros livros, quanto leitores que já trilham seus próprios caminhos no universo literário. Trata-se de um público heterogêneo, proveniente de todas as regiões do Brasil. Contudo, a preocupação com a preparação do leitor faz com que as obras dos autores convidados sejam não apenas divulgadas, mas principalmente lidas pelos participantes do evento, via Pré-Jornada e Pré-Jornadinha. Além disso, movimentam-se ininterruptamente escolas, bibliotecas e outras instituições, em um processo que, direta ou indiretamente, acaba por envolver toda a comunidade. Conforme Rösing,

> As bibliotecas passam a ampliar seus acervos, as secretarias municipais de Educação e de Cultura da cidade e da região intensificam suas ações especialmente na realização de mostras culturais e de feiras do livro com a presença de muitos autores. O texto literário passa a fazer parte dos acervos.[21]

A Jornada constitui-se, então, como o ápice de todas essas ações, o momento mais atraente e produtivo de uma movimentação cultural permanente voltada à formação de leitores, o que a difere de outros eventos e festas literárias, geralmente associados às demandas editoriais e à venda de livros. Nas palavras de Rösing, "a venda do livro enquanto negócio que promove apenas lucro é preocupação posterior à formação do leitor".[22]

Isso explica, talvez, um dos efeitos mais emocionantes que se pode perceber ao longo das sucessivas edições das Jornadas: autor e leitor tornam-se velhos conhecidos. Desde 1981, verifica-se, no discurso dos participantes, manifestações como "Vocês já terminaram a leitura do Mia Couto?", "Quem já leu a Lygia?",

20. Rettenmaier; Rösing, *op. cit.*, p. 438-439.
21. Rösing, *op. cit.*, p. 220.
22. *Ibid.*, p. 213.

"E o Scliar?", "Quem leu o último do Milton Hatoum?", "O Loyola vem à Jornada?", "Adorei a Colasanti!", "Eu li tudo do Verissimo!". E, se o público se encanta com os autores, estes se estimulam com o diálogo estabelecido com seus leitores:

> Muita gente se pergunta se este tipo de evento é estímulo para a leitura, se o contato é um estímulo para o leitor procurar mais livros, mais histórias. Creio que sim. Mas é, também, um estímulo para o escritor. Todos os meus colegas de ofício que passaram pelas Jornadas tiveram a mesma reação de espanto diante da plateia: é muita gente. Todos, ou quase, saíram de Passo Fundo levando na bagagem esta sensação cálida de terem podido ver o destino dos seus livros. Porque, afinal, a gente escreve justamente para isso: para tentar um diálogo, para lançar uma mensagem de náufrago, para tentar combater a solidão.[23]

Por não se limitar à periodicidade de um evento bienal, há a sistematização de outras iniciativas. Como desdobramentos da Jornada, entre 1984 e 1987 a UPF participou ativamente do Programa Salas de Leitura, instituído pelo Ministério da Educação, oportunidade por meio da qual foram implantadas na região 1.127 salas de leitura. Paralelamente, o Projeto Encontro Marcado (IBM-Brasil) levou a Passo Fundo, para conferências, renomados escritores. A sala de leitura do Instituto de Filosofia e Ciências Humanas da UPF foi transformada, em 1997, no Centro de Referência de Literatura e Multimeios, afetivamente conhecido como "Mundo da Leitura". Em 2006, foi criado o "Programa Livro do Mês", que trouxe mensalmente autores à Universidade de Passo Fundo, para debater não apenas com estudantes universitários, mas também com alunos de escolas públicas municipais e estaduais. Além dos títulos recebidos, o reconhecimento dos poderes públicos proporcionou à cidade espaços especiais dedicados à leitura. Como saldo, o aumento

23. Nepomuceno, *op. cit.*, p. 35.

quantitativo e qualitativo do público leitor. Passo Fundo e região contam, hoje, com mais leitores, com horizontes mais amplos, que conhecem mais autores e exploram mais intensamente suas leituras. Deonísio da Silva assim sintetiza alguns dos motivos que justificam o êxito do evento:

> Em primeiro lugar, o exemplo de que é possível realizar eventos memoráveis em condições das mais adversas, desde que haja parcerias apropriadas para persuadir empresas privadas e poderes públicos de que todos têm a ganhar com a programação, com destaque especial para o indispensável apoio dos circuitos escolares, sem o qual as Jornadas não teriam a grandeza que têm. [...] Em segundo lugar, exatas dosagens de temas e palestrantes, que sensibilizem aquelas imensas plateias [...]. Em terceiro lugar, a participação do público leitor [...].[24]

São mais de quatro décadas de dedicação à formação de leitores, de contatos com editoras e com escritores, de diálogo com escritores brasileiros e estrangeiros, de desenvolvimento de uma metodologia de preparação do diálogo entre o público participante e os escritores e artistas convidados, de abordagem da literatura, da cultura, da arte, em ambiente simples e alegre, de crença na transformação pela leitura, de trabalho persistente, focado no aprimoramento do outro.

Em um país como o Brasil, no entanto, o trabalho com e pela literatura não é tarefa de fácil execução. Inserir o livro, a leitura e a literatura em posição de igualdade frente a produtos tradicionalmente dotados de maior prestígio e aceitação social exige persistência. A educação literária e a formação de leitores são um processo lento e, ao mesmo tempo, ações políticas por necessidade e de resistência por essência. Que a Jornada, a despeito das extremas dificuldades vivenciadas a partir de 2015[25],

24. Deonísio da Silva, "Com a palavra...", *op. cit.*, p. 31-33.

25. Rettenmaier; Verardi, *op. cit.*, p. 140.

possa continuar sua caminhada na persecução de consolidar a literatura como um bem a que todos têm direito.

Referências

CANDIDO, Antonio. O direito à literatura. *In*: CANDIDO, Antonio. *Vários escritos*. Rio de Janeiro: Ouro sobre Azul, 2004. p. 169-191.

GUIMARÃES, Josué. Avaliação crítica da Jornada. *In*: RÖSING, Tania M. K.; AGUIAR, Vera Teixeira de (Org.). *Jornadas Literárias*: o prazer do diálogo entre autores e leitores. Passo Fundo: Ed. da UPF, 1991, p. 147-156.

NEPOMUCENO, Eric. Com a palavra.... *In*: HILGERT, José Gaston; RÖSING, Tania M. K.; GRAEFF, Telisa Furlanetto (Org.). *Anais da V Jornada Nacional de Literatura*. Passo Fundo: UPF; Prefeitura Municipal de Passo Fundo, 1993, p. 27-35.

RETTENMAIER, Miguel. A lusofonia e os autores nas Jornadas de Passo Fundo: circunstâncias, maçãs e tranças nagô. *Letras*, Santa Maria, v. 22, n. 45, p. 49-63, jul./dez. 2012.

RETTENMAIER, Miguel; RÖSING, Tania M. K. Para ver e ler: a Jornada de Passo Fundo e a cultura contemporânea. *Letras & Letras*, v. 31, n. 1, p. 436-454, jan./jun. 2015.

RETTENMAIER, Miguel; VERARDI, Fabiane. Jornadas Literárias de Passo Fundo: tempos de crise e de resistência. *In*: RETTENMAIER, Miguel; VERARDI, Fabiane (Org.). *Leitura literária*: conceitos, mediações e experiências. Passo Fundo: Ed. da UPF, 2023. p. 139-163.

RÖSING, Tania M. K. Promoção da leitura e movimentações culturais: as Jornadas Literárias de Passo Fundo. *In*: ZILBERMAN, Regina; RÖSING, Tania M. K. (Org.). *Escola e leitura*: velha crise, novas alternativas. São Paulo: Global, 2009.

SILVA, Deonísio da. Com a palavra.... *In*: HILGERT, José Gaston; RÖSING, Tania M. K.; GRAEFF, Telisa Furlanetto (Org.). *Anais da V Jornada Nacional de Literatura*. Passo Fundo: Ed. da UPF; Prefeitura Municipal de Passo Fundo, 1993. p. 27-35.

ZILBERMAN, Regina; RÖSING, Tania M. K (Org.). *Escola e leitura*: velha crise, novas alternativas. São Paulo: Global, 2009.

Autores do volume

Carlo Pianta

Bacharel em Composição Musical, mestre e doutor em Letras pela Universidade Federal do Rio Grande do Sul (UFRGS). Músico. Lecionou no Centro Universitário Metodista — IPA, em Porto Alegre, no curso de Licenciatura em Música.

Carlos André Moreira

Graduado em Comunicação Social; mestre em Literatura Portuguesa pela Universidade Federal do Rio Grande do Sul (UFRGS). Jornalista, tradutor e escritor. Atua desde 2002 como crítico literário e repórter cultural. É autor do romance *Tudo o que fizemos* (2009) e teve contos publicados nas coletâneas *Fake fiction* (2020), *O que resta das coisas* (2018), *Tu Frankenstein II* (2015), entre outras. Atualmente, mantém o projeto "Admirável Mundo Livro", com um canal de vídeos e um *blog*. É também colunista da plataforma *on-line* Sler.

Daniel Fraga de Castro

Graduado em Direito pela Pontifícia Universidade Católica do Rio Grande do Sul (PUCRS); graduado em Artes Cênicas pela Universidade Federal do Rio Grande do Sul (UFRGS); mestre e doutor em Letras pela PUCRS. Tem experiência na área de Artes, com ênfase em Teatro, atuando principalmente nos seguintes temas: angústia da influência, desleitura cênica, direção teatral, teoria do imaginário e teoria da performance.

Diego Grando

Graduado em Letras pela Universidade Federal do Rio Grande do Sul (UFRGS); mestre em Letras pela Pontifícia Universidade Católica do Rio Grande do Sul (PUCRS); doutor em Letras pela UFRGS. Fez estágio de pós-doutorado como bolsista do Programa Nacional de Pós-Doutorado (PNPD/Capes) junto ao Programa de Pós-Graduação em Letras da PUCRS, onde atuou também como professor colaborador na área de concentração em Escrita Criativa. Professor, poeta e tradutor. Foi Leitor Guimarães Rosa (Instituto Guimarães Rosa — Roma/MRE) na Università degli Studi "G. d'Annunzio", em Pescara, Itália. Como poeta, é autor de *Spoilers* (2017), *Sétima singular* (2012), *25 Rua do Templo* (2010) e *Desencantado carrossel* (2008).

Eunice Terezinha Piazza Gai

Professora aposentada da Universidade Federal de Santa Maria (UFSM), onde atuou na graduação e na pós-graduação. Foi professora na graduação e pós-graduação em Letras da Universidade de Santa Cruz do Sul (UNISC). Graduada em Letras pela Faculdade Porto-Alegrense de Educação, Ciências e Letras (FAPA); mestre em Letras pela Universidade Federal do Rio Grande do Sul (UFRGS); doutora em Letras pela Pontifícia Universidade Católica do Rio Grande do Sul (PUCRS).

Fábio Augusto Steyer

Professor no Departamento de Estudos da Linguagem da Universidade Estadual de Ponta Grossa (UEPG), Paraná, atuando na graduação em Letras e na pós-graduação em Estudos da Linguagem. Graduado em Letras/Português, História e Comunicação Social/Jornalismo pela Pontifícia Universidade Católica do Rio Grande do Sul (PUCRS), e Gastronomia (Unicesumar); especialista em

Cinema pela PUCRS; mestre em História pela PUCRS; doutor em Letras/Literatura pela Universidade Federal do Rio Grande do Sul (UFRGS). Entre suas publicações, estão *Cinema, imprensa e sociedade em Porto Alegre* (1896–1930) (2001) e *Literatura e história: estudos sobre a formação do Brasil* (2015).

Gabriela Fernanda Cé Luft

Professora de Língua Portuguesa e Literatura Brasileira no Instituto Federal de Educação, Ciência e Tecnologia do Rio Grande do Sul (IFRS, *campus* Porto Alegre). Licenciada em Letras pela Universidade de Passo Fundo (UPF); mestre e doutora em Letras pela Universidade Federal do Rio Grande do Sul (UFRGS).

Guto Leite (Carlos Augusto Bonifácio Leite)

Professor do Instituto de Letras da Universidade Federal do Rio Grande do Sul (UFRGS). Bacharel em Linguística pela Universidade Estadual de Campinas (UNICAMP); especialista, mestre e doutor em Literatura Brasileira pela UFRGS; Estágio de pós-doutorado e professor visitante na Universidad de Buenos Aires. Autor de sete livros de poesia, um romance e três discos.

Katia Suman

Graduada em Ciências Sociais pela Pontifícia Universidade Católica do Rio Grande do Sul (PUCRS); mestre em Ciências da Comunicação pela Universidade do Vale do Rio dos Sinos (UNISINOS); doutora em Literatura pela Universidade Federal do Rio Grande do Sul (UFRGS). Sua área principal de pesquisa e atuação profissional é a radiodifusão no Brasil. Mantém a emissora *on-line* radioeletrica.com. Organizou o álbum *Sarau Elétrico* (2011). É autora de *Katia Suman e os diários secretos da Ipanema FM* (2018).

Leandro Maia

Professor do Centro de Artes da Universidade Federal de Pelotas (UFPel). Graduado em Música e mestre em Letras pela Universidade Federal do Rio Grande do Sul (UFRGS); doutor em Música pela Bath Spa University, Reino Unido. Cantor e compositor, autor de quatro discos, entre os quais, *Guaipeca: uma ilusão autobiográfica* (2023).

Márcia Ivana de Lima e Silva

Professora aposentada do Instituto de Letras da Universidade Federal do Rio Grande do Sul (UFRGS) e pesquisadora convidada do Instituto de Estudos Brasileiros da Universidade de São Paulo (IEB/USP). Graduada em Letras pela UFRGS; mestre e doutora em Letras (Teoria da Literatura) pela Pontifícia Universidade Católica do Rio Grande do Sul (PUCRS). Autora do livro A *gênese de Incidente em Antares* (EDIPUCRS, 2000). Com Letícia Chaplin, coorganizadora do livro *Poemas nunca publicados de Caio Fernando Abreu* (2012). Organizadora do livro *Por dentro da criação* (2020). Coordenadora de conteúdo do Memorial Erico Verissimo, no Centro Cultural Força e Luz, em Porto Alegre.

Martha Dreyer de Andrade Silva

Foi professora do curso de Letras da Universidade do Vale do Rio dos Sinos (UNISINOS). Graduada em Letras pela Universidade de Santa Cruz do Sul (UNISC); mestre em Letras (Literatura Brasileira) pela Universidade Federal do Rio Grande do Sul (UFRGS). Atua nas áreas de formação de leitores, metodologia, estágios em língua portuguesa e literatura e escrita criativa.

Paula Mastroberti

Professora do Departamento de Artes Visuais da Universidade Federal do Rio Grande do Sul (UFRGS). Bacharel em Artes Plásticas pela UFRGS; mestre e doutora em Letras (Teoria da Literatura) pela Pontifícia Universidade Católica do Rio Grande do Sul (PUCRS). Artista gráfica e escritora.

Rafael Eisinger Guimarães

Professor no Programa de Pós-Graduação em Letras da Universidade de Santa Cruz do Sul (UNISC). Graduado em Comunicação Social, mestre e doutor em Literatura Comparada pela Universidade Federal do Rio Grande do Sul (UFRGS). Líder do grupo de pesquisa do CNPq "Literatura e identidade na América Latina". Desenvolve pesquisas, especialmente, sobre autoria feminina e canção brasileira.

Simone Saueressig

Escritora de literatura fantástica e de aventura. Entre seus principais livros destacam-se *Aurum domini: o ouro das Missões*, vencedor do Prêmio Narrativa Longa, da Associação Rio-Grandense de Escritores (AGES), em 2011, e *O jovem Arsène Lupin e a dança macabra*, vencedor do Prêmio Glória Pondé da Biblioteca Nacional, em 2022.

Vinicius da Silva Rodrigues

Graduado, mestre e doutor em Letras pela Universidade Federal do Rio Grande do Sul (UFRGS). Professor de Literatura. Atua academicamente em torno do tema das histórias em quadrinhos desde 2009. Em 2020, venceu o Troféu HQMix, o prêmio mais importante do segmento dos quadrinhos no Brasil, por sua tese de doutorado intitulada *Quadrinhos no Rio Grande do Sul: um momento decisivo: o humor gráfico em debate & as produções de Sampaulo, Santiago e Edgar Vasques na formação de um polissistema*. É autor de diversos artigos e capítulos de livros envolvendo narrativas gráficas e outros temas, com participações nas obras *Histórias em quadrinhos: diante da experiência dos outros* (2012), *Quadrinhos e literatura: diálogos possíveis* (2014), *Vamos falar sobre quadrinhos? Retratos teóricos a partir do Sul* (2016).

Este livro foi composto com fonte tipográfica
Transit BT 11pt e impresso sob papel pólen 80g/m^2
pela Pallotti, em Porto Alegre, às vésperas da
70º Feira do Livro, na primavera de 2024.